健身教练理论与实务

JIANSHEN JIAOLIAN LILUN YU SHIWU

主　编　黄晓强

华南理工大学出版社
SOUTH CHINA UNIVERSITY OF TECHNOLOGY PRESS
·广州·

图书在版编目（CIP）数据

健身教练理论与实务/黄晓强主编. —广州：华南理工大学出版社，2019. 12
ISBN 978 – 7 – 5623 – 6141 – 1

Ⅰ. ①健…　Ⅱ. ①黄…　Ⅲ. ①健身运动 – 教练员 – 职业培训 – 教材　Ⅳ. ①G831. 32

中国版本图书馆 CIP 数据核字（2019）第 246788 号

健身教练理论与实务

黄晓强　主编

出 版 人：卢家明
出版发行：华南理工大学出版社
（广州五山华南理工大学 17 号楼，邮编 510640）
http：//www. scutpress. com. cn　　E-mail：scutc13@ scut. edu. cn
营销部电话：020 – 87113487　87111048（传真）
责任编辑：毛润政
印 刷 者：佛山市浩文彩色印刷有限公司
开　　本：787mm × 1092mm　1/16　**印张：**17　**字数：**353 千
版　　次：2019 年 12 月第 1 版　2019 年 12 月第 1 次印刷
定　　价：52. 00 元

前　言

随着人民生活水平的提高，全民健身上升为国家战略，参与休闲健身成为人们的一种生活方式，同时对健身教练也提出了新的要求。体育类高职院校各专业应服务于全民健身国家战略，培养高素质技能型人才，因此面向健身行业培养专业人才成为其教学工作的重要组成部分，特别是市场紧缺的健身教练岗位。2019 年初，《国家职业教育改革实施方案》明确提出在职业院校、应用型本科高校启动“学历证书 + 职业技能等级证书”（即 1 + X 证书）制度试点，鼓励学生在获得学历证书的同时，积极取得多类职业技能等级证书。为适应新形势下体育类高职院校健身类课程的改革，我们编写了本教材。

本书参照国家体育总局职业技能鉴定中心健身教练项目的培训和考核内容，并借鉴各类行业协会和培训机构在健身教练培养上的实践经验，根据体育类高职院校体育专业人才培养教学计划、教材建设总体规划和健身类课程标准所规定的教学任务，结合健身教练岗位的需要和体育类高职院校的教学特点，突出学生职业能力培养，理论学习以“实用”“够用”为原则。全书分为：健身教练概述、运动人体科学基础、运动营养学基础、体适能基础理论、健身指导技术、健身技术、常见运动损伤的预防与处理、体重控制、特殊人群的健身指导以及课程销售技巧与客户服务共十个方面的内容。内容精炼，层次清晰，结构合理，由浅入深，通俗易懂，图文并茂，语言流畅。书中的思考题可帮助学生把握学习的重点，并要求进行一定的实践操作。

本书由黄晓强担任主编，马学卿、王琪、赵雯担任副主编，参加编写的人员有李永坤、黄波、许群超、罗飞、明泽雨、张伯权。本书的编写得到了校企合作单位广州市力美健健身学院、广州市举重健美协会的指导和协助，并得到了广州体育职业技术学院谈群林、张苹等老师的支持和帮助，书中部分图片动作示范者为社会体育专业学生容煜辉、郑裕倩，在此一并致谢。

本书在编写过程中，参考引用了相关的文献资料，在此谨向有关专家和学者表示深深的谢意。由于编写者水平有限，书中难免存在疏漏和不足，敬请专家、同行和读者批评指正。

编　者

2019 年 8 月 10 日

目　录

第一章　健身教练概述

【本章提要】

本章主要介绍健身教练的基本概念、职责、工作特点和职业模式，还介绍了健身教练的知识与能力结构、必备的素质与职业规范以及国家职业资格健身教练制度的意义。

第一节　健身教练简介

一、健身教练的基本概念、职责与工作特点

（一）健身教练的概念

健身教练是指导人们通过科学的运动锻炼达到健身目标的专业人员。所谓私人健身教练（personal fitness trainer）是指具有某种认证资历，在经营性健身场所中为个人健身客户提供一对一“定制化”有偿健身指导服务的健身教练。

在欧美发达国家，私人健身教练早在20世纪的70年代末80年代初便已出现，并受到人们的注意，到了80年代中期行业发展骤然升温。美国健身产品评审委员根据每年对15000户家庭的调查，归纳出90年代的八大健身潮流，其中的一项就是私人健身教练越来越多，并为大众所接受。据IHRSA（国际健康、网球及运动俱乐部协会）统计，2005年美国的私人健身教练已经增至几十万人。美国《时代周刊》曾将私人健身教练名列为未来全世界最流行的20种职业之一。

在我国，目前由国家体育总局职业鉴定中心颁发的社会体育指导员（健身教练）分为指导师级健身教练、高级健身教练、中级健身教练和初级健身教练；由中国健美协会CBBA颁发的专业健身教练分为国家级健身教练、高级健身教练和中级健身教练。

（二）健身教练的职责

健身教练的职责是指导、监督、帮助客户以最安全的方式进行运动锻炼，并达到客户健身的目标。

对于健身教练来说，保证客户的安全是第一位的。安全的原则应贯穿于健身教练工作的全过程。健身教练在指导客户进行锻炼之前，要进行健康状况的调查评估和体适能的测试评估，要全面了解客户的健康状况、生活习惯、饮食习惯、

工作情况，特别要进行风险因素的评估。风险因素是指那些可能诱发疾病的因素，包括家庭病史、肥胖、高血压、不良生活习惯等。如果客户存在运动风险因素，应该建议其进行医学检查，然后根据医生的建议确定其是否可以参加运动及运动方式。在此基础上，健身教练可根据客户的健康状况、体适能水平及健身目的等为其制订健身运动计划。

在客户锻炼过程中，健身教练要对客户进行一对一的指导、监督和保护，以防止客户受伤，并通过安全、有效和有趣的锻炼课程，帮助客户实现其健身目标。

健身教练还要向客户讲解有关健康、健身的营养知识，纠正一些偏见和错误认识，改变其不良的饮食习惯。健身教练甚至可以帮助客户建立健康的生活方式，形成积极的人生态度，增强自信心。

（三）健身教练的工作特点

健身教练与健美教练、健美操教练的服务性质有着本质的区别，其具体工作特点体现在以下几个方面。

1. 为健身客户提供个性化服务

大众健身和集体健身在商业健身房中都是一种群体性健身与健美消费，而健身教练与这两者之间的区别就在于健身教练为健身客户提供的是具有针对性的个性化指导服务。即根据健身客户的不同爱好、体质状况、健身需求等提供一对一的优质指导服务。

2. 服务过程具有计划性和随意性

在健身房消费的客户，他们生活在不同的社会阶层，各自有着不同的工作特点和生活方式。因此，要为他们提供高质量的服务，除需制订详细的个性化健身计划以外，在指导过程中还需根据他们当时的具体工作现状和生活实况，即时调整健身与健美方案，保证健身客户获得最佳的健身效果。

3. 服务质量的目标性

健身客户花钱聘请健身教练的目的是为了获取优质服务，并尽可能在最短的时间内达到健身目标。因此，在提供服务的过程中，健身教练应以健身客户个体的目标为方向，运用各种手段和方法，帮助健身者以最快的速度达到其期望的目标。

4. 服务内容的多样性

健身教练所要面对的是不同类型的客户。由于他们的生活方式和社会层次、社会阅历不同，会提出诸如健身、健心、健智、健美等多种不同内容的目标或要求。因此，健身教练必须随时为健身客户提供其所需要的健身与健美服务项目，以满足他们的消费需求。

二、健身教练的职业模式

对于健身教练来说，目前可以选择的职业模式主要有三种，即健身俱乐部的专职或兼职私人健身教练、自由私人健身教练和私人健身教练公司。

（一）健身俱乐部的专职或兼职私人健身教练

健身俱乐部的专职私人健身教练是健身教练职业最为常见的模式。这种模式是健身教练为健身俱乐部的全职员工，由其所在的俱乐部负责培训、宣传推广、提供场地和器械，并只为本俱乐部的会员进行私人指导，俱乐部从私人健身教练课程收入中提取一定的比例。多数健身俱乐部除要求健身教练提供私人有偿指导外，还要求其为普通会员提供服务，如场地指导。国内的健身教练主要以这种职业模式为主，模式比较单一。另外，还有一小部分人做健身俱乐部的兼职私人健身教练，他们可能会同时服务几家健身俱乐部。随着健身俱乐部数量越来越多、竞争越来越激烈以及入会价格的下降，私人健身教练课程的收入将逐渐成为俱乐部的主要收入来源之一。同时，俱乐部还把私人健身教练服务作为主要卖点来吸引人们入会。

（二）自由私人健身教练

自由私人健身教练可能是未来健身教练职业发展的主流模式之一。自由私人健身教练，即所谓的“自由职业者”。自由私人健身教练主要由自己来开发客户，可以在健身俱乐部、私人健身教练工作室、客户的办公室或家中上课。对于私人健身教练来说，一方面，其工作时间相对自由，收入也比较高，上课地点比较灵活。另一方面，其工作压力、工作强度也比较大。这种职业模式，要求健身教练在具有较强的专业能力的同时，还必须具有良好的商业技巧和沟通技巧，才能更好地开拓和推广自己的业务。自由私人健身教练首先要包装自己，需要有个性化的名片和宣传页，最好还要拥有自己的网页。自由私人健身教练还可以通过为报纸杂志撰写文章，扩大自己在健身领域的知名度，也可以通过为公司、社区等作免费的有关健身知识的演讲或宣传来推广自己。与其他专业人士建立关系也是一种很有效的途径，如与康复医生、理疗按摩医师等互相宣传推广。自由私人健身教练模式在欧美发达国家已较为普遍，但在国内目前还较少见。

（三）私人健身教练公司

私人健身教练公司也可能成为未来健身教练职业发展的另一主流模式。私人健身教练公司是为客户提供专业私人健身教练的专门性机构。私人健身教练公司利用其规模效应，可以吸引更多的客户。私人健身教练公司会对其健身教练进行包装和宣传。私人健身教练公司在欧美发达国家较多，国内目前几乎还没有这种模式。

三、国家职业资格健身教练证书制度的意义

（一）促进健身教练职业的发展

健身教练职业资格证书制度，更注重健身教练专业理论、专业技能的培训和考核，这将弥补我国在社会体育人才培养中，健身教练职业这一领域的空白。更

重要的是，它为我国健身教练的培养建立了国家职业标准，具有权威性高、推广速度快、容易集中统一管理的特点，这就为广大的健身教练开辟了一条发展成才的通道，使广大健身教练在不同层次上都能够得到不断的提高，从而促进健身教练职业的发展。

（二）建立健身教练人才市场和保障就业的保障

体育健身人才是人才市场的重要组成部分，是体育健身人才实现就业的主要途径，随着我国国民经济的快速发展，人民群众的健身意识越来越强，体育健身市场将不断壮大和发展，需要大量精通健身专业技术技能的人才，因此，建立健身教练人才市场是十分必要的。然而，与其他生产要素市场体系一样，人才市场的正常运行要求进入其中的人才的产权和质量都是清晰的。健身教练职业资格证书是能够承担这一任务的最有效的工具。从技术角度看，健身教练职业资格证书是按照职业资格标准，对健身教练的质量进行严格检测的结果；从经济学角度看，健身教练职业资格证书是社会对健身教练拥有的劳动力产权的核定和确认。此外，由于健身教练职业资格的鉴定是由社会的专门机构来完成的，不但具有很高的可靠性和权威性，而且比用人单位进行检验认证所耗费的费用低得多，这样就降低了健身教练人才市场运行的成本，为人才市场的低耗高效运转提供了良好条件，同时也保证了就业质量。因此，推行健身教练职业资格证书制度，对建立健身教练人才市场和保障就业质量具有重要意义。

（三）能够提高健身教练的专业能力和地位

职业资格证书是健身教练知识和技能的证明，推行健身教练职业资格证书制度，能够引导健身教练进一步注重专业学习和培训，注重提高自身素质，从而有利于健身教练职业从业者整体素质和社会地位的提高。

（四）有利于体育行政部门加强对健身教练职业的监控管理

市场经济不是放任自流的无序经济，健身市场的逐步形成，要求体育行政部门严格地依法管理和科学地宏观调控。实行健身教练职业资格证书制度，从微观上说，可以给政府提供一个对健身市场进行管理的有效手段；可以更好地维护健身教练和用人单位的正当权益，防止市场欺诈或其他违法行为的发生。从宏观上说，职业资格证书为体育行政部门对健身教练职业的管理提供了一个方便的工具，使体育行政部门能够根据健身市场的发展变化来调整健身教练的职业结构，指导健身教练的培训和就业。

第二节　健身教练的必备素质与职业规范

一、健身教练的必备素质

素质既指人的先天生理、心理禀赋，又指后天习得文化的内化而形成的素养。用教育学的观点来表述，则是指人的先天禀赋，经过环境和教育的影响，逐渐形成和发展起来的文化心理结构及其质量水平。素质层面（或方面）到底包括哪些要素，学术界至今提法不一，大体由身体素质，心理素质、思想道德素质、科学知识素质、审美素质、劳动素质及交往素质等众多要素组成。

健身教练的必备素质是做好健身教练职业工作的基础和条件。缺少这些素质，就不可能成为合格、称职的健身教练。根据健身教练职业的工作特点和工作职责，健身教练必须具备职业道德素质、科学文化素质、工作能力素质、身心素质及仪表。

（一）职业道德素质

健身教练职业道德是健身教练在其工作中应遵循的道德规范和行为准则。了解健身教练职业道德的基本原则和规范、加强自身的职业道德修养、自觉实践职业道德规范，是成为合格健身教练的重要条件和要求。健身教练的职业道德原则，是对健身教练工作提出的最基本的道德要求，是衡量健身教练工作行为和品质的基本准则。“为增强客户身心健康服务”是健身教练的基本职业道德原则。健身教练在从业过程中必须遵循和坚持这一基本原则。任何不利于甚至有损于客户身心健康的行业，都是违背健身教练职业道德原则的。健身教练职业道德素质，是对健身教练所从事的工作提出的具体道德要求，是健身教练职业道德原则的具体展开。健身教练必须具备的职业道德素质有以下 6 个方面。

1. 热爱健身，乐于奉献

这一规范是健身教练做好本职工作和履行其他道德义务的前提，也是引导健身教练热爱本职工作、建立职业情感的基础。健身教练只有充分认识健身的作用，才能培养热爱健身事业的情感，才能形成就业意识，热爱并做好本职工作，同时对做好本职工作产生光荣、幸福等心理感受，并通过努力工作、积极奉献而达到内心的满足，形成以从事健身教练工作为乐、为荣的乐业精神。

2. 热忱服务，尽职尽责

这一规范与健身教练的工作态度和工作质量有直接关系。热忱服务，主要是指对客户保持主动、热情、耐心的态度。应以自己的专业素养为客户提供满意的服务。尽职尽责，是指健身教练应认真履行自己的职责，为客户尽到自己的责任和义务。

3. 坚持科学，讲究文明

这是关系到健身运动的性质和方向的道德规范。健身教练在工作中，应尊重体育科学，遵循客观规律，大力宣传和运用体育科学，掌握科学指导方法和技能。同时，健身教练还应注重自身思想品德和文明情操的修养。

4. 钻研业务，勤于进取

这一规范体现了健身教练的职业操守和上进精神。它与健身教练业务水平的高低、工作能力的强弱和服务质量的优劣有直接关系。健身教练应不断提高科学文化素养和专业理论水平；注重理论联系实践、理论指导实践，在工作中锻炼、提高专业技术能力；善于思考、总结和积累，努力创新；培养敬业意识，勤勤恳恳地做好本职工作。

5. 互相尊重，团结协作

这一规范是协调健身教练与客户之间、健身教练与健身教练之间以及健身教练与其他专业人员之间关系的道德规范。健身教练首先应尊重客户。健身教练在工作中会接触到客户的隐私，比如客户的联系方式、身体状况、家庭状况以及其他一些生活私密，出于对客户的尊重，健身教练应对客户所有的资料严格保密。健身教练还应尊重同行业及其他专业人员，培养协作意识。

6. 遵纪守法，诚实公平

这一规范是指健身教练在工作中，必须遵守有关工作纪律和法律规范。健身教练应养成遵纪守法的行为习惯，自觉履行应承担的责任和应尽的义务，不以投机取巧或欺诈的手段赚取钱财，通过自己的诚实劳动，公平、合理、合法地获得报酬。

（二）科学文化素质

科学文化素质是健身教练的基础素质，健身教练工作是一项专业性、技术性较强的工作，只有具备一定的科学文化素质，才能真正地胜任这一工作。在具有一定的科学文化知识的基础上，健身教练还应掌握专业理论知识，包括基础理论知识和技能实践知识。

1. 基础理论知识

健身教练应不断学习的基础理论知识包括运动解剖学、运动生理学、运动生物力学、营养学、运动医学、保健学、美学等。

2. 技能实践知识

健身教练应该不断学习和全面掌握安全、有效的健身运动技术，包括抗阻训练技术、伸展练习技术、有氧运动技术；能够根据客户的具体情况制订个性化的提高肌肉力量和耐力的抗阻训练计划、改善柔韧性的伸展练习计划、提高心肺耐力的有氧运动计划；了解和掌握特殊人群的健身运动方法。

此外，健身教练还要有一定的人文素养和科学素养，具备一定的人体艺术鉴赏力等。因为只有具备一定的文化、哲学和艺术修养，还有相关的经营管理知识、体育法规知识等，才能适应客户和市场的需要。

（三）工作能力素质

工作能力素质是健身教练在实际工作中表现出来的工作本领，是工作态度、理论知识向实践转化的关键环节。健身教练的工作能力素质主要包括专业能力、沟通能力、表达能力、培训能力。此外，还应包括健身教练自身的思考能力、创新能力、观察判断能力及决策能力等。其中，下面四点是必须具备的。

1. 专业能力

专业能力是指健身教练应用专业知识帮助客户以最安全的方式进行运动锻

炼，并达到客户的健身目标的能力，这是健身教练最基本的工作能力。

2. 沟通能力

沟通能力是指健身教练通过与客户进行交流，获得客户的信任并建立良好客户关系的能力。沟通能力对于健身教练来说是非常重要的，它对私人教练课程销售的成功和客户维持会起到重要的作用。

3. 表达能力

表达能力是指健身教练进行简明扼要的讲解、直观生动的教学和形象正确的动作技术示范的能力。

4. 培训能力

培训能力是指高等级健身教练应具备培训低等级健身教练的能力。

（四）身心素质及仪表

身心素质与文化素质一样，在人的综合素质中居于基础地位，其内涵包括健全的体魄和健康的心理素质。健身教练必须具备良好的身心素质及仪表，这也是健身教练高品位、高水准、高素质的体现。

仪表是衡量一个健身教练是否合格的重要条件。健身教练首先要在外观上具有健康阳光的形象，这是获得客户信赖的基础。一个看起来不太健康、不经常运动的人是难以取得客户信赖的。因此，健身教练应经常锻炼，保持具有说服力的良好形体，保持良好的生活习惯和生活方式，以维持良好的职业形象。此外，健身教练还应掌握一些接待礼仪、服务礼仪和洽谈礼仪等。

二、健身教练的职业规范

健身教练的职业规范包括专业规范、行为规范、服饰规范、授课规范等。

（一）专业规范

美国的全国运动医学协会（the national academy of sports medicine，NASM）认为，健身教练应该具有多重角色，是老师（teacher），又是劝导者（adviser）；是监督者（supervisor）、支持者（supporter）、顾问（counselor）、协商伙伴（negotiator），也是锻炼时的老师，生活中的朋友。但健身教练不要做自己专业范围外的事，健身教练的专业规范就是对健身教练工作的专业范围的限制与要求。

（1）健身教练不是医生，不能代替医生为客户进行医学诊断和治疗。

（2）健身教练不是营养师，除非已获得营养师资格，否则应尽量避免为客户制订营养计划和兜售营养补剂。因为你可能并没有足够的专业知识来处理诸如补剂与客户本身可能有的特殊疾病或潜在疾病的冲突、补剂和客户正在服用的药品的冲突。

（3）健身教练不是理疗师、按摩师，不应为客户进行理疗或按摩。

（4）健身教练不是心理治疗师，不应对客户进行心理疏导或治疗。

因此，在实际工作中健身教练不要做自己专业范围以外的事，健身教练的专业规范就是对健身教练工作的专业范围的限制与要求。

（二）行为规范

健身教练的行为规范是健身教练在工作中应遵守的行为准则。

（1）工作前严禁饮酒。

（2）在工作区域内不得倚靠器械、吃东西。

（3）注意个人卫生。

（4）注意个人形象，禁止在工作状态下吸烟、嚼口香糖、吹口哨、打响指。

（5）工作时，无特殊情况，谢绝亲友探访。

（6）使用文明用语，对所有客户、员工都要面带微笑，主动打招呼。

（7）不得贬低同事、同行，不得背后议论客户。

（三）服饰规范

健身教练的服饰规范是对健身教练在工作中的服饰要求。

（1）保持衣着干净整洁。

（2）手上不得佩戴一个以上的戒指，颈前不得佩戴一个以上的项链，耳环不得触及面颊。

（3）不得露出纹身。

（4）男士不得留长发、胡须，女士头发必须扎起来，头发颜色适当。

（5）不得留长指甲，不得化浓妆、涂有色指甲油。

（6）夏天禁止穿拖鞋，男士禁止穿跨栏背心，女士禁止穿过于暴露的服装到工作场地。

（四）授课规范

健身教练的授课规范是对健身教练在授课方面提出的具体要求。

（1）无特殊情况，不得更改与客户约好的上课时间。

（2）应提前做好上课前的各项准备工作。

（3）因特殊情况需要取消预约课程时，应提前4个小时通知客户。如临时取消预约课程，应为客户免费补一节课。

（4）确保与客户一对一60分钟的上课时间，上课过程中不得以任何理由离开客户，以确保客户安全。

（5）上课过程中，应一直保持对客户的关注，严禁在上课过程中接打手机、接听电话或收发信息。

（6）上课过程中，如需要与客户的肢体发生接触，之前应取得客户的同意；与客户的肢体接触应适当、得体。

（7）不得有任何骑跨客户身体的动作。

（8）上课过程中禁止倚靠器械。

（9）上课期间应注意语言的规范（文明、专业、无刺激性语言）。

（10）始终保持课程充满活力，每节课都要有互动式训练，禁止出现高危动作。

（11）每季度或定期对客户进行跟进测试，以检查课程效果。

【思考题】

1. 什么是健身教练？
2. 健身教练的职责是什么？
3. 健身教练应具备哪些知识与能力结构？

第二章　运动人体科学基础

【本章提要】

本章介绍了与健身运动相关的运动人体科学的基础知识，其中包括了运动解剖学、运动生物力学和运动生理学的相关内容。

作为一名健身教练，需要对人体运动关系最为密切的运动系统（包括骨骼系统和肌肉系统）、心血管系统和呼吸系统的结构和功能等知识有一个基本的了解，这是理解和设计安全、有效的健身运动技术动作以及制订科学的健身运动计划的基础。

第一节　运动系统

在人体中，骨和关节构成了骨骼系统；骨骼肌则构成了骨骼肌系统，简称为肌肉系统；骨骼系统和肌肉系统又共同构成了运动系统。无论是日常生活中的简单动作，还是生产劳动和体育运动中的各种复杂技术动作，都是以骨为杠杆、以关节为枢纽、以骨骼肌收缩为动力来实现的。

一、解剖学基本术语

人体各部位或各器官等的位置关系在生活或运动过程中是经常变动的，因此在描述人体姿势或各器官的位置时，需要有一些统一的标准和描述的术语，以便于交流，避免误解。作为健身教练，必须牢记解剖学的标准姿势和方位术语。

（一）人体标准解剖学姿势

人体的标准解剖学姿势是：身体直立，双眼平视，两足并拢，足尖向前，上肢下垂，掌心向前（图 2 – 1）。在描述各种不同的人体姿势或结构时，人体的标准解剖学姿势是准确描述器官位置和分析人体运动的参考体。不论被

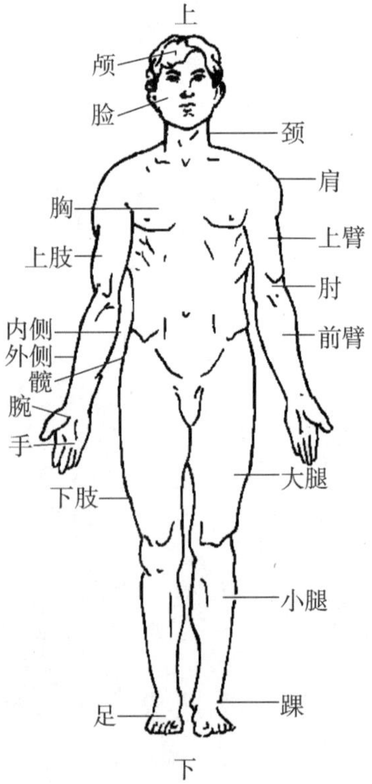

图 2 – 1　人体标准解剖学姿势

观察的人体是俯卧的、仰卧的或倒置的，均要想象将其复位到标准解剖学姿势后进行描述。

（二）常用人体解剖学方位术语

以人体的标准解剖学姿势为基准，定出下列一些解剖学方位术语。

上：靠近头部的为上。

下：靠近足部的为下。

前：靠近腹侧的为前。

后：靠近背侧的为后。

内侧：靠近身体正中面的为内侧。

外侧：远离身体正中面的为外侧。

近侧（端）：四肢靠近躯干的部分为近侧（端）。

远侧（端）：四肢远离躯干的部分为远侧（端）。

桡侧：前臂的外侧为桡侧。

尺侧：前臂的内侧为尺侧。

腓侧：小腿的外侧为腓侧。

胫侧：小腿的内侧为胫侧。

浅：靠近体表或器官表面的为浅。

深：远离体表或器官表面的为深。

（三）人体三个基本面

矢状面：沿身体正中线对称地把身体分割成左右两半的称正中面。其余和正中面平行的切面，称矢状面。

额状面：沿身体左右方向把人体切成前后两半的一切平面，称额状面。

水平面：把直立的人体横切成与地面平行的面，称水平面（图2－2）。

（四）人体运动的三个基本轴

额状轴：与矢状面垂直，呈左右方向的轴。关节（人体）沿该轴做屈、伸运动。

矢状轴：与额状面垂直，呈前后方向的轴。关节（人体）沿该轴做内收、外展运动。

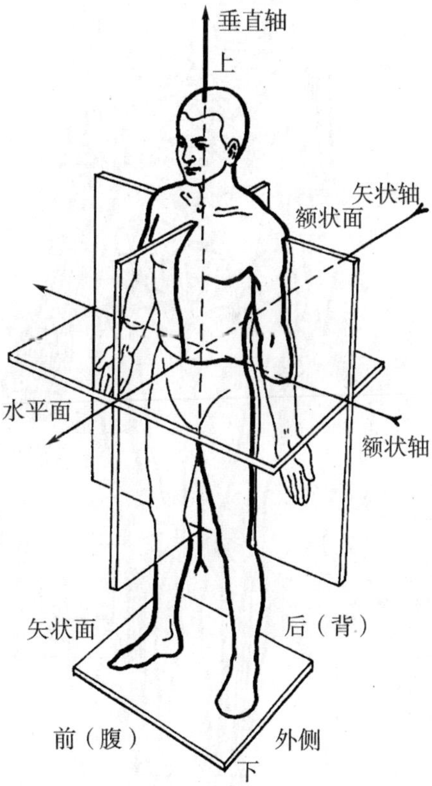

图2－2　人体三个基本面、基本轴

垂直轴：与水平面垂直，呈上下方向的轴。关节（人体）沿该轴做旋转运动。

二、骨骼系统

（一）骨

1. 骨的分类及名称

成人全身共有 206 块骨，根据其存在的部位，可分为中轴骨和四肢骨（附肢骨）两部分。中轴骨包括颅骨和躯干骨；四肢骨包括上肢骨和下肢骨（图 2－3）。

颅骨可分为脑颅骨、面颅骨和听小骨三部分。

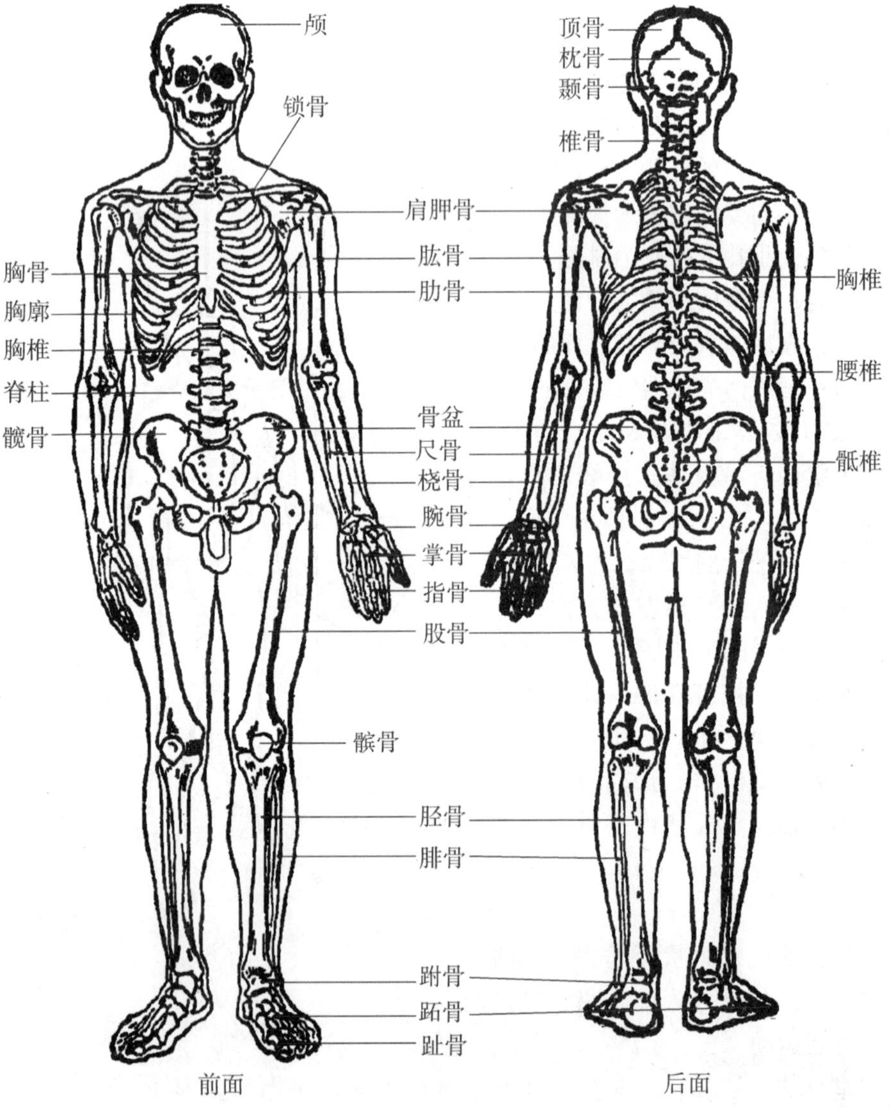

图 2－3　人体全身骨骼

躯干骨由椎骨、肋骨和胸骨组成。椎骨构成人体的中轴，包括7块颈椎、12块胸椎、5块腰椎、1块骶骨（由5块骶椎融合而成）和1块尾骨（由3或4块尾椎融合而成）。肋骨与肋软骨连接成肋，共12对。胸骨只有1块。

上肢骨分为上肢带骨和自由上肢骨两部分。上肢带骨包括锁骨和肩胛骨，自由上肢骨包括上臂骨、前臂骨和手骨三部分。上臂骨即肱骨；前臂骨包括尺骨和桡骨：手骨包括腕骨、掌骨和指骨三部分。

下肢骨分为下肢带骨和自由下肢骨两部分。下肢带骨即髋骨。在幼年时髋骨由髂骨、坐骨和耻骨三部分通过软骨连结而成，成年后通过骨性结合而成为一块骨。自由下肢骨包括大腿骨、小腿骨和足骨三部分。大腿骨即股骨；小腿骨包括胫骨和腓骨；足骨包括跗骨、跖骨和趾骨。位于膝关节前方参与组成膝关节的籽骨——髌骨，它也在自由下肢骨之列。

2. 骨的形态

人体全身骨的形态各种各样，大致可分为长骨、短骨、扁骨和不规则骨四类。

（1）长骨。多呈长管状，可分为中部的骨体（或称骨干）和两端的骨骺。长骨膨大，可增大骨与骨的接触面，一般分布在四肢，在运动中起杠杆作用，如股骨、肱骨和尺骨（图2-4）。

（2）短骨。一般呈立方体且成群分布。短骨主要分布于手腕和足踝部，具有使手和脚灵活运动及分散压力等作用，如腕骨和跗骨（图2-5）。

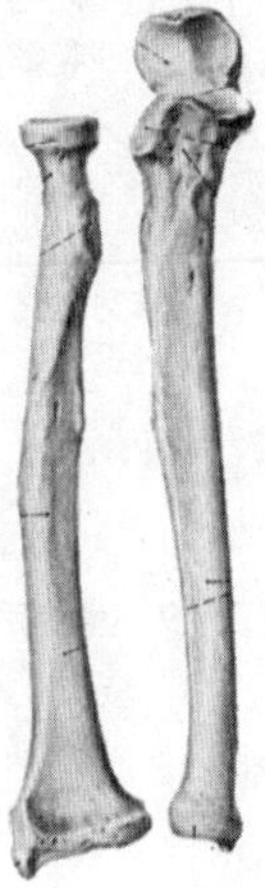

图2-4　长骨

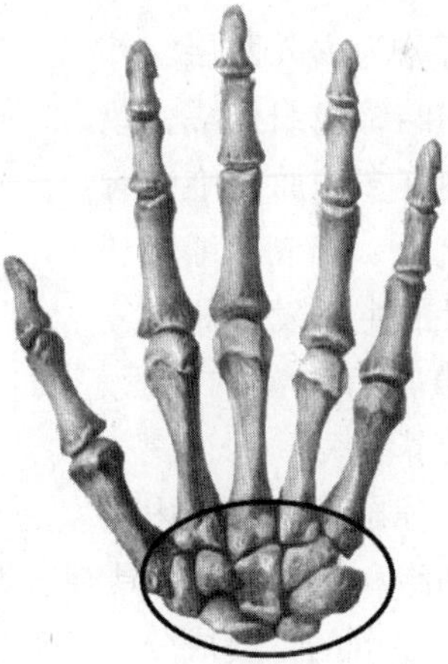

图2-5　短骨

（3）扁骨。宽扁呈板状，薄而坚固，面积较大（图2-6）。扁骨一般分布在人体中轴和上肢带骨等处，可参与构成腔壁，对腔内器官有保护作用，如颅骨；或作为肌肉的附着面，如肩胛骨。

（4）不规则骨。形状不规则，主要分布在躯干、颅部和下肢带骨等处，如椎骨和某些颅骨。有些不规则骨内含有空腔，称为含气骨，如上颌骨（图2-7）。

此外，还有些存在于肌腱内，由肌腱钙化而成的扁圆小骨，称为籽骨。籽骨有减少摩擦，保护肌腱的作用；还有改变肌肉牵引方向，增大力臂，提高肌肉工作效应的作用。髌骨是典型的籽骨（图2-8）。

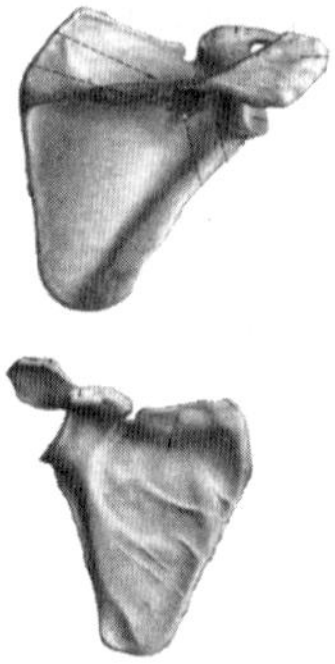

图2-6　扁骨

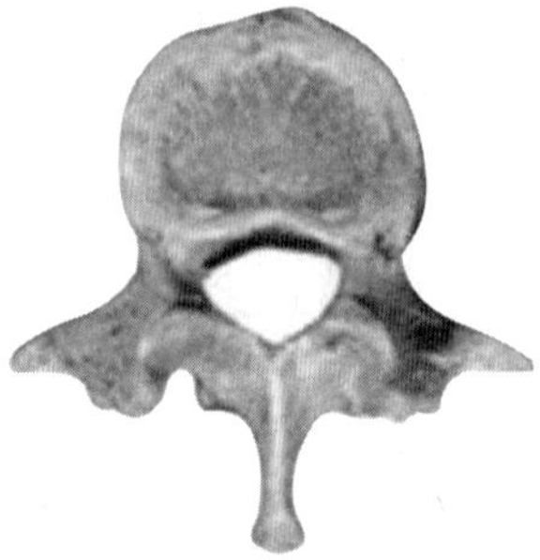

图2-7　不规则骨

图2-8　籽骨

3. 骨的结构

骨是一种器官，由骨膜、骨质、骨髓以及血管、神经等构成（图2-9）。

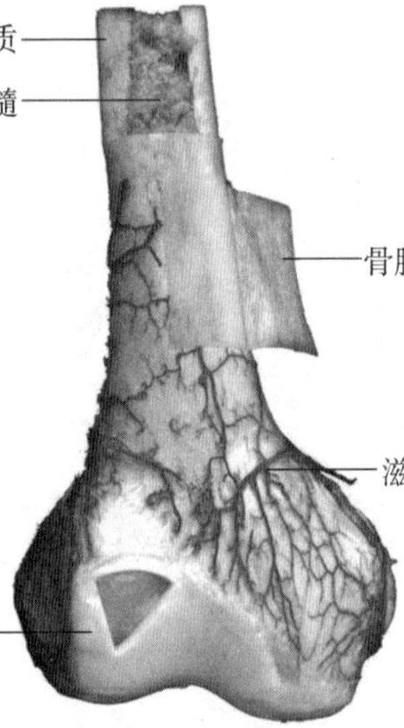

图2-9　骨的结构

（1）骨膜。由结缔组织构成，分为骨外膜和骨内膜。

①骨外膜。覆盖在除关节面外的骨表面，还可分为内外两层。外层较厚，由致密结缔组织构成，致密而坚韧，借助许多胶原纤维固着于骨面；内层疏松，有成骨细胞和破骨细胞，与骨的生长发育和修复有关，同时还分布有丰富的血管、神经，与骨的营养有关。

②骨内膜。分布于骨髓腔内表面，内有成骨细胞和破骨细胞，具有造骨和破骨等功能。

（2）骨质。是骨的主要成分，分为骨松质和骨密质。

①骨松质。分布在长骨的两端以及短骨、扁骨和不规则骨的内部。骨松质是由许多针状或片状的骨小梁相互交织构成的。骨小梁在骨中的排列和配布，与骨受到的压（重）力和肌肉牵拉的张力相适应。骨松质的这种结构，使骨以最少的骨质达到最大的坚固性，同时骨小梁之间的网眼还成为红骨髓的分布区。

②骨密质。主要分布在长骨的骨干以及短骨、不规则骨的表面和扁骨的内、外层，骨质厚而致密，由紧密且规则排列的骨板构成，各层骨板中纤维的排列方

向不同，且相邻两层的纤维呈交叉状，因而具有较强的抗压力和抗扭转能力。

（3）骨髓。分布在骨髓腔及骨松质的网眼中。胎儿和婴幼儿的骨髓都是红骨髓，以后随着年龄的增长，长骨骨髓腔中的红骨髓逐渐被脂肪组织所代替，变为黄骨髓。成人的红骨髓主要分布在扁骨、不规则骨和长骨骺端的骨松质中，红骨髓有造血的功能，而黄骨髓则没有。但当人体大量失血时，黄骨髓可转化为红骨髓，恢复造血功能。

4. 骨的功能

（1）支持作用。骨骼构成人体支架，具有支持体重的作用。

（2）杠杆作用。骨的外面都有肌肉附着，尤其是长骨，可作为杠杆，在肌肉的收缩作用下，产生各种各样的运动。

（3）保护作用。骨可形成体腔壁，如颅腔、胸腔、盆腔壁，有保护脑、心脏、肺、子宫等重要器官的作用。

（4）造血功能。骨内红骨髓有造血的功能。

（5）储备作用。骨是人体钙磷的储备仓库，与体内的钙磷代谢有密切关系。

5. 骨的化学成分和物理性质

骨的化学成分分为有机物和无机物两类。成人骨中有机物约占28%，主要为骨胶原纤维和粘多糖蛋白；无机物约占72%，其中主要是水（约占50%）和钙盐（主要为磷酸钙、碳酸钙等，约占20%）。骨的物理性质由其化学成分所决定，主要表现为弹性和硬度两方面。有机物使骨具有一定的弹性，无机物则使骨具有一定的硬度。

骨的化学成分随年龄的增长而发生变化，物理性质亦有不同（表2－1）。儿童少年的骨中，有机物约占1/2，故硬度差，弹性大，不易发生骨折，但易变形。成年人的骨中，有机物约占1/3，无机物约占2/3，这种比例的骨最坚韧。老年人的骨中，无机物多，超过2/3；有机物少，骨质脆性大，易骨折，且不易愈合。

表2－1　不同年龄阶段骨的化学成分

人群/化学成分/所占比例	有机物	无机物
儿童	1/2	1/2
成年人	1/3	2/3
老年人	≤1/3	≥2/3

（二）骨连结

1. 骨连结的分类

骨与骨之间借结缔组织相连，称为骨连结。骨连结依据连结组织的性质及活动情况，可分为无腔隙骨连结、有腔隙骨连结和过渡型骨连结。

（1）无腔隙骨连结。骨与骨的连结面上没有间断和缝隙，运动范围很小或完全不能活动，这种连结又称纤维连结，包括韧带连结、软骨连结和骨性结合。

①韧带连结。两骨之间借致密结缔组织直接相连，如前臂骨和小腿骨的骨间膜等（图 2 – 10）。

②软骨连结。两骨之间借软骨组织相连，如胸骨与第一肋骨之间的软骨连结和椎间盘等（图 2 – 11）。

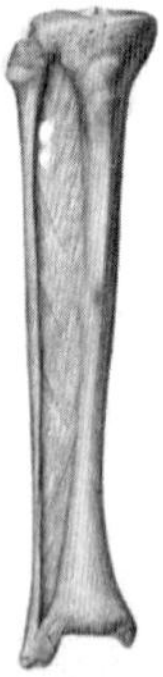

图 2 – 10　韧带连结

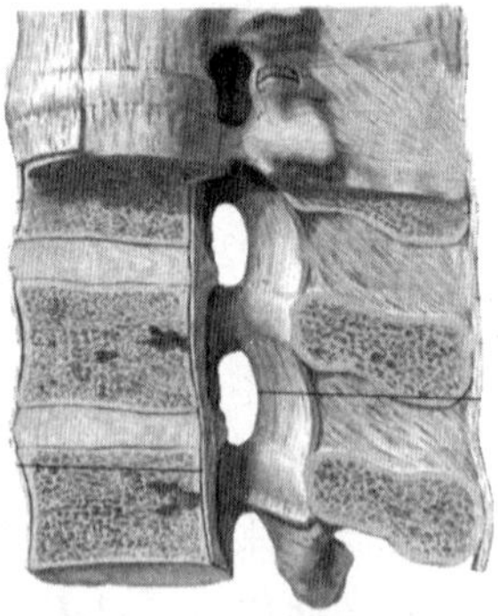

图 2 – 11　软骨连结

③骨性结合。两骨之间借骨组织相连，一般由韧带连结和暂时性软骨连结骨化而成，如颅骨缝的结缔组织骨化形成的骨性结合，骶椎之间的骨性结合，以及髂骨、坐骨和耻骨在髋臼处的骨性结合（图 2 – 12）。

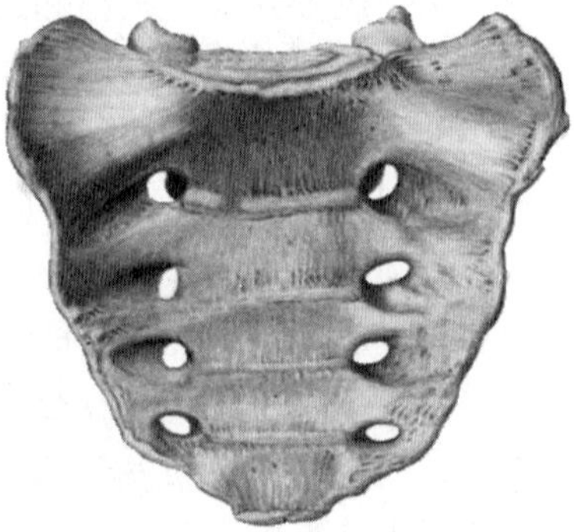

图 2 – 12　骨性结合

（2）有腔隙骨连结。骨与骨借复杂的结构相连，出现腔隙并失去连续性。这类连结活动范围大，成为肢体运动的枢纽，又称关节。关节是骨连结的最高分化形式，人体中大部分的骨连结为此种类型，如肩关节、髋关节等。

（3）过渡型骨连结。是介于上述两者之间的过渡连结形式，其特点是两骨间借软骨直接相连，但软骨内又有裂缝状腔隙，如耻骨联合。

2. 关节的结构

关节是骨连接的最高分化形式，人体中大部分的骨连结为此种类型。关节的结构包括主要结构和辅助结构两部分（图 2 – 13）。

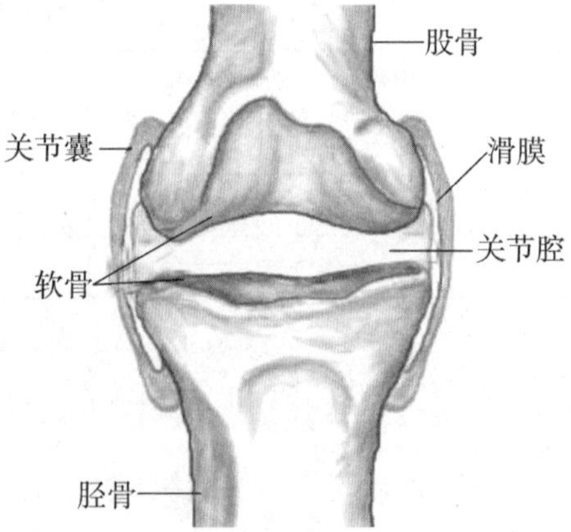

图 2 – 13　关节的主要结构

（1）关节的主要结构。人体关节的主要结构有关节面、关节囊和关节腔，即关节的三要素。

①关节面。指构成关节的两骨相对应的接触面，多为一凸一凹，凸的为关节头，凹的为关节窝。关节表面都被覆一层关节面软骨，多为透明软骨，少数为纤维软骨，其平均厚度为1 ～5 mm，最厚可达7 mm，终生不骨化。关节受压力较大的部位，如关节头中部和关节窝周缘，关节面软骨较厚，关节软骨中无神经、无血管，损伤后难修复，它获得营养的途径是与关节腔内的滑行液体交换。关节面软骨表面光滑，稍有弹性，对关节有减少摩擦、减轻冲击、吸收震荡的作用。

②关节囊。指在关节四周包绕的结缔组织囊，分内外两层。外层为纤维层，由致密结缔组织构成，其厚薄及张弛在各关节有所不同，可使关节两骨紧密相连。内层为滑膜层，由疏松结缔组织构成。滑膜层还形成滑膜绒毛，可增大滑膜层的面积，利于分泌滑液。有的关节还形成滑膜襞和滑膜囊。滑膜层内有血管、淋巴管和神经，能分泌少量滑液，它有营养关节面软骨和在关节运动时减少关节面软骨之间摩擦的润滑作用。

③关节腔。指关节囊和关节面之间密封的腔隙。腔内有少量滑液，可起润滑关节的作用。此外，关节腔内的压力比大气压低（为负压），对维持关节稳定起重要作用。

（2）关节的辅助结构。有些牢固和灵活的关节还具有一些辅助结构，包括韧带、滑膜囊、滑膜襞、关节唇和关节内软骨等。

①韧带。大多数分布在关节囊外面，少数分布在关节囊内。由致密结缔组织构成，连结相邻骨，有加固关节和限制关节运动的作用。

②滑膜囊。是关节囊滑膜层向关节囊外面突出的囊状结构，位于肌腱之间，囊腔内有滑液，有减小肌腱与骨之间摩擦、保护肌腱的作用。

③滑膜襞。是关节囊滑膜层向关节腔内突入的皱襞结构。它有填充关节腔内空隙，使关节面相互适应、稳固关节、缓冲震荡和减少摩擦的作用。

④关节唇。是附于关节窝周缘的纤维软骨环，有加大、加深关节窝的作用。人体的肩关节和髋关节都有关节唇。

⑤关节内软骨。存在于关节腔，由纤维软骨构成。有两种结构，一种为圆盘状的关节盘，另一种为半月形的半月板，二者都有使关节面互相适应、减轻冲击、吸收震荡和增加关节活动幅度的作用。

3. 关节的运动

关节的运动形式与关节的形态结构有关。每种运动都是围绕某个运动轴在一定的基本平面进行的。关节的基本运动形式有屈伸、外展与内收、回旋、环转和水平屈伸（图2－14）。

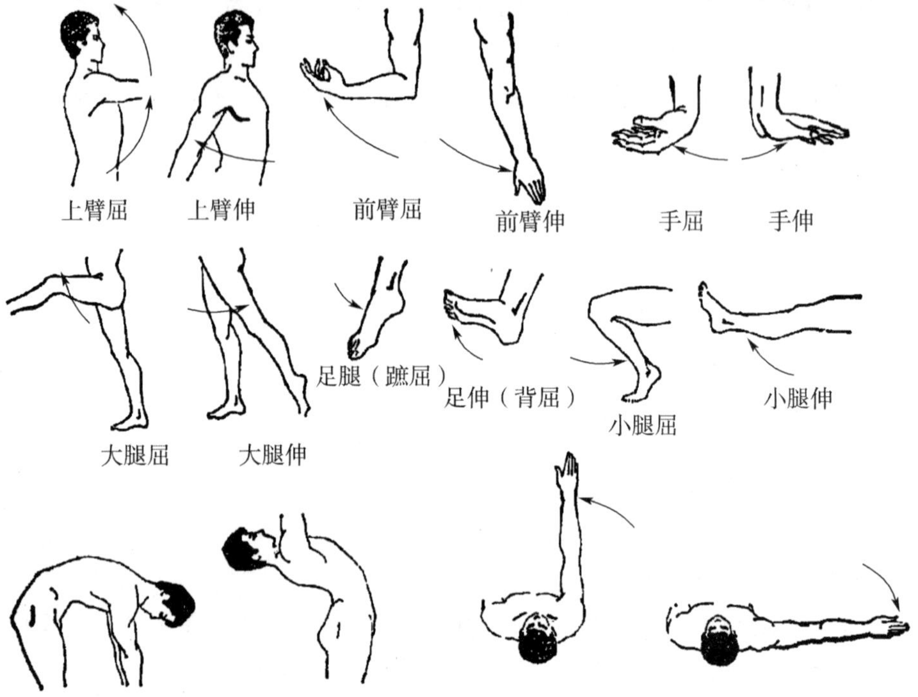

图 2－14　人体主要关节运动形式

（1）屈伸。运动环节绕额状轴在矢状面内做的运动。一般来说，向前运动为屈，向后运动为伸。但膝关节及其以下关节则相反。

（2）外展、内收。运动环节绕矢状轴在额状面做的运动。运动环节端远离身体正中面为外展，向身体正中面靠近为内收。

（3）回旋。运动环节绕本身的垂直轴在水平面内做的运动。由前向内旋转为内旋，由前向外旋转为外旋。

（4）环转。运动环节以近侧端为支点，绕额状轴、矢状轴及它们之间的中间轴做连续的圆周运动。此运动可描绘成一个圆锥体图形的运动，故又称圆锥运动。

（5）水平屈伸。运动环节在水平面内绕垂直轴做前后运动，如上肢在肩关节处，外展 90 度后再向前运动称水平屈，如向后运动则称水平伸。

4. 关节的分类

关节可依据关节运动轴的数目和关节面的形状、构成关节的骨数目、关节运动的方式等分类（图 2－15）。

（1）按关节运动轴的数目和关节面的形状可分为单轴关节、双轴关节和多轴关节三类

①单轴关节只能绕一个轴运动，包括滑车关节和圆柱关节（又称车轴关节）。

滑车关节：关节头呈滑车状，另一个骨上有相应的关节窝。运动环节只能绕额状轴在矢状面内做屈伸运动。

圆柱关节：关节头呈圆柱状，关节窝是相应的半环，运动环节只能绕本身的垂直轴在水平面内做回旋运动。如桡尺近侧和远侧关节。

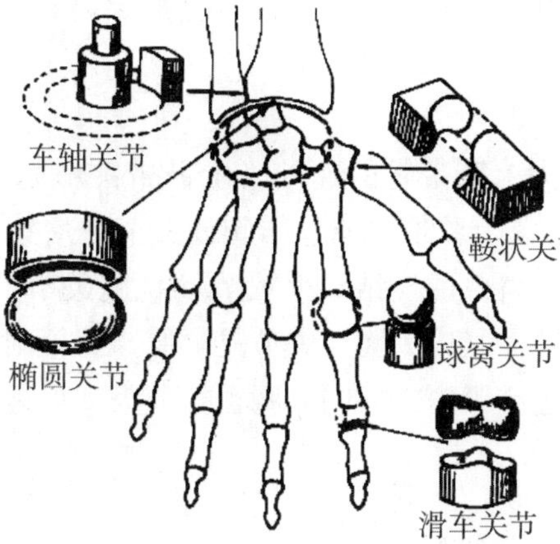

图 2－15　关节的分类示意图

②双轴关节可绕两个运动轴运动，包括椭圆关节和鞍状关节。

椭圆关节：关节头是椭圆体的一部分，关节窝为椭圆形的凹面。运动环节能做屈伸、内收、外展和环转运动。如桡腕关节。

鞍状关节：相对两骨关节面呈马鞍状，并做十字形交叉接合。运动环节可做屈伸、内收、外展和环转运动。如拇指腕掌关节。

③多轴关节可绕 3 个相互垂直的轴在 3 个平面上运动，包括球窝关节和平面关节。

球窝关节：关节头为球体的一部分，关节窝较浅，头与窝松弛相接，其运动环节可绕 3 个基本轴做屈伸、收展、回旋和环转运动。球窝关节的运动环节运动幅度大，是最灵活的一种关节，如肩关节。杵臼关节也是球窝关节，只是关节窝较深，运动幅度要小得多，如髋关节。

平面关节：此种关节面可看做直径很长的球体的一部分，但两骨的关节面曲度很小，接近平面，大小一致，关节囊紧张且坚固。这种关节运动范围很小，故又称微动关节，如肩锁关节、骶髂关节。

（2）按构成关节的骨数可分为单关节和复关节两类

①单关节。由两块骨组成，即一个关节头和一个关节窝。如肩关节和髋关节。

②复关节。由两块以上的骨组成，且包在一个关节囊内，每一块骨都能活动。如肘关节。

（3）按关节的运动方式可分为单动关节和联合关节两类

①单动关节。指能单独进行活动的关节。人体的大多数关节均属此种关节。如肩关节、髋关节。

②联合关节。指两个或两个以上的关节，结构上是独立的，但机能上是联合的。如前臂的桡尺近侧关节和桡尺远侧关节必须共同活动，使前臂做旋前和旋后的运动；左右两侧的下颌关节共同活动，使口腔张合、上下运动。

5. 人体主要的关节

（1）上肢骨的连结

上肢骨的连结可分为上肢带骨的连结（上肢带关节）和自由上肢骨的连结（自由上肢关节）两部分。上肢带关节包括胸锁关节和肩锁关节。自由上肢关节包括肩关节、肘关节、前臂骨的连结、手关节（桡腕关节、腕骨间关节）、腕掌关节、掌指关节和指关节。其中，胸锁关节是上肢与躯干间连结的唯一关节。肩胛骨与锁骨在肩锁关节连结紧密，共同以胸锁关节为支点运动，以此形成上肢带连结的整体运动。

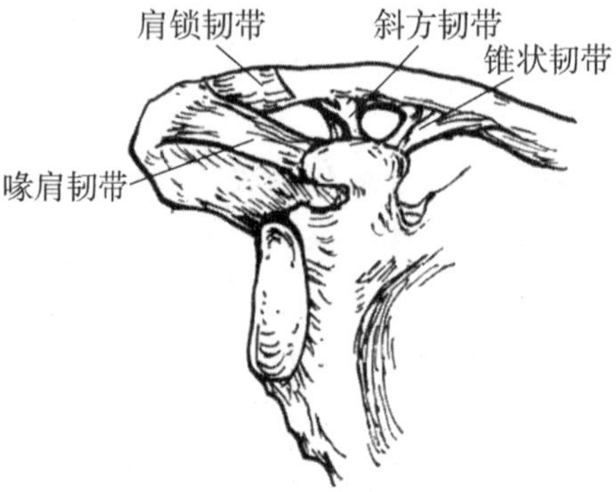

肩锁关节（右前）

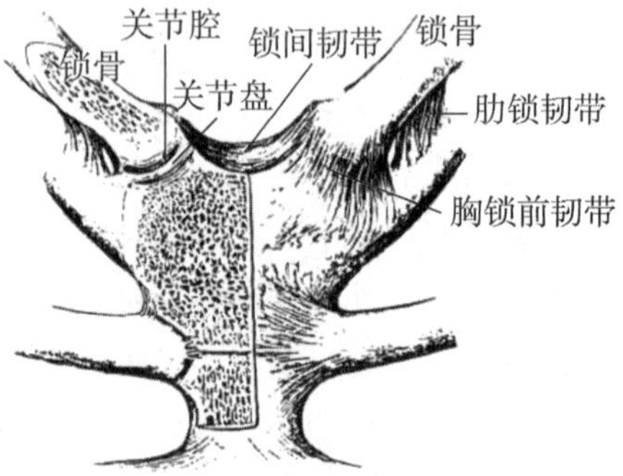

胸锁关节

图 2－16　上肢带关节

①上肢带关节。

组成：胸锁关节由锁骨的胸骨端关节面与胸骨柄的锁骨切迹组成。肩锁是由锁骨的肩峰端关节面与肩胛骨的肩峰关节面组成的（图 2－16）。

结构特征：胸锁关节为球窝关节，活动范围小，是上肢与躯干间连结的唯一关节。肩锁关节为平面关节，活动范围很小。

运动：肩胛骨与锁骨在肩锁关节连结紧密，可将肩胛骨与锁骨视为一个整体，共同以胸锁关节为支点运动，以此形成上肢带骨连结的整体运动。因为肩胛骨的运动较明显，故通常以肩胛骨的运动来描述上肢带骨的运动。肩胛骨的运动有上提和下降、前伸和后缩、上回旋和下回旋。

上提、下降是肩胛骨在额状面内的上下运动。向上为上提，向下为下降。

前伸、后缩是肩胛骨沿肋骨所做的运动。顺肋骨向前移动、内侧缘远离脊柱称为前伸或叫外展；反之为后缩，又叫内收。

上回旋、下回旋是肩胛骨在额状面内绕矢状轴旋转的运动。肩胛骨关节盂向上，下角转向外上方称上回旋，反之为下回旋。

②肩关节。

组成：由肩胛骨的关节盂和肱骨头组成（图2－17）。

结构特征：是典型的球窝关节，相连两骨关节面大小相差较大（关节窝仅能容纳关节头的1/4 ～1/3），关节窝周缘有盂唇，关节囊薄弱松弛，内有肱二头肌长头肌腱通过，关节本身的韧带少而弱，是人体最灵活、稳固性较差的关节。

运动：可绕3个运动轴做屈伸、收展、回旋、水平屈伸和环转运动。

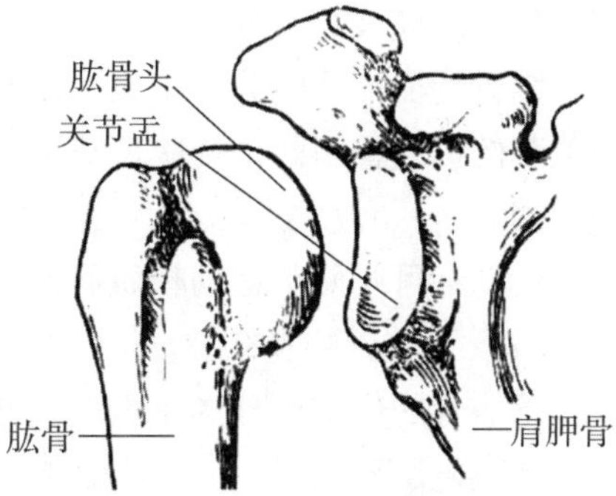

图2－17　肩关节

③肘关节。

组成：由肱骨远侧端和桡尺骨近侧端的关节面组成。包括肱尺关节、肱桡关节和桡尺近侧关节（图2－18）。

结构特征：肱尺关节为滑车关节；肱桡关节为球窝关节（受尺骨限制不能绕矢状轴运动）；桡尺近侧关节为圆柱关节。3个关节包在一共同关节囊内，彼此又可独立运动，为典型的复关节。关节囊前后薄弱松弛，两侧紧张，所有加固韧带均不与桡骨相连。

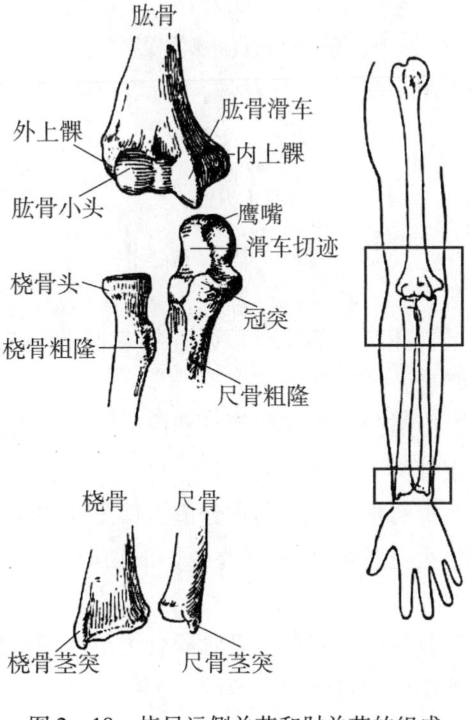

图2－18　桡尺远侧关节和肘关节的组成

运动：从肘关节整体运动来说，有两个运动轴，可做屈伸运动（由肱尺关节和肱桡关节共同完成）；还可做内旋、外旋运动（由肱桡关节和桡尺近侧关节共同完成）。

④桡腕关节。

组成：由桡骨的腕关节面和关节盘组成关节窝与近侧列腕骨的手舟骨、月骨和三角骨组成（各骨间由韧带连结，可看成一块骨）的关节头共同构成。

结构特征：桡腕关节是典型的椭圆关节。尺骨由于有关节盘所隔，不参与桡腕关节的构成，因此，桡腕关节是个单关节。关节囊前后松弛，前后内外均有韧带加固。

运动：可绕两个运动轴做屈伸、收展运动，还可做环转运动。

（2）下肢骨的连结

下肢骨的连结可分为下肢带骨的连结（下肢带关节）和自由下肢骨的连结（自由下肢关节）两部分。下肢带关节包括骶髂关节和耻骨联合。下肢带骨（髋骨）、下肢带关节和骶、尾骨等共同组成骨盆（图2－19）。自由下肢关节包括髋关节、膝关节、小腿骨的连结和足关节（踝关节、距跗关节）等。

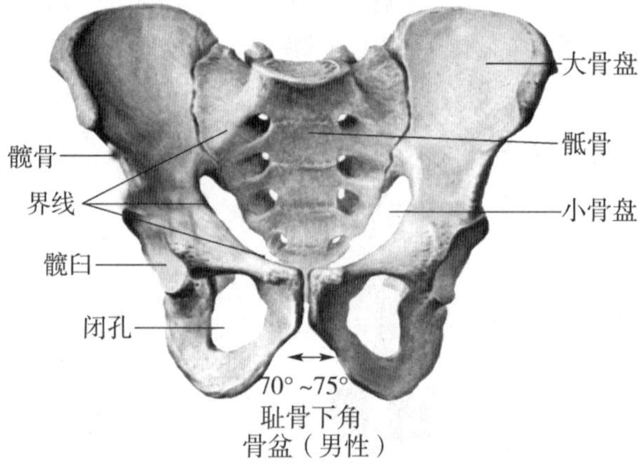

图2－19　骨盆

①骨盆。

组成：由骶骨、尾骨和两侧的髋骨以及连结它们的关节（即下肢带骨关节，包括骶髂关节、耻骨联合）和韧带组成。

结构特征：形似拱形结构。两侧的髋骨和中间的骶骨类似拱形建筑结构的穹隆，两侧的髋臼架在股骨头上，股骨尤如穹隆柱。

功能：支持人体上身的重量；传递和分散人体负荷的压力；保护腹腔和盆腔内脏器官；缓冲震荡；上连脊柱，下接股骨，活动时可增大躯干和下肢运动的幅度。

运动：由于骶髂关节为微动关节，耻骨联合为过渡型骨连结，因此下肢带关节的运动是以骨盆的整体运动进行的。

骨盆在髋关节处可做前倾、后倾（绕额状轴）、侧倾（绕矢状轴）、回旋运动（绕垂直轴），还可做环转运动（绕混合轴）。在足离开地面时，骨盆可绕腰骶关节带动下肢做前倾、后倾、侧倾和回旋运动。

组成：由髋骨的髋臼和股骨头组成。

结构特征：是典型的球窝关节。髋臼周缘有髋臼唇，关节窝较深，关节囊厚而坚韧，周围韧带较多。关节坚固性大，灵活性小。

运动：可绕3个运动轴做屈伸、收展、回旋、水平屈伸和环转运动。

③膝关节。

组成：由股骨下端关节面、胫骨上端关节面及髌骨关节面组成，包括股胫关节和股髌关节（图2－20）。

结构特征：属椭圆滑车关节（股胫关节为椭圆关节，股髌关节为滑车关节）。膝关节是人体中结构最复杂的关节，关节囊内外有许多辅助结构，如半月板、韧带。

半月板位于胫骨内外侧髁（平台）上，包括内侧和外侧半月板。具有加深关节窝，使上、下关节面吻合，缓冲震动和保护关节面的作用。

膝关节韧带较多，有关节外韧带及关节内韧带。关节外韧带包括髌韧带、胫侧副韧带和腓侧副韧带，分别从前、内、外侧加固关节。关节内韧带包括前交叉韧带和后交叉韧带，可防止股骨和胫骨前后移位。

运动：可做屈伸运动。在屈膝位时，可做轻度内旋和外旋运动。髌骨在小腿屈伸运动时，可以上下滑动。

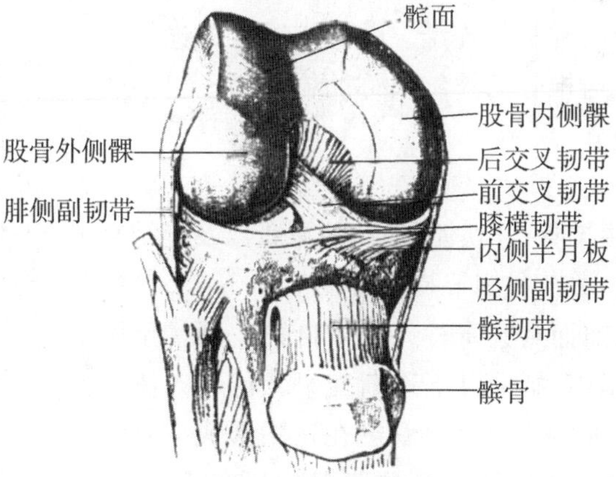

膝关节（右前）

图2－20 膝关节

④踝关节（又名距上关节或胫距关节）。

组成：内胫骨的下关节面，内踝关节和腓骨的外踝关节面共同形成的叉状节窝（图2－21）。

结构特征：属滑车关节。关节囊前后松弛，两侧有韧带加固。在踝关节韧带损伤病例中，以外侧最为常见。

运动：足绕此关节可做屈伸运动（足向下为屈，或称跖屈；足向上为伸，或称背屈）。由于距骨滑车关节面前宽后窄，当足跖屈时，窄的部分进入关节窝，因此足还可做侧方运动（即内收、外展）。

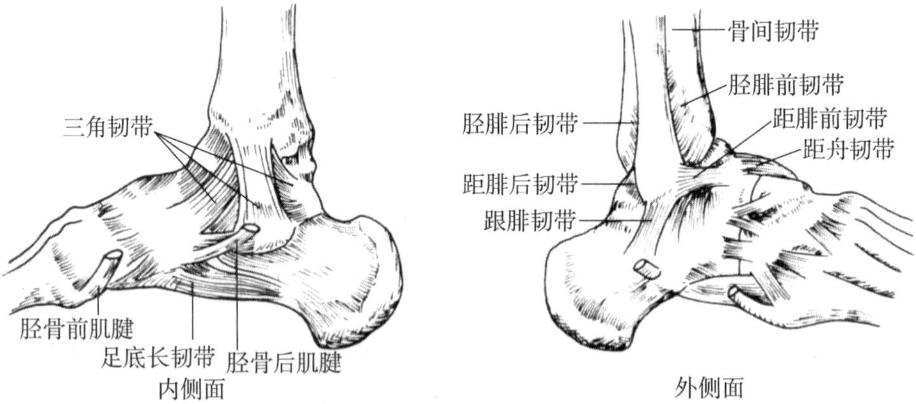

图 2－21　踝关节

（3）躯干骨的连结

躯干骨借其骨连结构成脊柱和胸廓。脊柱的连结包括一般椎骨间连结和特殊部位的连结（寰枕关节、寰枢关节、腰骶连结和骶尾连结）。胸廓的连结包括胸骨与肋骨的连结、肋骨与椎骨的连结。胸骨与肋骨的连结又称胸肋关节。肋骨与椎骨的连结又称肋椎关节，包括肋头关节和肋横突关节。

①脊柱。

组成：由 24 块椎骨、1 块骶骨、1 块尾骨以及连结它们的 23 块椎间盘、关节和韧带装置构成。

结构特征：从前面观察脊柱，椎体自第 2 颈椎至第 1 骶椎逐渐增大，第 2 骶椎以下逐渐变窄，这与人体直立负重有关。从后面观察脊柱，棘突在正中形成一条纵嵴，嵴的两侧为脊柱沟。侧面观察脊柱，可见双“S”形生理弯曲，即颈曲、胸曲、腰曲和骶曲。颈曲和腰曲凸向前，胸曲和骶曲凸向后（图 2－22）。

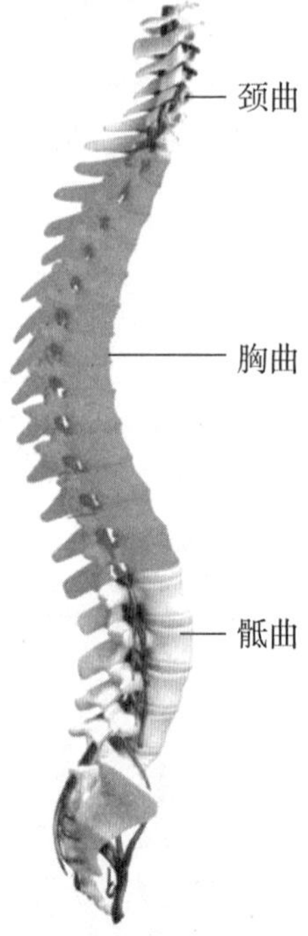

图 2－22　脊柱侧面

功能：构成人体躯干的中轴与支柱，支持体重。构成椎管、胸腔、腹腔、盆腔等腔壁，借以容纳保护脊髓和内脏器官等。脊柱是一拱形结构，有良好弹性，起着传递压力、缓冲震动的作用。可完成各种基本运动，成为运动时的杠杆，它还是许多肌肉的附着点。

运动：脊柱除支持和保护功能外，有灵活的运动功能。各椎骨间的运动幅度有限，但整个脊柱的运动范围很大。绕额状轴可做屈伸运动；绕矢状轴可做侧屈运动；绕垂直轴可做回旋运动。此外，还可做环转运动。

②胸廓。

组成：胸廓由 12 个胸椎、12 对肋骨、1 块胸骨以及关节和韧带等组成（图 2－23、图 2－24）。

结构特征：整个胸廓似扁圆锥状。前后稍扁，上窄下宽，上口小而下口大。

功能：由胸廓围成胸腔，具有保护心肺及重要血管和神经的功能。此外，胸廓还参与呼吸运动。

运动：胸廓的运动是以肋骨的上、下运动来实现的。当吸气时，肋骨上提、外翻，使胸腔扩大（前后径、左右径增大）；当呼气时，肋骨下降、内翻，使胸腔变小（前后径、左右径缩小）。

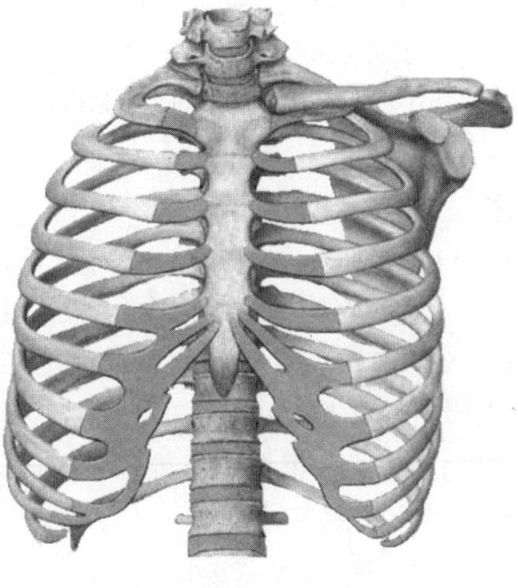

图 2－23　胸廓

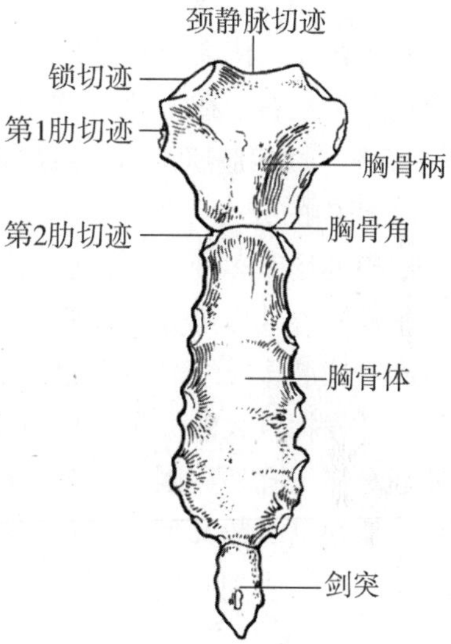

图 2－24　胸骨

三、肌肉系统

（一）肌肉系统概述

1. 肌组织

肌组织是由有收缩能力的肌细胞（肌纤维）组成的，广泛分布于骨骼、内脏和心血管等处。肌细胞之间有少量的结缔组织以及血管和神经。肌细胞呈细长纤维形，又称肌纤维。肌纤维的细胞膜称肌膜，细胞质称肌浆，肌浆中有许多与细胞长轴平行排列的肌丝，它们是肌纤维收缩的主要物质基础。肌组织的主要功能是收缩与舒张；人体的各种运动，如行走、跑跳、呼吸、排泄和循环等活动，都是依靠肌组织的收缩来实现的。

(1) 肌组织的分类

根据结构与功能的特点，将肌组织分为3类：骨骼肌、心肌和平滑肌。

骨骼肌：受躯体神经支配，为随意肌，纤维密度高，附着于骨骼，属于横纹肌。

心肌：受植物神经支配，为不随意肌，纤维密度中，位于心脏，属于横纹肌。

平滑肌：受植物神经支配，为不随意肌，纤维密度低，位于器官壁。

(2) 骨骼肌的数量

人体的骨骼肌简称肌肉，有六百余块，绝大多数附着于骨骼上，呈对称分布。骨骼肌在神经系统的支配下收缩牵引骨骼以关节为支点转动，从而引起人体的各种随意运动。人体各种动作都是由众多骨骼肌协同工作而实现的，同时运动又可明显改善骨骼肌的形态结构及功能。

(3) 骨骼肌占人体的比重

骨骼肌在人体内分布极为广泛，经常进行体育运动的人肌肉比较发达，可占体重的一半左右。在一般人群中，成年男性的骨骼肌约占人体重量的40%，女性为35%。而四肢肌又占全身肌肉的80%，其中下肢肌占全身肌肉的50%。

2. 肌肉的分类

肌肉的形态多种多样，往往与其功能相适应。

根据肌肉外形可分为长肌、短肌、扁肌和轮匝肌4类（图2-25）。长肌主要分布于四肢，收缩时可引起大幅度的运动。短肌主要分布于躯干深部，能持久收缩，并发挥巨大的力量。扁肌主要分布于胸、腹壁，有保护内脏器官的作用。轮匝肌分布于孔裂周围，纤维呈环状，收缩时可使孔裂缩小或关闭。

长肌根据头数又可分为二头肌、三头肌和四头肌；根据肌纤维排列方向又可分为梭形肌、多别状肌、羽状肌（单羽状肌）、半羽肌等。

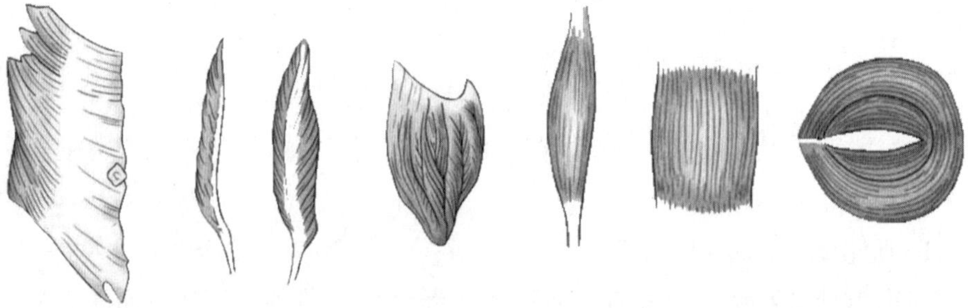

图2-25 肌肉的形状

3. 肌肉配布规律

肌肉的配布有一定的规律，与人体直立行走和劳动有关，使得上肢屈肌较伸肌发达；而躯干和下肢的伸肌则强于屈肌。按关节运动轴对应分布，一般是以相互对抗的形式分布于关节运动轴两侧。如额状轴前有屈肌、后有伸肌（膝及其以下的关节相反）；矢状轴外侧有外展肌、内侧有内收肌；垂直轴前外侧有内旋肌、后外侧有外旋肌。

4. 肌肉的协作关系

人体的动作有的很简单，但更多是复杂的。一个简单的动作，往往不是一块肌肉所能完成的，而复杂的运动动作，则在数块或数群肌肉的协调工作下，使关节产生各种各样的运动，或使人体维持某种姿势。根据肌肉在运动中所起的作用，可分为原动肌、主动肌、次动肌（副动肌）、对抗肌、固定肌及中和肌等，

（1）原动肌、主动肌和次动肌

直接完成某动作的肌肉叫作原动肌。如肱肌、肱二头肌、肱桡肌和旋前圆肌 4 块肌肉是屈肘关节的原动肌。其中前两块在原动肌中起主要作用，因此叫主动肌；后两块起次要作用，故叫次动肌（或副动肌）。

（2）对抗肌

与原动肌功能相反的肌肉叫对抗肌。如肱三头肌就是屈肘关节肌的对抗肌。当肘关节做伸的动作时，则相反。

（3）固定肌

将原动肌定点所附着的骨固定起来的肌肉叫固定肌。如做前臂弯举动作时，肩关节周围的肌肉必须固定肱骨，才能更好地完成这一动作，这时肩关节周围的肌肉就是固定肌。

（4）中和肌

有的原动肌具有数种功能，如斜方肌除了可使肩胛骨后缩外，还能使它向上回旋。在进行扩胸运动时，只要求肩胛骨后缩，不要求上回旋。这时有另外一些肌肉（如菱形肌和胸小肌）参与工作以抵消斜方肌上回旋的作用，使斜方肌充分发挥肩胛骨后缩的功能。这些限制或抵消原动肌发挥其他功能的肌肉就叫作中和肌。

有时两块原动肌都具有多种功能，其中有一种（或两种）功能是共同的，其他则是互相对抗的。例如，胸大肌可使上臂屈、内收和内旋，背阔肌可使上臂伸、内收和内旋。因此胸大肌和背阔肌在上臂内收和内旋方面为原动肌。这时屈、伸方面的功能则相互限制或抵消，因此互为中和肌。

5. 肌肉工作术语

（1）肌肉的起点和止点

每块肌肉两端在骨骼上的附着点可分为起点和止点。对于躯干肌，通常将靠近人体正中面骨上的附着点称为起点，远离人体正中面骨上的附着点称为止点。对于四肢肌，将靠近近侧端骨上的附着点称为起点，远侧端骨上的附着点称为止点。

（2）定点与动点

每块肌肉附着在两块或两块以上的骨面上，中间跨过一个或多个关节。肌肉

收缩时，可牵引它所附着的骨运动。在运动过程中，多半有一骨的位置相对固定，另一骨相对移动。相对固定骨上的肌肉附着点叫定点，相对移动骨上的肌肉附着点叫动点。动点和定点不是固定不变的，随着肌肉工作条件发生变化，定点和动点是可以互换的。

（3）近固定与远固定

肌肉收缩时，其定点在近侧端的称近固定。定点在远侧端的称远固定。如“弯举”的屈肘动作，肱肌收缩可以引起前臂向上臂运动，定点在上臂，这时肱肌是在近固定进行工作；而“引体向上”的屈肘动作，肱肌收缩可引起上臂向前臂运动。定点在前臂，这时肱肌是在远固定进行工作。

（4）上固定与下固定

在分析附着在躯干上的肌肉工作时，往往称上固定和下固定。例如，腹直肌的上端附着在第 5 ～ 7 条肋软骨和胸骨剑突，下端附着在耻骨上。做悬垂举腿时，胸廓固定，腹直肌是在上固定条件下工作的；做仰卧起坐时，骨盆相对固定，腹直肌是在下固定条件下工作的。

（5）无固定

无固定是指肌肉工作时，它的两端都不固定而做相向运动（如挺身式跳远或“燕式”跳水的折体动作）。

（6）肌拉力线

肌肉两个附着点中心之间的连线（或肌肉合力作用线）称肌肉拉力线。如果肌肉在某骨突处转弯，则在肌肉开始转弯处的横切面中心与动点中心之间的连线，就是该肌肉的肌拉力线。

6. 肌肉的结构

（1）肌肉的基本结构

每块肌肉都是一个有机的整体，主要由肌组织构成。每块肌肉都可分为中部的肌腹和两端的肌腱（阔肌的腱呈膜状，名为腱膜）。肌肉中还分布有血管和神经。

①肌腹。由许多肌纤维（包括红肌纤维和白肌纤维）构成。肌纤维最短的仅 1 mm，最长的可达 30 cm。其表面包裹着结缔组织膜。上百条肌纤维集合起来，由结缔组织薄膜包裹构成小肌束；许多小肌束集合起来，也由结缔组织薄膜包裹构成大肌束；若干大肌束集合起来，最后由结缔组织薄膜包裹构成整块肌肉的肌腹。包裹在每条肌纤维外面的薄膜叫肌内膜，包裹在大小肌束外的薄膜叫肌束膜，包裹在整块肌肉外面的薄膜叫肌外膜。在肌内膜、肌束膜和肌外膜中都分布有丰富的血管和神经，与肌肉的营养和神经支配有关。

②肌腱。肌肉借肌腱附着于骨或筋膜上。肌腱缺乏收缩性，但很坚韧，可抵抗较大的张力，人体肌腱每平方厘米的抗张力强度为 611 ～ 1265 kg。因为肌腱是由许多胶原纤维构成的，而且是互相交织排列形成辫状，这种结构可使肌肉力

量均匀地作用于肌腱在骨上的附着处，同时不因运动时关节角度的变化而使肌肉力量受到影响。

③肌肉中的血管。肌肉中含有丰富的血管，尤其是毛细血管特别丰富。在人体的肌肉中，每平方毫米约有毛细血管3000条。但在安静时，肌肉中的毛细血管并不是全部开放，一般每平方毫米只有约100条毛细血管开放。当激烈运动时，肌肉中的毛细血管才有可能全部开放。

④肌肉中的神经。肌腹内分布有运动神经末梢，来自中枢神经系统的冲动经此传至肌肉，支配肌肉活动。肌腹和肌腱中均有感觉神经末梢，它们主要感受肌纤维张力变化的刺激，将冲动传到中枢神经系统，以实现各肌肉之间的协调运动。此外，肌肉血管还分布有交感神经纤维，它能调节骨骼肌的代谢，实现营养功能，促进生长发育。

（2）肌肉的辅助结构

肌肉周围有一些利于肌肉活动的结构，称为肌肉的辅助结构，包括筋膜、腱鞘、滑膜囊和籽骨等。

①筋膜。筋膜是包在肌肉外面的结缔组织，分为浅筋膜和深筋膜。

浅筋膜：又叫皮下筋膜，位于皮下，由含脂肪成分的疏松结缔组织构成。它对深面的肌肉、血管、神经具有保护的功能。

深筋膜：位于浅筋膜深面，由致密结缔组织构成。它在骨突之间增厚形成假韧带；包被肌肉成肌鞘；插入肌群之间，形成肌间隔，以约束肌肉牵引方向，并保证肌肉或肌群单独活动，互不干扰。深筋膜还可为肌肉附着，增大肌肉附着面积，利于肌肉收缩时更好地发挥力量。深筋膜还具有限制炎症的扩散、保护健康的功能。

②腱鞘。腱鞘是套在活动性较大的腕、踝、手指和足趾肌腱周围的密封双层筒状长管，其外为纤维鞘，内为滑膜鞘。滑膜鞘又分为两层，内层紧贴肌腱，叫脏层。外层衬于纤维鞘内面，叫壁层。脏、壁两层之间为一裂隙，内有少量滑液，可减小运动时肌腱与一目一面之间的摩擦。有的一个腱鞘包绕一条肌腱，有的包有两条或多条肌腱。

③滑膜囊。滑膜囊为内有滑液的结缔组织囊，位于软组织与骨之间，可减少二者之间的摩擦。滑膜囊有肌下滑膜囊、腱下滑膜囊和皮下滑膜囊等。

④籽骨。由肌腱骨化而成，通常位于肌肉止点处肌腱与骨之间，其可以改变肌腱的抵止角度，加大肌肉的力臂，增大肌肉的牵引力量，为肌肉工作创造有利条件。人体中最大的籽骨为髌骨。

7. 骨骼肌纤维的结构

骨骼肌纤维为长柱形的多核细胞。一条肌纤维内含有几十个甚至几百个细胞核，肌浆内含许多与细胞长轴平行排列的肌原纤维，肌原纤维之间含有大量的线粒体、糖原以及少量的脂滴，肌浆内还含有肌红蛋白。肌原纤维呈细丝状，沿肌纤维纵轴平行排列，每一条肌原纤维上有明暗相间的条纹，分别称为明带（或称I带）和暗带（或称A带）。同一条肌纤维内，所有肌纤维中的明带和暗带均彼此对应，很规则地排列在一起，而呈现明暗相间的横纹，故又称横纹肌（图2－26）。

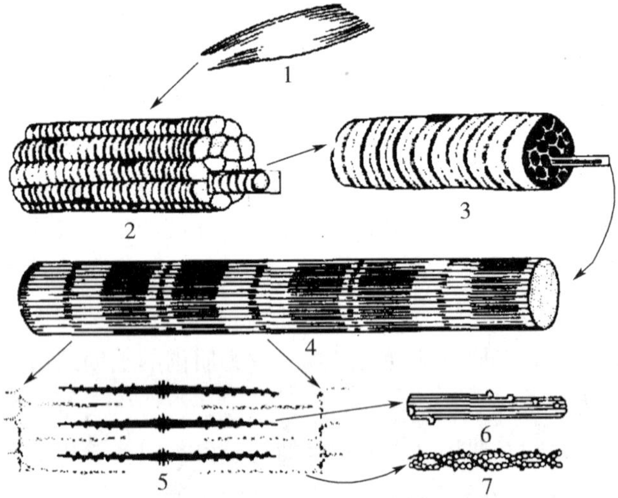

图2－26 骨骼肌纤维的细微结构

1—— 一块肌肉；2—— 一束肌纤维；3—— 一条肌纤维；4—— 一根肌原纤维；5—— 一段肌节；6——肌球蛋白微丝；7——肌动蛋白微丝

在肌原纤维的暗带中有一条色淡的H带，H带的中间有一条色深的中线，称为M线。在明带的中间也有一条色深的线，称为Z线。相邻的两条Z线之间的部分称为肌节。每一个肌节包括两个半段的明带和一个完整的暗带（即两个1/2明带和中间的一个暗带）。肌节沿肌原纤维的纵轴呈等距离顺次重复排列成肌原纤维。肌节是肌肉收缩的形态结构和功能单位。

每条肌原纤维又由上千条的肌微丝构成，按其形态和化学成分，可分为粗肌微丝和细肌微丝两种。粗肌微丝互相平行于暗带中，由肌球蛋白构成。细肌微丝也互相平行排列，一端连于Z线上，位于明带内，另一端游离于暗带内，由肌动蛋白构成。

骨骼肌纤维的肌膜（肌内膜）在每一肌节的明带和暗带交界处呈小管状陷入肌纤维内，伸入到每根肌原纤维之间，并在同一平面上，分支互相连接，形成许多与肌原纤维相垂直的横行细管，此即横小管（T管）。躯体性运动神经纤维的兴奋性冲动可沿横小管传入肌纤维深部，从而引起一系列生理、生化反应，使肌纤维发生收缩。

8. 肌肉的物理特性

（1）伸展性：骨骼肌在受到外力牵拉或负重时可被拉长的特性。

（2）弹性：当外力或负重消失后，肌肉的长度又可恢复的特性。

（3）黏滞性：由于肌浆内各分子之间的相互摩擦作用所产生的特性。

肌肉不是一个完整的弹性体，而是一个黏弹性体。肌肉的物理特性受温度影响。当温度下降时，肌浆内各分子间的摩擦力加大，肌肉的黏滞性增加，伸展性和弹性下降；当温度升高时，肌肉黏滞性下降，伸展性和弹性增加。在健身运动实践中，必须做好充分准备活动，使肌肉温度升高，降低黏滞性，提高肌肉伸展性，有利于提高运动表现。

9. 肌肉的收缩形式

肌肉收缩可表现为整块肌肉的长度发生变化，也可不发生变化。根据肌肉收缩时的长度变化，把肌肉收缩分为以下 4 种基本形式。

（1）向心收缩

肌肉收缩时，长度缩短的收缩为向心收缩。向心收缩时肌肉长度缩短、起止点相互靠近，因而引起身体运动。而且，肌肉张力增加出现在前，长度缩短发生在后。但肌肉张力在肌肉开始缩短后即不再增加，直到收缩结束。这种收缩形式又称为等张收缩。肌肉向心收缩时，是做功的。其数值为负荷重量与负荷移动距离的乘积。在向心收缩过程中，所谓的等张收缩是相对的。由于肌肉在收缩过程中，往往是通过骨的杠杆作用克服阻力做功，在负荷不变的情况下，要使肌肉在整个关节活动范围内以同样的力量收缩是不可能的。如当肌肉收缩，克服重力垂直举起杠铃时，随着关节角度的变化，肌肉做功的力矩也会发生变化。因此，需要肌肉用力的程度也不同。在整个运动范围内，肌肉用力最大的一点称为“顶点”。出现“顶点”主要是因为在此关节角度下杠杆效率最差，加上肌肉缩短损失一部分力量，而促成了“顶点”的产生。当肱二头肌收缩时，肘关节屈曲，举起某一恒定负荷时，它产生的张力随着关节角度的变化而变化。肱二头肌收缩时所产生的张力，在关节角度为 120°时最大，而在 30°时最小。因此，在整个关节的运动范围内，只有在“顶点”时肌肉才有可能达到最大力量的收缩。这是等张训练的不足之处。

（2）离心收缩

肌肉在收缩产生张力的同时被拉长的收缩称为离心收缩。如下蹲时，股四头肌在收缩的同时被拉长，以控制重力对人体的作用，使身体缓慢下蹲，起缓冲作用。因此，肌肉做离心工作也称为退让工作。再如搬运重物时，将重物放下，以及下坡跑和下楼梯等也需要肌肉进行离心收缩。肌肉离心收缩可防止运动损伤。如从高处跳下时，脚先着地，通过反射活动使股四头肌和臀大肌产生离心收缩。由于肌肉离心收缩的制动作用，减缓了身体的下落速度，不至于使身体造成损伤。离心收缩时肌肉做负功。

（3）等长收缩

肌肉在收缩时其长度不变，这种收缩称为等长收缩，又称为静力收缩。肌肉等长收缩时由于长度不变，因而不能克服阻力做机械功。等长收缩有两种情况：

其一，肌肉收缩时对抗不能克服的负荷，如试图拉起根本不可能拉起的杠铃时，肱二头肌所进行的收缩就是等长收缩。其二，当其他关节由于肌肉离心收缩或向心收缩发生运动时，等长收缩可使某些关节保持一定的位置，为其他关节的运动创造适宜的条件。要保持一定的体位，某些肌肉就必须做等长收缩。如做蹲起动作时，肩带和躯干的某些肌肉发生等长收缩以保证躯干的垂直姿势，同时腿部和臀部的某些肌肉做向心收缩。当蹲下时，肩带和躯干的某些肌肉同样发生等长收缩以保证躯干的垂直姿势，但腿部和臀部的某些肌肉做离心收缩。在更复杂的运动中，身体姿势不断发生变化，因此肌肉的收缩形式也不断发生变化。在体育运动中，如体操中的“十字支撑”和“直角支撑”，参加工作的肌肉就是进行等长收缩。

（4）等动收缩

在整个关节运动范围内，肌肉以恒定的速度，且肌肉收缩时产生的力量始终与阻力相等的肌肉收缩称为等动收缩。由于在整个收缩过程中收缩速度是恒定的，等动收缩有时也称为等速收缩。在运动实践中，自由泳的划水动作就具有等动收缩的特点。要让肌肉做等动收缩，必须有专门的仪器设备，即等动练习器。

10. 骨骼肌纤维的类型

关于骨骼肌纤维分型和命名的方法较多，但根据肌纤维的颜色可分为红肌纤维（I型）和白肌纤维（Ⅱ型）两类。

（1）红肌纤维（Ⅰ型）

红肌纤维的肌纤维较细，受小运动神经元支配。肌纤维内含肌浆、肌红蛋白、线粒体和各种酶较多。但肌原纤维细而少，肌纤维周围毛细血管丰富而呈现红色，故称为红肌。红肌纤维主要依靠有氧代谢产生的三磷酸腺苷（ATP）供能，所以氧化能力强（比白肌强4倍）。红肌纤维收缩的反应速度较慢，收缩力量较小，但持续时间较长（比白肌长3倍左右），不易疲劳，故又称为慢缩肌纤维。

（2）白肌纤维（Ⅱ型）

白纤维肌的肌纤维较粗，受大运动神经元支配。肌纤维周围毛细血管少，肌纤维内所含的肌浆、肌红蛋白、糖原、线粒体和各种氧化酶都较红肌纤维少。但肌原纤维多而较粗，脂类物质、ATP和磷酸肌酸（CP）等的含量较红肌纤维多。白肌纤维主要依靠无氧酵解产生的ATP供能。白肌纤维收缩的反应速度快，收缩力量大，但持续时间较短，易疲劳，故又称为快缩肌纤维。

（二）人体的主要肌肉

人体的肌肉按部位可分为躯干肌、上肢肌、下肢肌和头颈肌（图2-27、图2-28）。

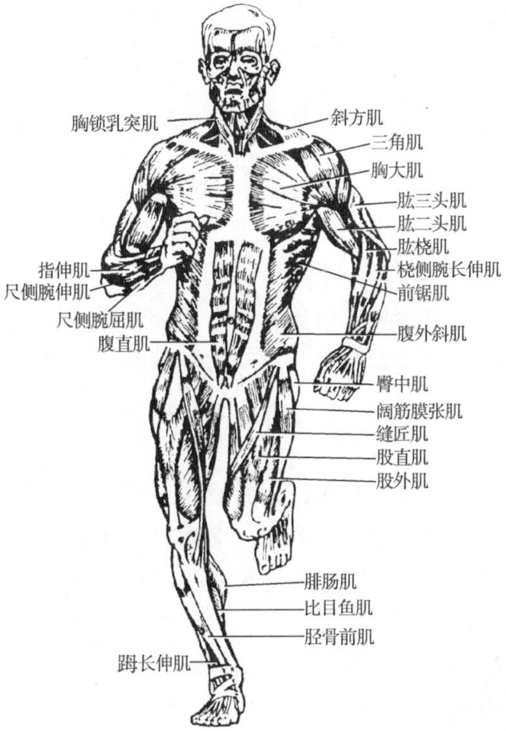

图 2－27　人体肌肉前面观

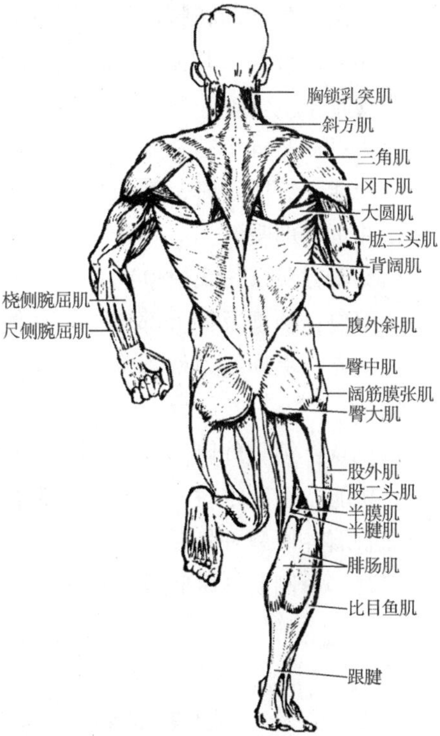

图 2－28　人体肌肉后面观

1. 躯干肌

躯干肌包括背肌、胸肌、膈肌、腹肌和会阴肌。

（1）背肌

背肌分为浅、深两层。背浅层肌包括背阔肌、斜方肌、肩胛提肌和菱形肌等。背深层肌分为背长肌和背短肌。背长肌包括竖脊肌和夹肌。背短肌包括横突棘肌、棘间肌和横突间肌（包括半棘肌、回旋肌和多裂肌三部分）。

①背阔肌（图 2－29）。

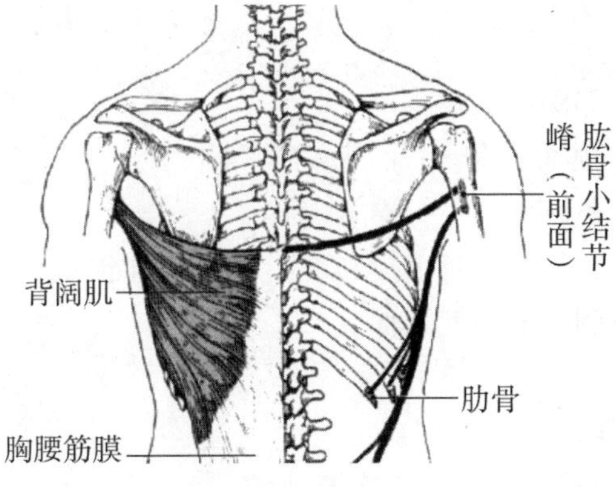

图 2－29　背阔肌

部位：蹑背部和胸部后外侧皮下。

起点：第 7 ～ 12 胸椎及全部腰椎棘突、骶正一手嵴、髂嵴后部和第 10 ～ 12 肋外侧面。

止点：肱骨小结节嵴。

功能：近固定时，使肩关节伸、内收和内旋。远固定时，拉躯干向上臂靠拢，并可辅助吸气。

②斜方肌（图 2 – 30）。

部位：项部及背上部皮下，一侧为三角形，两侧相合为斜方形。

起点：上项线、枕外隆凸、项韧带、第 7 颈椎棘突、全部胸椎棘突及其棘上韧带。

止点：锁骨外侧 1/3、肩峰和肩胛骨。

功能：近固定时，上部肌纤维收缩，使肩胛骨上提、上回旋和后缩；中部肌纤维收缩，使肩胛骨后缩；下部肌纤维收缩，使肩胛骨下降、上回旋和后缩。远固定时，一侧肌纤维收缩，使头向同侧屈和对侧旋转；两侧收缩，使脊柱伸展。

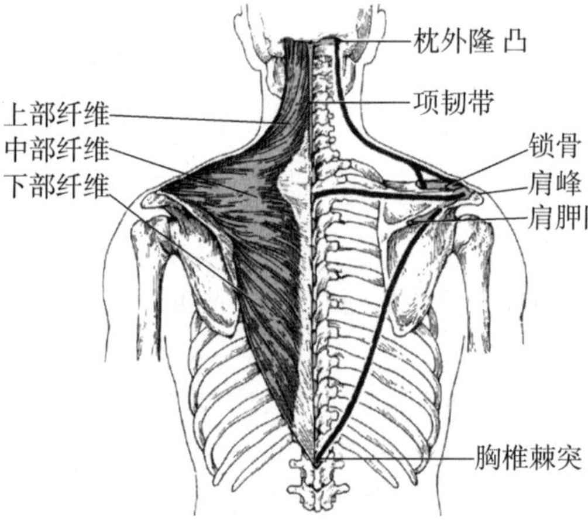

图 2 – 30　斜方肌

③肩胛提肌。

部位：斜方肌上部深层。

起点：第 1 ～ 4 颈椎横突。

止点：肩胛骨上角。

功能：近固定时，使肩胛骨上提和下回旋。远固定时，一侧收缩，使头向同侧屈和轻度回旋；两侧收缩，使颈伸。

④菱形肌。

部位：斜方肌深层。

起点：第 6、7 颈椎和第 1 ～ 4 胸椎棘突。

止点：肩胛骨内侧缘。

功能：近固定时，使肩胛骨上提、后缩和下回旋。远固定时，两侧收缩，使脊柱胸段伸。

⑤竖脊肌。

部位：脊柱两侧，由棘肌、最长肌和髂肋肌三部分组成。

起点：骶骨背面、髂嵴后部、腰椎棘突和胸腰筋膜。

止点：颈、胸椎的棘突与横突、颞骨乳突和肋角。

功能：下固定时，一侧收缩，使脊柱向同侧屈；两侧收缩，使头和脊柱伸。上固定时，使骨盆前倾。

（2）胸肌

胸肌分为胸上肢肌和胸固有肌。胸上肢肌包括胸大肌、胸小肌、前锯肌等。胸固有肌包括肋间外肌、肋间内肌和胸横肌等。

①胸大肌（图 2 – 31）。

部位：胸前上部皮下。

起点：锁骨内侧半、胸骨前面和第 1 ～6 肋软骨以及腹直肌鞘前壁上部。

止点：肱骨大结节嵴。

功能：近固定时，使肩关节屈、水平屈、内收和内旋。远固定时，拉躯干向上臂靠拢，提肋助吸气。

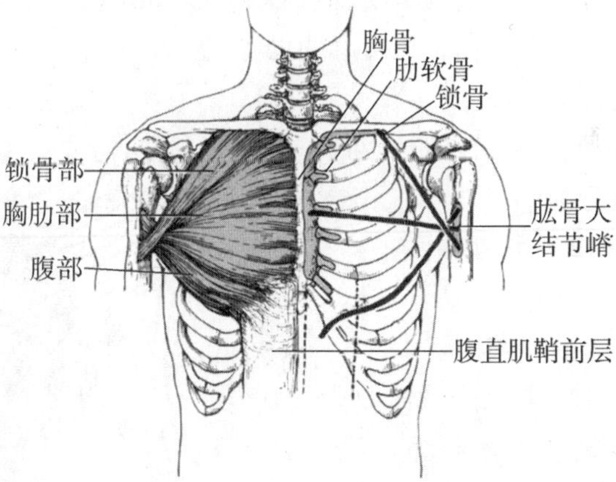

图 2 – 31　胸大肌

②胸小肌。

部位：胸大肌深层。

起点：第 3 ～5 肋骨前面。

止点：肩胛骨喙突。

功能：近固定时，使肩胛骨前伸、下降和下回旋。远固定时，提肋助吸气。

③前锯肌。

部位：胸廓侧面浅层。

起点：上位 8 ～9 肋骨外侧面。

止点：肩胛骨内侧缘和下角前面。

功能：近固定时，使肩胛骨前伸；下部肌纤维收缩可使肩胛骨下降和上回旋。远固定时，可提肋助吸气。

（3）膈肌

部位：胸腹腔之间。穹隆形扁肌。

起点：前部起自剑突后面，侧部起自第 7 ～ 12 肋内侧面，后部起自 1 ～ 3 腰椎椎体前面。

止点：中心腱。

功能：收缩时，膈穹隆下降，使胸腔容积增大，吸气；放松时，膈穹隆上升，使胸腔容积缩小，呼气。还参与维持腹压。

（4）腹肌

腹肌包括腹前壁的腹直肌、腹外斜肌、腹内斜肌、腹横肌和腹后壁的腰方肌。

①腹直肌。

部位：腹前壁正中线两侧。

起点：耻骨上缘。

止点：胸骨剑突及第 5 ～ 7 肋软骨前面。

功能：上固定时，两侧收缩，使骨盆后倾。下固定时，一侧收缩，使脊柱向同侧屈；两侧收缩，使脊柱屈，还可降肋助呼气。

②腹外斜肌（图 2－32）。

部位：腹前外侧壁浅层，肌纤维由外上向前内下斜行。

起点：第 5 ～ 12 肋骨外侧面。

止点：髂嵴、耻骨结节及白线。其腱膜参与构成腹直肌鞘前壁。

功能：上固定时，两侧收缩，使骨盆后倾。下固定时，一侧收缩，使脊柱向同侧侧屈和向对侧回旋；两侧收缩可使脊柱屈以及降肋助呼气。

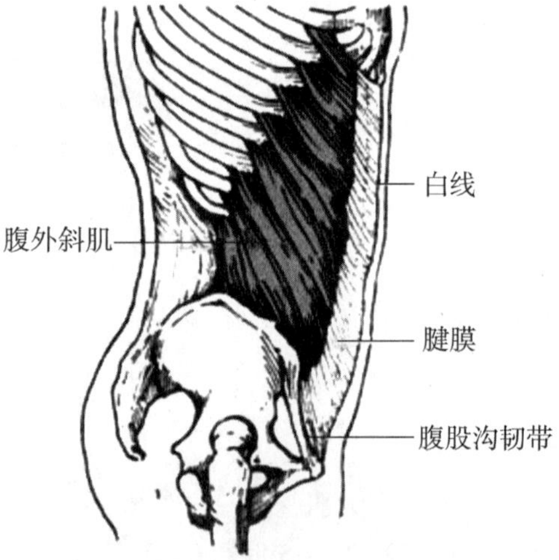

图 2－32　腹外斜肌

③腹内斜肌。

部位：腹外斜肌深层，肌纤维由后外下向前内上斜行。

起点：胸腰筋膜、髂嵴和腹股沟韧带外侧。

止点：第 10 ～ 12 肋骨下缘和白线，其腱膜参与构成腹直肌鞘前、后壁。

功能：上固定时，两侧收缩，使骨盆后倾。下固定时，一侧收缩，使脊柱向同侧屈和回旋；两侧收缩使脊柱屈。

④腹横肌（图 2－33）。

部位：腹内斜肌深层，肌纤维横向分布。

起点：第 7 ～ 12 肋骨内面，胸腰筋膜、髂嵴和腹股沟韧带外侧。

止点：白线。其腱膜参与构成腹直肌鞘后壁。

功能：维持腹压。

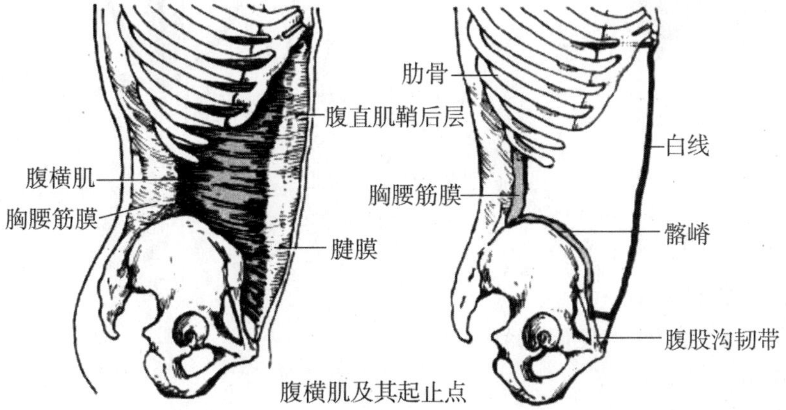

图 2－33　腹横肌

2. 上肢肌

上肢肌包括肩带肌、上臂肌、前臂肌和手肌。

(1) 肩带肌

肩带肌起自锁骨和肩胛骨，止于肱骨。包括三角肌、冈上肌、冈下肌、小圆肌、肩胛下肌和大圆肌（图 2－34）。其中，冈上肌、冈下肌、小圆肌和肩胛下肌的肌腱共同构成一种叫作“肌腱袖”（又称“肩袖”）的结构，有加固和保护肩关节的作用。

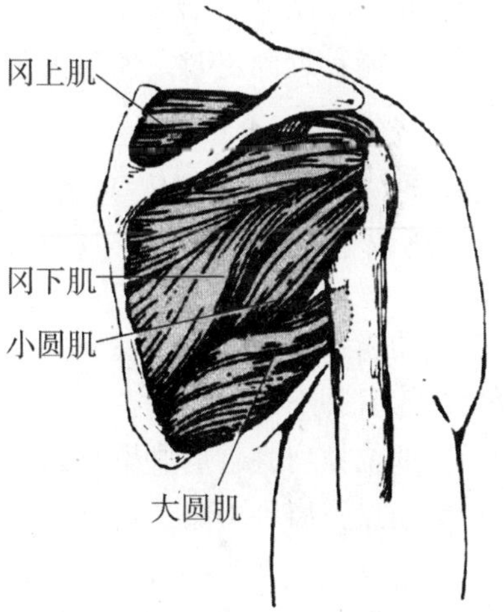

图 2－34　肩带肌（背面）

①三角肌（图 2－35）。

部位：肩部皮下，呈倒三角形。

起点：锁骨外侧半、肩峰和肩胛冈。

止点：肱骨体三角肌粗隆。

功能：近固定时，前部纤维收缩使肩关节屈、水平屈和内旋；中部纤维收缩使肩关节外展；后部纤维收缩使肩关节伸、水平伸和外旋；整体收缩，可使肩关节外展。

②冈上肌。

部位：肩胛骨冈上窝内。

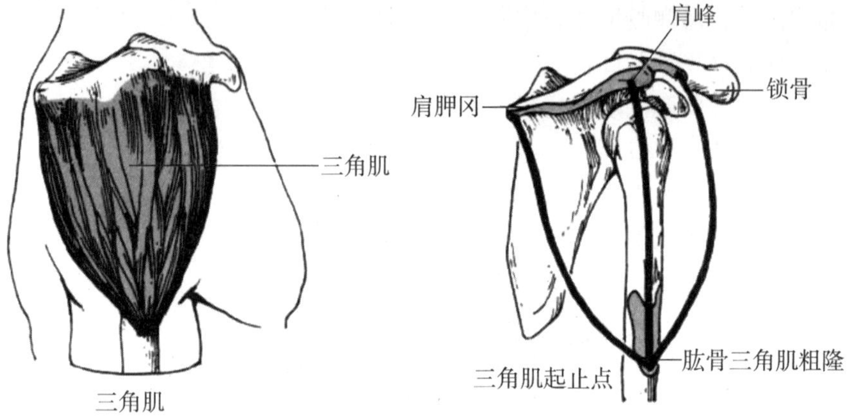

图 2-35　三角肌

起点：肩胛骨冈上窝。

止点：肱骨大结节。

功能：近固定时，使肩关节外展。

③冈下肌。

部位：肩胛骨冈下窝内。

起点：肩胛骨冈下窝。

止点：肱骨大结节。

功能：近固定时，使肩关节外旋、内收和伸。

④小圆肌。

部位：冈下肌下方。

起点：肩胛骨外侧缘背面。

止点：肱骨大结节。

功能：近固定时，使肩关节外旋、内收和伸。

⑤肩胛下肌。

部位：肩胛骨肩胛下窝内。

起点：肩胛下窝。

止点：肱骨小结节。

功能：近固定时，使肩关节内旋、内收。

⑥大圆肌。

部位：冈下肌、小圆肌下方。

起点：肩胛骨下角背面。

止点：肱骨小结节嵴。

功能：近固定时，使肩关节内旋、内收和伸。

（2）上臂肌

上臂肌包绕肱骨周围，分前、后两群。前群（屈肌群）包括肱二头肌、喙肱肌、肱肌；后群（伸肌群）包括肱三头肌和肘肌。

①肱二头肌（图 2 – 36）。

部位：上臂前面浅层，有长、短两头。

起点：长头起自肩胛骨盂上结节，短头起自肩胛骨喙突。

止点：桡骨粗隆和前臂筋膜。

功能：近固定时，使肩关节屈、肘关节屈和外旋；远固定时，使上臂向前臂靠拢。

②肱肌。

部位：肱二头肌下半部分深层。

起点：肱骨前面下半部分。

止点：尺骨粗隆和冠突。

功能：近固定时，使肘关节屈；远固定时，使上臂向前臂靠拢。

③肱三头肌（图 2 – 37）。

部位：上臂后面，有长头、外侧头和内侧头三个头。

起点：长头起自肩胛骨盂下结节，外侧头起自肱骨体后面桡神经沟外上方，内侧头起自桡神经沟内下方。

止点：尺骨鹰嘴。

功能：近固定时，使肘关节伸，长头还可使肩关节伸；远固定时，使上臂在关节处伸。

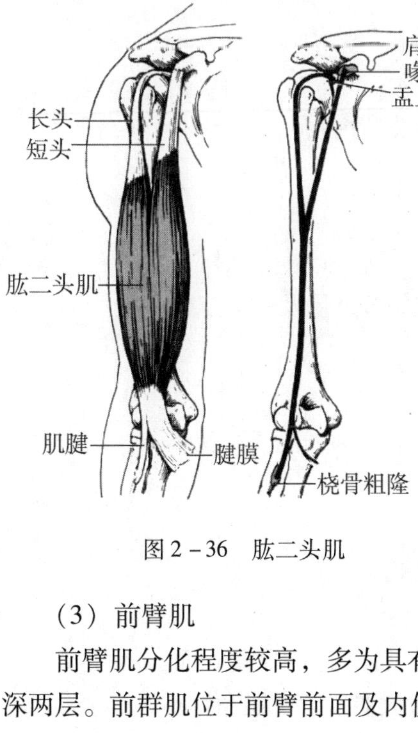

图 2 – 36　肱二头肌

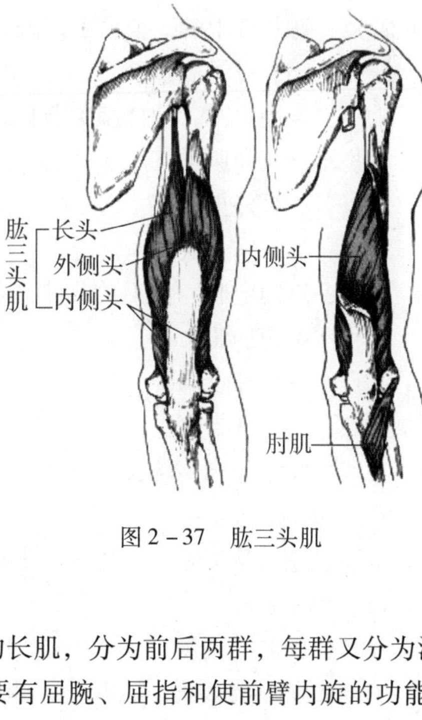

图 2 – 37　肱三头肌

（3）前臂肌

前臂肌分化程度较高，多为具有长腱的长肌，分为前后两群，每群又分为浅深两层。前群肌位于前臂前面及内侧，主要有屈腕、屈指和使前臂内旋的功能；

后群肌位于前臂后面及外侧，主要有伸腕、伸指和前臂外旋的功能。前群肌的浅层主要有肱桡肌、旋前圆肌、桡侧腕屈肌、尺侧腕屈肌等。后群肌的浅层主要有桡侧腕长伸肌、桡侧腕短伸肌、尺侧腕伸肌等。

①肱桡肌。

起点：肱骨外上髁上方。

止点：桡骨茎突。

功能：近固定时，使肘关节屈，并使前臂内旋或外旋和保持正中位。

②桡侧腕屈肌。

起点：肱骨内上髁及前臂筋膜。

止点：第二掌骨底。

功能：近固定时，使桡腕关节屈，参与手关节外展、辅助肘关节屈和前臂内旋。

③尺侧腕屈肌。

起点：肱骨内上髁、前臂筋膜和尺骨鹰嘴。

止点：豌豆骨、第二掌骨底。

功能：近固定时，使桡腕关节屈，参与桡腕关节内收和肘关节屈。

④旋前圆肌。

起点：肱骨内上髁和尺骨冠突。

止点：桡骨外侧面中部。

功能：近固定时，使前臂内旋，辅助肘关节屈。

⑤尺侧腕伸肌。

起点：肱骨外上髁、前臂筋膜及肘关节囊。

止点：第五掌骨底。

功能：近固定时，使桡腕关节伸，参与手关节内收。

⑥桡侧腕长伸肌。

起点：肱骨外上髁。

止点：第二掌骨底。

功能：近固定时，使手关节伸，参与桡腕关节外展及肘关节伸。

⑦桡侧腕短伸肌。

起点：肱骨外上髁。

止点：第三掌骨底。

功能：基本与桡侧腕长伸肌相同。

3. 下肢肌

下肢肌包括盆带肌、大腿肌、小腿肌和足肌。

（1）盆带肌

盆带肌分前后两群。前群起自骨盆里面，后群起自骨盆外面。前群（内侧群）有髂腰肌、梨状肌。后群（外侧群）有臀大肌、臀中肌和臀小肌。

①髂腰肌（图 2－38）。

部位：腰椎两侧和髂窝内，由腰大肌、髂肌组成。

起点：腰大肌起自第 12 胸椎和第 1 ～5 腰椎体侧面和横突，髂肌起自髂窝。

止点：股骨小转子。

功能：近固定时，使髋关节屈和外旋。远固定时，一侧收缩，使脊柱向同侧屈；两侧收缩，使脊柱屈和骨盆前倾。

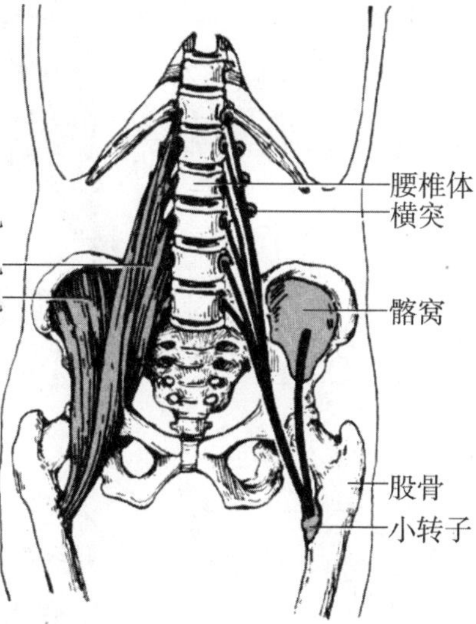

图 2－38　髂腰肌

②梨状肌。

部位：骶骨前面、小骨盆后壁。

起点：第 2 ～5 骶椎前侧面。

止点：股骨大转子。

功能：近固定时，使髋关节外展和外旋。远固定时，一侧收缩，使骨盆转向对侧；两侧收缩，使骨盆后倾。

③臀大肌（图 2－39）。

部位：骨盆后外侧，臀部皮下。

起点：髂骨翼外面及骶、尾骨背面。

止点：股骨臀肌粗隆和髂胫束。

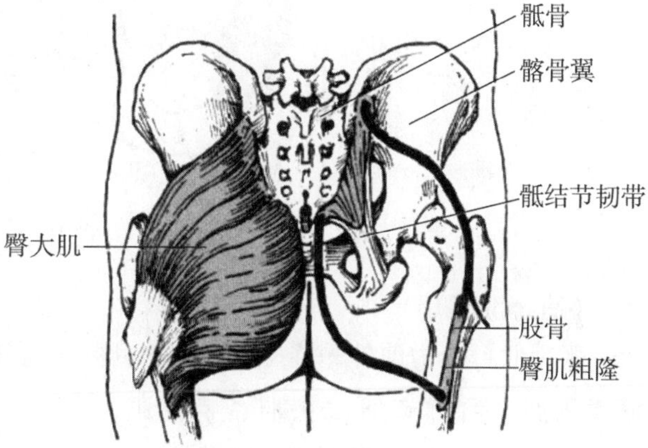

图 2－39　臀大肌

功能：近固定时，使髋关节伸和外旋；上部肌纤维收缩可使髋关节外展，下部可使髋关节内收。远固定时，一侧收缩，使骨盆转向对侧；两侧收缩使骨盆后倾。

④臀中肌和臀小肌（图 2－40、图 2－41）。

部位：髂骨翼外面，臀中肌位于臀大肌深层，臀小肌位于臀中肌深层。

起点：髂骨翼外面。

止点：股骨大转子。

功能：近固定时，使髋关节外展，前部使髋关节屈和内旋，后部使髋关节伸和外旋。远固定时，一侧收缩使骨盆向同侧倾，两侧前部肌纤维收缩使骨盆前倾，后部肌纤维收缩使骨盆后倾。

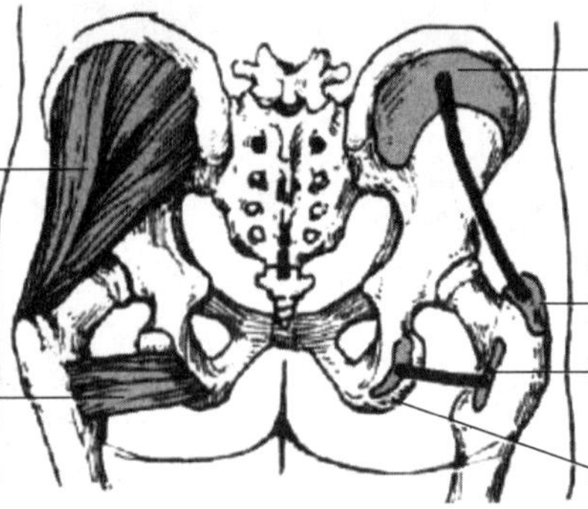

图 2-40　臀中肌

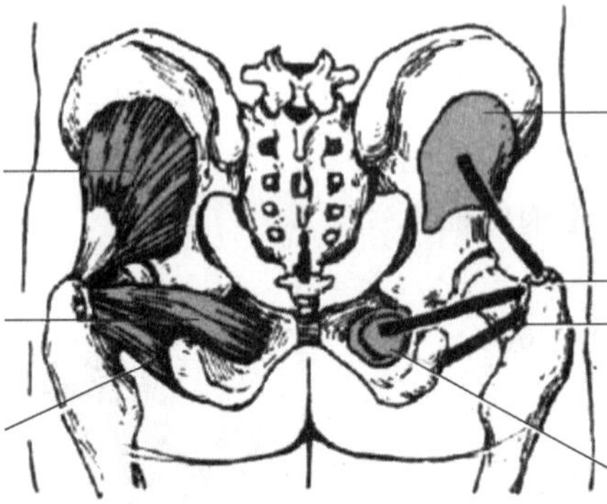

图 2-41　臀小肌

（2）大腿肌

大腿肌可分为前外侧群、后群和内侧群。前外侧群有股四头肌、缝匠肌、阔筋膜张肌。后群有股二头肌、半腱肌、半膜肌。股二头肌、半腱肌和半膜肌3块骨骼肌合在一起称为腘绳肌或股后肌群。内侧群有耻骨肌、长收肌、短收肌、大收肌、股薄肌。

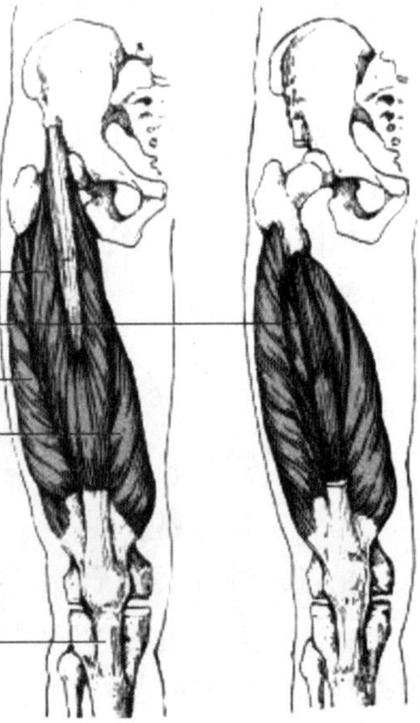

图 2-42　股四头肌

①股四头肌（图 2-42）。

部位：大腿前面，有 4 个头。

起点：股直肌起自髂前下棘，股中肌起自股骨体前面，股外侧肌起自股骨粗线外侧唇，股内侧肌起自股骨粗线内侧唇。

止点：四个头合并成一条肌腱，包绕髌骨，向下形成髌韧带止于胫骨粗隆。

功能：近固定时，股直肌可使髋关

节屈，整体收缩使膝关节伸；远固定时，使大腿在膝关节处伸，维持人体直立姿势。

②股二头肌。

部位：大腿后外侧浅层，有长、短两个头。

起点：长头起自坐骨结节，短头起自股骨粗线外侧唇下半部。

止点：腓骨头。

功能：近固定时，使膝关节屈和外旋，长头还可使髋关节伸。远固定时，两侧收缩，使大腿在膝关节处屈；当小腿伸直时，使骨盆后倾。

③半腱肌和半膜肌（图 2－43）。

部位：大腿后内侧，半膜肌在半腱肌深层。半腱肌下半为腱，半膜肌上半为腱膜。

起点：坐骨结节。

止点：半腱肌止于胫骨上端内侧，半膜肌止于胫骨内侧髁后面。

功能：近固定时，使膝关节屈和内旋，还可使髋关节伸。远固定时，与股二头肌相同。

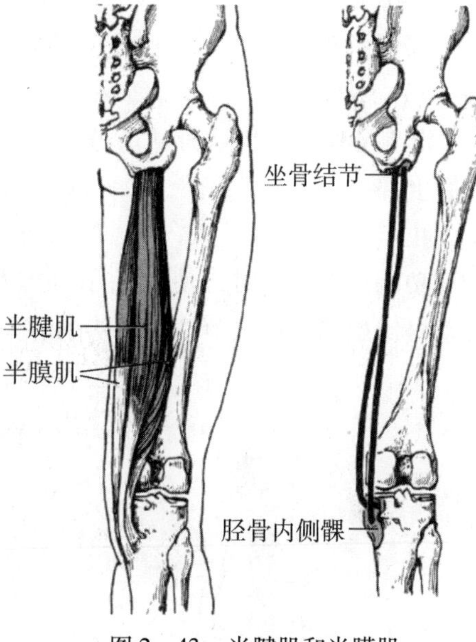

图 2－43　半腱肌和半膜肌

④耻骨肌。

部位：大腿内侧上部浅层。

起点：耻骨上支。

止点：股骨粗线内侧唇上部。

功能：近固定时，使髋关节内收、外旋和屈；远固定时，两侧收缩，使骨盆前倾。

⑤长收肌、短收肌。

部位：长收肌位于耻骨肌内侧，短收肌位于耻骨肌和长收肌深层。

起点：长收肌起自耻骨上支外面，短收肌起自耻骨下支外面。

止点：长收肌止于股骨粗线内侧唇中部，短收肌止于股骨粗线上部。

功能：近固定时，使髋关节内收、外旋和屈；远固定时，两侧收缩，使骨盆前倾。

⑥大收肌。

部位：大腿内侧深层。

起点：坐骨结节、坐骨支和耻骨下支。

止点：股骨粗线内侧唇上 2/3 及股骨内上髁。

功能：近固定时，使髋关节内收、伸和外旋；远固定时，两侧收缩，使骨盆后倾。

(3) 小腿肌

小腿肌分前群、后群和外侧群。前群有胫骨前肌、趾长伸肌、蹲长伸肌。后群有小腿三头肌、趾长屈肌、踇长屈肌、胫骨后肌。外侧群有肋骨长肌和腓骨短肌。

①胫骨前肌。

部位：小腿前外侧浅层。

起点：胫骨体外侧的上2/3。

止点：内侧楔骨内和第1跖骨底。

功能：近固定时，使踝关节伸（背屈）、内翻；远固定时，使小腿在踝关节处伸，维持足弓。

②小腿三头肌。

部位：小腿后部，包括浅层的腓肠肌（图2－44）和深层的比目鱼肌（图2－45）。

起点：腓肠肌内、外侧头分别起自股骨内、外上髁，比目鱼肌起自胫骨和腓骨后上部。

止点：跟结节。

功能：近固定时，使踝关节屈（跖屈），腓肠肌还可使膝关节屈；远固定时，可使小腿在踝关节处屈，协助膝关节伸，维持人体直立。

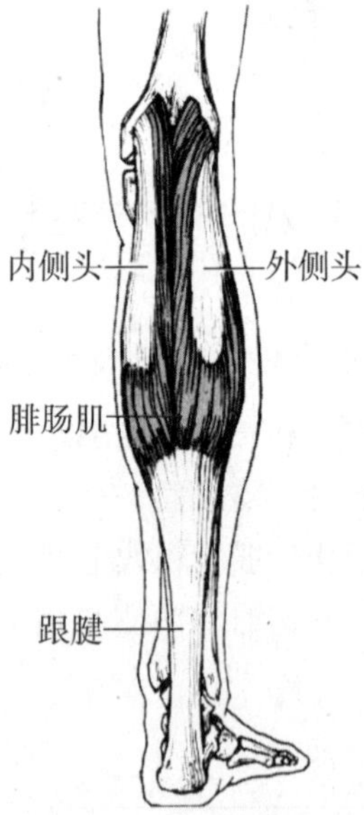

图2－44　腓肠肌

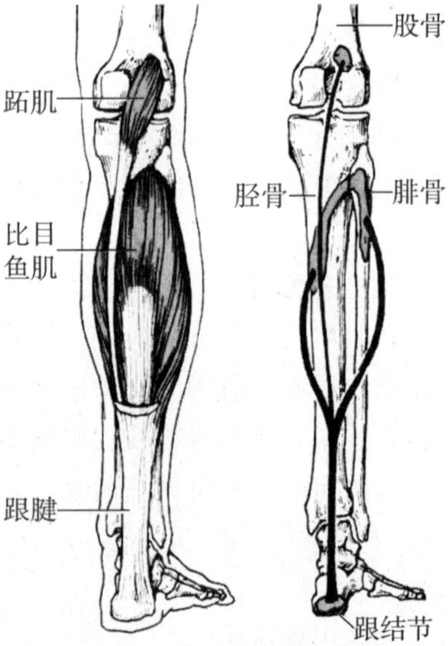

图2－45　比目鱼肌

4. 头颈肌

头颈肌中，头肌可分为表情肌和咀嚼肌；颈肌分浅、中、深3群，颈浅肌群有颈阔肌、胸锁乳突肌。

胸锁乳突肌的部位、起点、止点和功能分别如下：

部位：颈阔肌深层、颈部两侧。

起点：胸骨柄和锁骨胸骨端。

止点：颞骨乳突。

功能：下固定时，一侧收缩，使头颈向同侧屈，并转向对侧；两侧收缩，肌肉合力作用线在寰枕关节额状轴的后面使头伸，肌肉合力作用线在寰枕关节额状轴前面使头屈。上固定时，上提胸廓，助吸气。

（三）杠杆原理及其在健身运动中的应用

1. 杠杆原理

一根直的或弯曲的硬棒，在力的作用下，能够绕着一个固定点（支点）或固定轴（支轴）转动，并克服一个阻力做功，这根硬棒就叫作杠杆。在人体内，骨可在肌拉力的作用下绕关节转动，并克服阻力做功，叫作骨杠杆。骨、关节、肌肉的运动符合杠杆原理，可以用杠杆原理加以说明。

人体骨杠杆有支点、力点和阻力点以及力臂和阻力臂。支点是杠杆绕着转动的点，骨杠杆的支点是关节中心；力点是动力作用点，骨杠杆上的力点就是肌肉（原动肌）附着于骨上的动点；阻力点是阻力作用点，骨杠杆上的阻力点可以是环节的重力，或是其他物体的阻力，或是本身对抗肌的张力等的作用点。力臂是从支点到动力作用线的垂直距离，骨杠杆上的力臂是从关节中心到肌拉力线的垂直距离；阻力臂是从支点到阻力作用线的垂直距离，骨杠杆上的阻力臂是从关节中心到阻力作用线的垂直距离。肌力与力臂的乘积为肌力矩；阻力和阻力臂的乘积为阻力矩。

一根杠杆要保持平衡，肌力矩必须等于阻力矩，这就是杠杆原理。

肌力矩和阻力矩分别表示肌力和阻力对骨杠杆所产生转动作用的大小。当肌力矩等于阻力矩时，肌肉做静力性工作；当肌力矩大于阻力矩时，肌肉做克制性工作（向心工作）；当肌力矩小于阻力矩时，肌肉做退让性工作（离心工作）。

2. 骨杠杆的种类

根据骨杠杆上支点、力点和阻力点的位置关系，可将其分为3种类型。

（1）第一类杠杆——平衡杠杆：支点在力点和阻力点之间

例如：颅与脊柱的连结，支点位于寰枕关节的额状轴上，力点在枕外隆突（斜方肌、项肌的附着点），阻力点（头的重心）位于支点的前方。

平衡杠杆的主要作用是传递力和平衡力，支点可以靠近力点，也可以靠近阻力点；除平衡作用外，又具有增大速度和幅度（支点靠近力点）的作用，并且有省力（支点靠近阻力点）的作用。但平衡杠杆在人体中较少见。

（2）第二类杠杆——省力杠杆：阻力点在力点和支点之间

例如，站立时提踵，以跖趾关节为支点，人体重力通过距骨体向下，位于支点和力点（小腿三头肌在跟骨上的止点）的中间。

省力杠杆因为阻力点在中间，阻力臂始终小于力臂，所以用较小的力就能克服较大的阻力，故称省力杠杆。省力杠杆在人体中也较少见。

（3）第三类杠杆——速度杠杆：力点在阻力点和支点的中间

这类杠杆在人体上最为普遍。例如，肱二头肌屈前臂的动作，支点在肘关节的中心，力点（肱二头肌在桡骨粗隆上的止点）在支点和阻力点（铅球重心）的中间。又如三角肌外展上臂的动作，支点在肩关节中心，力点（三角肌在肱骨上的止点）在支点和阻力点（手臂重心）的中间。股四头肌伸小腿踢球动作也属于这类杠杆。

速度杠杆因为力点在中间，所以力臂始终小于阻力臂，一定要用较大的力才能克服较小的阻力，不能省力（故又称为费力杠杆），但可使阻力点移动的速度和幅度增大而获得速度，故称速度杠杆。

由此可见，利用杠杆省力不省功，得之于力则失之于速度（或幅度），得之于速度（或幅度）则失之于力，这就是机械学中的等功原理。

3. 杠杆原理在体育运动实践中的应用

在体育运动中，我们可以应用杠杆原理省力、获得速度和进行肌肉力量训练。

（1）省力

要使动力减小（省力），可使力臂增大，或者使阻力臂缩短。

力臂长能省力。虽然在人体杠杆中，肌拉力的力臂一般很短，但仍然能通过一系列方法得到增大。例如，通过籽骨增大力臂，人体最大一块籽骨——髌骨，就增大了股四头肌的力臂。此外，通过肌肉在骨上附着点的隆起、突出等来增长力臂。根据研究，股骨颈原来是股骨的弯曲部分，大转子和小转子是附加上去的，是由臀中肌、臀小肌（止于大转子）和髂腰肌（止于小转子）拉出来的。有了大、小转子，就增大了臀中肌、臀小肌和髂腰肌的力臂。研究表明，活动多、肌肉强壮的人，其骨上的粗隆、结节就明显。所以，通过锻炼能增大肌肉的力臂，改善肌肉发力条件。此外，骨的形态也会影响肌肉的力臂。例如，髋关节外展肌（臀中肌等）的力臂同股骨颈的长度、股骨颈和股骨干之间的角度有关。有些肌肉力臂非常大，非常有利于发力，例如腹直肌力臂很长，屈躯干省力。

缩短阻力臂同增大力臂一样能够省力。例如提重物时，让重物越靠近身体，就越省力；在举重提杠铃时，技术关键是让杠铃尽可能贴近身体，因阻力臂缩短，就省力，用同样的力量可以举更大的重量。

（2）获得速度

在体育运动中，许多动作不要求省力，而要求获得较大的运动速度和运动幅度。例如投掷、踢球、挥拍击球等。要使阻力点移动距离变长和阻力点移动速度增大，就要增长阻力臂，缩短力臂。

虽然人体中大多数是速度杠杆，有利于获得速度。但在运动中，为了获得更大的速度，需要使几个环节组成一个长的杠杆臂，这就要求肢体伸展，如掷铁饼时，手臂就要伸展。有时甚至要求附加阻力臂，如在棒球、曲棍球、链球等项目中，球棒、球棍和链索等延长了人体手臂，使阻力臂变长，可以使球的运动速度增大。

（3）肌肉力量训练

阻力臂增加后使阻力点移动的距离和速度都增大了，但也要求动力增大。因此，在力量训练中，除使用增大阻力的方法外，还使用增长阻力臂的方法。例如，训练腹肌力量的仰卧起坐练习包括将两手臂抱在胸前和将双手放在头上两种姿势，其中将双手放在头上的姿势，重力矩较大（因阻力臂增大），所以腹肌的负担量较大。同样原理，悬垂举腿时，直腿的阻力臂就比屈腿的大，因此髂腰肌的负担量也大。

（四）肌肉活动的神经调控

1. 神经系统的组成及功能

神经系统由中枢神经系统和周围神经系统两个部分组成。

中枢神经系统由位于颅腔里的脑和位于椎管里的脊髓组成，是神经系统中重要的组成部分，在人体活动的神经调节中起着主导作用。

周围神经系统是针对连接中枢神经系统和身体各部分的神经成分而言的。根据连结部位不同，可分为与脑相连的脑神经和与脊髓相连的脊神经；根据分布范围，可分为分布于体表、骨、关节和骨骼肌的躯体神经和分布于心肌、平滑肌和腺体的内脏神经。

机体是由不同的器官和系统组成的，各器官和系统都有其特殊的功能。这些功能不是孤立的，而是互相影响、互相制约、互相协调地完成各种功能活动。机体所处的内、外环境是不断变化的，它必须通过调节系统对环境的变化迅速作出反应，使机体适应环境，才能使机体得以生存。神经系统是控制和协调全身各种功能活动的主要调节系统。

神经系统在控制和调节有机体的活动过程中，首先是借助人体各部的各种感受器，把不断变化着的自身和外界信息通过周围神经的传入部分及时传递到中枢神经系统。经过脑和脊髓对这些信息进行分析整理、综合判断并发出指令，再经周围神经的传出部分以及间接经内分泌系统的作用到达效应器，从而使人能够对身体内外的各种刺激做出相应的行为反应。

2. 神经元

神经元即神经细胞，是神经系统的基本结构和功能单位。它由胞体和突起两部分组成。胞体是合成各种蛋白质（包括各种酶类）的中心。蛋白质首先在胞体中合成，然后再经过运输系统运送到突起之中。突起可分为树突和轴突。树突的分支较短，由胞体发出后逐渐变细，不断分支。其功能是接受信息，并将其传向胞体。轴突是一条较长的突起，在末梢处形成一些终末侧支。其主要功能是将胞体加工、处理过的信息传出，输向另一个神经元或效应器。轴突因细长如纤维状，又称神经纤维。神经元按其功能可分为 3 大类：即接受外来刺激的感觉神经元，亦称传入神经元；将神经冲动传给效应器的运动神经元，亦称传出神经元；以及中枢神经系统内起联络作用的中间神经元，亦称联络神经元。

3. 神经和神经末梢

周围神经系统中的神经纤维集合在一起，被结缔组织包裹成束，构成神经，分布到全身各器官和组织。一条神经内可以含有感觉神经纤维（传入纤维）或运动神经纤维（传出纤维），但大多数神经是同时含有感觉神经纤维和运动神经纤维的。在结构上，多数神经同时含有有髓和无髓两种神经纤维。

周围神经纤维的终末部分终止于全身各组织或器官内，形成各式各样的神经末梢，按其功能可分为感觉神经末梢和运动神经末梢。

感觉神经末梢是感觉神经元周围突的终末部分，该终末部分与其他结构共同组成感受器，感受器能接受内外环境的各种刺激，并将刺激转化为神经冲动，传向中枢，产生感觉。按其分布和功能可分为内感受器、外感受器和本体感受器。

运动神经末梢是运动神经元的长轴突分布于肌组织和腺体内的终末结构，支配肌纤维的收缩和腺体的分泌。神经末梢与邻近组织共同组成效应器。运动神经末梢又分为躯体和内脏运动神经末梢。

4. 运动单位

躯体运动神经支配骨骼肌的运动。躯体运动神经末梢与一条骨骼肌纤维相连接的区域称为运动终板。一个运动神经元和它所支配的全部肌纤维构成一个运动单位。运动单位是骨骼肌的基本机能单位。

运动单位的大小是不同的，它取决于运动神经元所支配的肌纤维数目，并与肌肉活动所需的精密程度有关，如眼肌中的每一个运动单位只有 3 条肌纤维，而腓肠肌中的每一个运动单位则有上千条肌纤维。一般说来，一个运动单位中的肌纤维数目越少就越灵活，而越多则产生的张力越大。体积较大的肌肉，其运动单位较大，肌肉收缩力亦较强；体积较小的肌肉，其运动单位较小，肌肉收缩力亦较弱。

运动单位可根据它受支配的运动神经元和肌纤维的特性分成两类：一类称为快运动单位，由大运动神经元连同它所支配的快肌纤维组成；一类称为慢运动单位，由小运动神经元连同它所支配的慢肌纤维组成。

在肌肉收缩时，若刺激的强度足够引起某一运动神经元兴奋而发出冲动时，该运动单位的全部肌纤维都同时参加收缩活动。若刺激的强度过弱而不足以引起某运动单位的运动神经元兴奋而无冲动发出时，则该运动单位的全部肌纤维都无一参加收缩活动。这就是运动单位活动的“全或无”原则。这也说明，当肌肉进行收缩活动时，参与收缩活动的肌纤维是以运动单位为基本单位被募集参加的，参与收缩的运动单位越多，肌肉收缩产生的力量也越大。而且，一个快运动单位产生的力量大于一个慢运动单位。

研究表明，运动时慢运动单位和快运动单位的募集是有选择地进行的。这种有选择地募集不取决于活动的速度，而取决于活动所需要的力量水平。当活动所需要的力量较小时，仅有少数慢运动单位被募集，随着活动需要的力量的增加，被募集的运动单位也增加。

5. 本体感受器

本体感受器是指位于骨骼肌、肌腱、关节囊、韧带内的一些感受器，如肌梭、腱梭，它们能分别感受肌肉被牵拉的程度以及肌肉收缩和关节伸展的程度。这种本体感受器受到刺激所产生的躯体感觉，称为本体感觉。

（1）肌梭

肌梭是分布在骨骼肌内的梭形小体，在肌纤维之间并与肌纤维平行排列。肌梭内含 6 ～ 12 根肌纤维，称为梭内肌纤维。肌梭外的肌纤维称为梭外肌纤维。肌梭是一种感受长度变化或牵拉刺激的特殊感受器。当肌肉被拉长时，肌梭也随之拉长，于是肌梭的感受部分受到刺激而产生兴奋，冲动经感觉神经传入中枢，反射性地引起被牵拉肌肉的收缩。当骨骼肌受到牵拉时会产生反射性收缩，这种反射称为牵张反射。当肌肉收缩时，肌纤维长度缩短，肌梭也随之缩短，于是消除了对肌梭的刺激，使传入冲动停止。因此，肌梭能够防止肌肉被牵拉的程度过大或速度过快。正是由于肌梭的功能原因，在进行伸展练习时，提倡使用静力性拉伸练习，以避免引起牵张反射而导致肌肉拉伤。

（2）腱梭

腱梭又称腱器或高尔基腱器官。腱梭与肌梭相似，亦呈梭形。位于肌腹与肌腱的连接处，分布在腱胶原纤维之间，与梭外肌纤维串联，是一种张力感受器。当肌肉收缩张力增加时，腱梭因受到刺激而发生兴奋，冲动沿着感觉神经传入中枢，反射性地引起肌肉舒张。这是人体的一种保护机制。例如，当举起一个很重的哑铃而有可能造成受伤时，腱器官就会引起肌肉放松而不能继续用力。

运动时，当肌肉被牵拉或主动收缩与放松时，均会对肌梭和腱梭构成刺激产生兴奋，兴奋冲动传到大脑皮层的运动感觉区，经过分析综合活动，能感知人体的空间位置、姿势以及身体各部位的运动情况。在机体的随意运动和反射活动的控制中，由于来自肌梭和腱梭的传入信息，使运动动作协调一致，密切配合。当肌肉被牵拉时，首先引起肌梭感受器兴奋，引起牵张反射，使受牵张的肌肉收缩以对抗牵拉。当牵拉量继续加强到一定负荷时，可兴奋腱器官，冲动通过抑制性中间神经元，使牵张反射受到抑制，避免被牵拉的肌肉受伤。例如，当举起哑铃时，如果负荷很重，牵拉力量也很大，那么人体将动员更多的运动单位来举起哑铃；如果负荷较轻，牵拉力量也较小，那么仅有少数运动单位参加工作就能举起哑铃。

（五）肌肉活动的能量供应

能量供应是维持人体各种生理机能的基本保证，亦是维持人体运动能力的重要前提。人体运动时，能量消耗明显增加，能耗的增加受制于运动强度、运动持续时间等因素。

1. 骨骼肌收缩的直接能源——ATP

肌肉活动的直接能量来源是三磷酸腺苷，即 ATP。事实上，人体各种生理活动所需要的能量基本上均由 ATP 供给。例如，神经冲动传导时，离子的转运、腺体分泌时分泌物透过细胞、消化道内食物的吸收以及肌肉收缩过程等均需要 ATP 供能。人体 ATP 最终来源于糖、脂肪和蛋白质的氧化分解。

（1）ATP 的储存及输出功率

细胞内 ATP 的浓度很低，肌肉活检测定，安静肌肉 ATP 含量约为 6 mmol/kg（毫摩尔/千克）湿肌。ATP 的最大输出功率达 11. 2 mmolATP/kg/s（每千克肌肉每秒动用 11. 2 毫摩尔 ATP），启动极为迅速。但由于 ATP 储量颇少，运动中 ATP 的补充速度成为影响运动能力的重要因素。

（2）ATP 的分解供能及补充

ATP 在酶的催化下，迅速分解为二磷酸腺苷和无机磷酸，并释放出能量。$ATP + H_2O \rightarrow ADP + Pi$，每克分子 ATP 可释放 29. 26 ～ 50. 16 kJ（7 ～ 12 kcal）的能量。ATP 一旦被分解，便迅速补充。这一直接补充过程由肌肉中的另一高能磷酸化合物磷酸肌酸（CP）完成。CP 释出能量，用以将 ADP 再合成为 ATP，$CP + ADP \rightarrow C + ATP$。肌肉中 CP 的再合成则要靠 3 大能源物质的分解。

2. 三个能源系统的特征

人体在各种运动中所需的能量分别由磷酸原系统、糖酵解系统和有氧氧化系统 3 种不同的能源系统供给。糖酵解系统与磷酸原系统共同为短时间高强度无氧运动提供能量，中距离跑等运动持续时间在 2 min 左右的项目，主要由糖酵解系统供能，而足球、橄榄球等非周期性项目在运动中加速、冲刺时的能量亦由磷酸原及糖酵解系统提供。有氧氧化系统是长时间运动的主要能源（表 2 – 2）。

表 2 – 2　人体三个能源系统的基本特征

能源系统名称	底物	运动持续时间	可合成 ATP 的量（mmol/kg）	储量（mmol/kg）	代谢产物
磷酸原系统	ATP	6 ～ 8 s		4 ～ 6	CP
	CP	< 10 s	100	15 ～ 17	$CP + ADP \rightarrow ATP + C$
糖酵解系统	肌糖原	2 ～ 3 min	250	365	肌糖原→乳酸
有氧氧化系统	肌糖原	> 3 ～ 5 min	1300	365	糖$\rightarrow CO_2 + H_2O$
	脂肪	1 ～ 2 h	不受限制	49	脂肪$\rightarrow CO_2 + H_2O$
					蛋白质$\rightarrow CO_2 + H_2O +$尿素

（1）磷酸原系统

即 ATP—CP 系统。该系统主要是由结构中带有磷酸基团的 ATP（包括 ADP）、CP 构成，在供能代谢中均发生磷酸基团的转移，故称之为磷酸原。肌肉在运动中 ATP 直接分解供能，为维持 ATP 水平，保持能量的连续性供应，CP 在肌酸激酶作用下，再合成 ATP。CP 在肌肉中的储存量很少，约 15 ～ 17 mmol/kg 湿肌。实际上，磷酸原在运动中的可用量只占 1% 左右。磷酸原系统作为极量运动的能源，虽然维持运动的时间仅 6 ～ 8 s，但却是不可替代的迅速能源。运动训练中及恢复期，既应设法提高肌肉内磷酸原的储备量，又要重视提高 ATP 再合成的速率。

（2）糖酵解系统

又称乳酸能系统，是运动中骨骼肌糖原或葡萄糖在无氧条件下酵解，生成乳酸并释放能量供肌肉利用的能源系统。该系统尽管生成能量数量不多，但在极量运动的能量供应中具有特殊的重要性。一般认为，在极量强度运动的开始阶段，该系统即可参与供能，在运动 30 s 左右供能速率达最大，其输出功率可达 5.2 mmol ATP/kg/s（每千克肌肉每秒动用 5.2 毫摩尔 ATP），维持运动时间 2 ～ 3 min。糖酵解系统与磷酸原系统共同为短时间高强度无氧运动提供能量，中距离跑等运动持续时间在 2 min 左右的项目，主要由糖酵解系统供能，而篮球、足球等非周期性项目在运动中加速、冲刺时的能量亦由磷酸原及糖酵解系统提供。

（3）有氧氧化系统

糖类、脂肪、蛋白质在氧供充分时，可以氧化分解提供大量能量。该能源系统以糖和脂肪为主，尽管其供能的最大输出功率仅达糖酵解系统的 1/2，但其储备量丰富，维持运动的时间较长（糖类可达 1 ～ 2 h，脂肪可达更长时间），成为长时间运动的主要能源。

3. 能源系统与运动能力

如上所述，人体运动中能量输出的基本过程为无氧代谢和有氧代谢两个过程，不同运动项目需要不同代谢过程作为其能量供应的基本保证，但一切运动过程的能量供应，都是由 3 个能源系统按不同比例提供的，比例的大小则取决于运动的性质和特点。因此，人体不同能源系统的供能能力决定了运动能力的强弱。

（1）不同运动项目的能量供应

尽管不同运动项目运动中能量供应具有各自的特征，但运动中不存在绝对的某一个单一能源系统的供能。例如，100 m 跑是典型的速度性项目，要求迅速且高输出功率的能量供应，磷酸原系统为首选能源，但糖酵解系统在运动中仍占有一定比例。马拉松跑的持续时间长，运动中机体的能量供应以有氧氧化系统为主，但糖酵解系统供能亦占有一定比例。而且，随着训练水平的提高，马拉松运动中糖酵解系统供能所占比例将进一步增加，有利于满足途中加速和终点冲刺时的能量需求。

（2）运动中能源物质供能的顺序

就人体糖、脂肪、蛋白质3大能源物质在运动中的利用速率来比较，糖的利用速率最快，是一种非常经济的能源。一般运动开始时机体首先分解肌糖原，如100 m跑在运动开始3 ～ 5 s，肌肉便通过糖酵解方式参与供能；持续运动5 ～ 10 min后，血糖开始参与供能，当运动强度达到最大摄氧量强度时，可达安静时供能速率的50倍；运动时间继续延长，由于骨骼肌、大脑等组织大量氧化分解利用血糖，以致血糖水平降低时，肝糖原分解补充血糖，其分解速率较安静时增加5倍。脂肪在安静时即为主要供能物质，在运动达30 min左右时，其输出功率最大。脂肪的分解利用对氧的供应有严格的要求，因而通常在长时间运动中，当肌糖原大量消耗或接近耗竭，氧供充足时方大量动用。蛋白质在运动中作为能源供能比例显著增加，通常发生在持续30 min以上的耐力项目。随着耐力水平的提高，可以产生肌糖原及蛋白质的节省化现象。

（3）健身运动的能量供应

健身运动的形式多种多样，运动强度均比较低，运动持续时间比较长，因而动用的能源物质亦与运动的特点相适应。研究表明，运动强度低于50% VO_{2max}时，脂肪氧化分解成为主要能源，血浆中游离脂肪酸的浓度每2 min就更新50%，说明脂肪代谢非常活跃。当运动强度超过50% VO_{2max}时，糖的分解供能显著加强。健身运动的强度基本处于50% ～ 70% VO_{2max}范围内，而且较理想的运动时间应在30 min至1 h，因此，运动中可大量分解利用脂肪作为能源。这也是为何健身运动在增强体质的同时，亦能产生减肥效果的原因所在。

第二节　心血管系统与呼吸系统

一、心血管系统

（一）心血管系统的组成及其功能

心血管系统由心脏和血管组成。血管又包括动脉、静脉和毛细血管。血液在心血管系统内连续不断、周而复始地按一定方向流动，称为血液循环。

心血管系统的主要功能是通过体循环和肺循环完成体内的物质运输，包括氧和营养物质的送达以及二氧化碳和其他代谢废物的排除，保证机体的新陈代谢不断进行；运送内分泌腺分泌的激素到相应的靶细胞（靶器官），调节其生理功能，实现机体的体液调节机能；维持机体内环境各项理化性质的相对稳定；帮助血液实现防卫机能。

1. 心脏

心脏位于胸腔的纵隔内（两肺之间），下方为膈，约2/3位于身体正中线的左侧，1/3 在正中线右侧。心脏似倒置的圆锥体，大小稍大于本人的拳头，心尖朝左前下方。心脏有 4 个腔，右侧为右心房和右心室，左侧为左心房和左心室。同侧的房、室借房室口相通，但左右侧有中隔分开，互不相通。房室口周围纤维环上附有三角形的房室瓣膜，右边是三尖瓣，左边是二尖瓣。每一心室的出口为大动脉口，口周缘有袋状半月形瓣膜，右心室的出口（肺动脉口）上的为肺动脉瓣，左心室的出口（主动脉口）上的为主动脉瓣。瓣膜的功能是保证血流在心脏内朝着一个方向流动，防止血液逆流。这些瓣膜朝着一个方向的启闭是由于心房、心室和大动脉之间的压力差所引起的。心室壁乳头肌与房室瓣相连的腱索仅仅起着防止房室瓣翻转的作用，并不主动参与瓣膜的开闭。

心脏是一个主要由心肌组织构成并具有瓣膜结构的中空器官，是血液循环的动力装置。心脏不断做收缩与舒张的交替活动，收缩时把血液射入动脉，将血液由静脉吸入，为血液流动提供能量。通过心脏的这种节律性活动引起的瓣膜的节律性开启和关闭，推动血液沿单一的方向在心血管内连续不断地循环流动。心脏的活动形式与水泵很相似，因此我们可以把心脏看作是实验泵血功能的肌肉器官。

心房主要是贮血器，仅起着辅助泵的作用，泵血功能主要是由肌肉较厚的心室来完成的。左心室壁的肌肉比右心室的厚 2 ～ 3 倍，因此左心室收缩力比右心室强。

2. 动脉

动脉是从内心室发出的血管，在行程中不断分支，愈分愈细，最后变为毛细血管。动脉壁因承受较大的压力，管壁较厚，可分 3 层：内膜较薄，表面是一层内皮细胞，光滑，能减少血流的阻力；中膜最厚，大动脉以弹性纤维为主，中、小动脉以平滑肌为主；外膜主要由纤维结缔组织构成，特别是大动脉外膜内的胶原纤维具有很大的抗张力强度，可以防止血管的过度扩张。动脉壁的结构特点与其机能密切相关。大动脉中膜弹力纤维多，心室收缩射血时管壁扩张，心室扩张时管壁回缩，以促使血液继续向前流动。中、小动脉，特别是小动脉平滑肌层比较发达，可以在神经体液调节下收缩或舒张，改变管腔的大小，影响局部的血流量和血液阻力，借以维持和调节血压。

3. 静脉

静脉是引导血液流向心房的血管。小静脉起于毛细血管，在回心过程中逐渐会合成中静脉、大静脉，最后注入心房。静脉壁因承受压力较小，与同级动脉比较，管径较大，管壁薄。管壁也分为 3 层，其中膜弹力纤维和平滑肌均较少，收缩和弹性均较小。

一般中静脉的内膜常向腔内突出形成静脉瓣，可防止血液逆流，特别是血液回流较困难和受地心引力较大的部位，静脉瓣较多，例如上、下肢的静脉。

4. 毛细血管

毛细血管是极细微的血管，管径平均 6 ～ 9 μm，连于小动脉与小静脉之间，互相连通吻合成网，分支数量多。管壁最薄，主要由一层内皮细胞组成，有一定的通透性，加之血液速度缓慢，血液中的营养物质与组织液中的代谢产物均通过毛细血管壁进行交换。

（二）血液循环途径

血液由心脏射出，经动脉、毛细血管、静脉再回心脏，循环不止。根据其循环途径可分为体循环和肺循环，两种循环同时进行。

1. 体循环

体循环又称大循环。其途径是：当心室收缩时，含氧和营养物质丰富的动脉血，自左心室射入主动脉，经其各级分支到达全身各部的毛细血管网，血液在此与周围的组织和细胞进行气体和物质交换，变成含二氧化碳和代谢产物较多的静脉血，最后汇集到上、下腔静脉流回右心房。体循环的特点是路程长，流经范围广，以动脉血滋养全身各部，并将其代谢产物运回心脏。

2. 肺循环

肺循环又称小循环。其途径是：从体循环回心的静脉血，自右心房进入右心室。当心室收缩时，血液由右心室射出，经肺动脉及其各级分支进入肺泡壁周围的毛细血管网，在此进行气体交换，使静脉血变成含氧丰富的动脉血，经肺静脉流回左心房。肺循环的特点是路程短，只通过肺，主要是使静脉血转变成含氧丰富的动脉血。

（三）心脏泵血功能的相关概念

1. 心率

心率是每分钟心脏搏动的次数。健康成年人静息心率在 60 ～ 100 次/min 之间。心率有明显的个体差异，不同年龄、性别和不同生理状况，心率都不相同。新生儿的心率可达 130 次/min 以上，随着年龄增长，心率逐渐减缓，到 15 ～ 16 岁时，已经接近成年人水平。在成年人中，女性的心率较男性快 3 ～ 4 次/min。训练良好的耐力性项目运动员，静息心率较慢。同一人在不同的生理条件下，心率也有很大差别，熟睡时心率最慢，卧位比站立时慢；体力活动、进食后、体温升高时及情绪激动和精神紧张时，心率一般都会加快。每个人的心率增加都有一定的限度，这个限度叫最大心率（又称极限心率，HR_{max}），最大心率（次/min）= 220 − 年龄（岁）。心率是了解心血管系统机能的简单易行指标。在运动实践中常用心率来反映运动强度和生理负荷量，并用于运动者的自我监督或医务监督。

2. 每搏输出量

一侧心室每次收缩所射出的血量为每搏输出量，简称搏出量。通常，健康成年人静息时每搏输出量约为 70 mL。

3. 心输出量

心输出量一般是指每分钟一侧心室所汞出的血液总量，通常心输出量又叫作每分输出量。每分输出量等于输出量与心率的乘积。心输出量除与机体代谢水平相适应外，还因性别、年龄和生理状况的不同而不同。健康成年人静息时的心输出量平均为 5 L/min（升/分钟）左右，女性比同体重男性的心输出量约低 10%，青年时期的心输出量高于老年，优秀运动员在剧烈运动时，心输出量可高达 25 ～ 35 L/min。

（四）血压与动脉脉搏

1. 血压

血压是指血管内的廊液对单位面积血管壁的侧压力（压强）。一般所谓血压，多指体循环中动脉血压。心室收缩时，动脉血压的最高值称为收缩压，心室舒张时，动脉血压的最低值称为舒张压。收缩压与舒张压之差称为脉搏压或脉压。

一定高度的动脉血压是推动血液循环和保持各器官组织足够血流量的必要条件之一。正常人安静时的动脉血液比较为稳定，变动范围较小，收缩压为 100 ～ 120 mmHg，舒张压为 60 ～ 80 mmHg，脉压为 30 ～ 40 mmHg。正常人的血压随性别、年龄及其他的生理情况而改变。男性一般比女性略高。年龄增长，动脉血压也逐渐升高，但收缩压的升高比舒张压的升高更加显著。体力劳动、运动或情绪激动时，血压可暂时升高，安静时，收缩压≥140 mmHg，舒张压≥90 mmHg，即可认为是高血压；如收缩压 <90 mmHg，舒张压 <60 mmHg，则认为是低血压。

2. 动脉脉搏

在每个心动周期中，动脉内的压力发生周期性的波动，这种周期性的压力变化可引起动脉血管发生搏动，称为动脉脉搏。动脉脉搏产生后沿着血管壁向末梢传播出去，因此在浅表的动脉上可用手触摸到这种搏动。在运动实践中，常用测定脉搏来了解运动训练的强度、运动训练后的恢复状况和运动者的运动训练水平。

（五）运动对心血管系统的影响

1. 运动时心血管系统的反应

骨骼肌收缩时，耗氧量明显增加。心血管系统的反应就是提高心输出量以增加血液供应，从而满足肌肉组织的氧耗，并及时运走过多的代谢产物，否则肌肉运动就不可能持久。

（1）肌肉运动时心输出量的变化

心输出量对急性运动有着敏感反应，其目的在于迅速适应机体活动的需要。运动初期，心输出量快速增加，之后缓慢递增并逐渐达到稳定。此时，机体血液状态与肌肉活动的代谢需求达到相对平衡的状态。运动时。由于肌肉的节律性舒缩和呼吸运动加强，回心血量大大增加，这是增加心输出量的保证。在原心血量增多的基础上，心率加快，心肌收缩力加强，因此心输出量增加，心肌的兴奋作用也进一步加强。

（2）肌肉运动时各器官血液量的变化

运动时心输出量增加，但增加的心输出量并不是平均分配给全身各个器官的。通过体内的调节机制，各器官的血流量将进行重新分配，其结果是使心脏和进行运动的肌肉的血流量明显增加，不参与运动的骨骼肌及内脏的血流量减少。在运动开始时，皮肤血流也减少，但以后由于肌肉产热增加，体温升高，通过体温调节机制，使皮肤血管舒张，血流增加，以增加皮肤散热。运动时各器官血液量的重新分配具有十分重要的生理意义，即通过减少对不参与活动的器官的血流分配，保证有较多的血流分配给运动的肌肉。运动时血流量重新分配的生理意义，还在于维持一定的动脉血压。

（3）运动时的动脉血压的变化

运动时的动脉血压的变化取决于心输出量和外周阻力两者变化之间的关系，并与运动强度和运动方式等有关。在逐渐增加强度的运动的开始阶段，收缩压由安静状态迅速升高，之后随着运动强度的增加而增加，最高可达到 200 mmHg 以上，尽管此时总外周阻力有所下降，但是舒张压维持稳定或轻度增加。在运动方式方面，动力性运动时，由于心输出量增加，外周血管总阻力变化不大，故血压升高，但以收缩压升高为主；静力性运动时，心输出量增加幅度较小，但由于肌肉持续收缩压迫血管和腹腔内脏血管收缩，使外周总阻力升高，故血压升高以舒张压为明显。此外，与下肢大肌肉群的运动相比，机体在完成相同最大摄氧量强度的上肢运动时，动脉血压变化明显增强；与直立运动相比，倒立运动时的收缩压和舒张压明显增高。

2. 心血管系统对运动的适应

经常进行健身锻炼或运动训练，可促使人体心血管系统的形态、机能和调节能力产生良好的适应，从而提高人体工作能力。运动对心血管的长期性影响概括起来有以下几个方面。

（1）窦性心动徐缓

健身锻炼或运动训练，特别是耐力练习可使静息心率减慢。某些优秀的耐力运动员静息心率可低至 40 ～ 60 次/min，这种现象称为窦性心动徐缓。窦性心动徐缓是经过长期训练后心功能改善的良好反映。窦性心动徐缓是可逆的。

（2）运动性心脏增大

研究发现，健身锻炼或运动训练可使心脏增大。运动性增大的心脏，外形丰实，收缩力强，心力储备高。运动性心脏增大是对长时间运动负荷的良好适应。运动性心脏增大在一定程度上具有运动专项特异性。经常进行耐力性练习的人，其心脏增大是以心室腔增大为主，心容积增大，但心室壁却不增厚或仅轻度增厚；经常进行力量性练习的人，其适应表现在心室壁增厚，而心腔不扩大或稍有扩大。

（3）心血管机能改善

静息时，一般人和运动员的心输出量无多大区别，由于运动员的心率较低，故每搏输出量较大。从事最大运动时，两者的心率可达到同样的高度，但运动员的每搏输出量及心输出量比静息时的增加要明显高于一般人，运动员每搏输出量及心输出量的增加是心脏对运动训练的适应。

此外，经过训练，心肌微细结构也会发生改变，使心肌收缩力增加。运动训练不仅使心脏在形态和机能上产生良好适应，而且也可使调节机能得到改善：有训练者在进行定量工作时，心血管机能动员快、潜力大、恢复快；运动开始后，能迅速动员心血管系统功能，以适应运动活动的需要；进行最大强度运动时，在神经和体液的调节下可发挥心血管系统的最大机能潜力，充分动员心力储备，运动后恢复期短，也就是说运动时机能变化很大，但运动一停止就能很快恢复到安静的水平。

第三节　呼吸系统

一、呼吸系统的组成与功能

呼吸系统包括呼吸道和肺。呼吸道是传送气体的管道，肺是进行气体交换的器官。人体在新陈代谢过程中，不断地从外界环境中摄取氧气并排出二氧化碳，这种机体与环境之间的气体交换过程，称为呼吸。呼吸系统具有呼吸功能。

呼吸道是传送气体的通道，由鼻、咽、喉、气管和支气管组成。呼吸道分为上、下两部分，通常将鼻、咽、喉称为上呼吸道，气管和支气管称为下呼吸道。呼吸道有加温、润湿和净化空气的功能，有通过调节支气管平滑肌的舒缩来改变呼吸道的口径进而影响气流阻力的功能，但呼吸道不具备气体交换的功能。

肺是呼吸系统的呼吸部，是人体进行气体交换的重要器官。肺位于胸腔内，左右各一，分居于纵隔两侧，呈圆锥形。肺由肺内支气管及其分支形成的支气管树和无数肺泡及围绕肺泡外的毛细血管网组成。支气管分支直径在 1 mm 以下的称为细支气管。每一细支气管及其分支与所连肺泡等合起来，叫肺小叶。肺小叶是肺的结构和功能单位。每个肺含有 50 ～ 80 个肺小叶。肺泡是半球形泡囊，成年人有 3 亿～ 4 亿个，平均直径约为 0. 2 mm，总面积约为 100 m^2，是气体交换的主要场所。

二、呼吸运动

肺存在于密闭的胸腔中，其本身无平滑肌，不能主动扩大和缩小。但肺富有弹性纤维，肺泡具有一定的表面张力，因此可以被动地扩大和缩小。胸廓的节律性扩大和缩小称为呼吸运动，它是通过呼吸肌的舒缩活动来实现的，构成肺的通气动力。呼吸肌分主要吸气肌、辅助吸气肌和呼气肌。主要吸气肌由膈肌和肋间外肌组成，辅助吸气肌由胸肌、斜方肌、胸锁乳突肌和背阔肌等组成，呼气肌由肋间内肌和腹壁肌组成。按照呼吸的深浅，可把呼吸运动分为平静呼吸与用力呼吸。

（一）平静呼吸

安静状态下的呼吸运动称为平静呼吸，其特点是：吸气时，依靠膈肌和肋间外肌的收缩使胸廓扩大，完成吸气过程；呼气时通过膈肌和肋间外肌的舒张，使扩大的胸廓回位（恢复），完成呼气过程。胸廓扩大时，肺随之扩张，肺容积的增大使肺内压下降，当低于大气压时，空气进入肺泡，形成吸气；膈肌和肋间外肌的舒张，加之肺和胸廓的弹性回缩与重力作用，以及腹腔脏器恢复到原状的作用，使得膈肌、肋骨回位，胸廓缩小，肺亦随之缩小，随着肺容积的缩小，肺内压上升，当高于大气压时，肺内气体排出体外，形成呼气。

（二）用力呼吸

用力呼吸的特点是吸气与呼气过程均伴有肌肉的收缩活动。用力吸气时，除主要的吸气肌膈肌和肋间外肌加强收缩外，辅助吸气肌也参与收缩，使胸廓进一步扩大，从而增加吸气气量。用力呼气时，除上述吸气肌舒张外，还有肋间内肌与腹壁肌的同时收缩，前者使肋骨充分下降，后者牵动胸骨向下，并使腹内压增加，使内脏推挤膈肌上移，从而促使胸廓进一步缩小，呼气加深。

（三）呼吸形式

膈肌舒缩时，腹部随之起伏，以膈肌活动为主的呼吸运动称为膈式呼吸或腹式呼吸。肋间肌的活动使肋骨发生提降移动，胸部也随之起伏，以肋间肌活动为主的呼吸运动称为肋式或胸式呼吸。儿童以腹式呼吸为主，成年人的呼吸形式一般都是混合式的，但女性偏重胸式呼吸，男性偏重腹式呼吸。

三、肺通气机能的相关概念

（一）肺容量

肺所容纳的气量称为肺容量。在呼吸运动中，肺容量发生周期性变化，变化的大小取决于呼吸的深度。

1. 潮气量

每一呼吸周期中，吸入或呼出的气量称潮气量。吸气和呼气，好似潮汐有升有降，故得潮气之名，亦即呼吸深度。平静呼吸时的潮气量为 400 ～ 600 mL。潮气量与年龄、性别、体表面积及情绪等因素有关，运动时潮气量增大。

2. 补吸气量和深吸气量

平静吸气之后，再做最大吸气时，增补吸入的气量，称为补吸气量，正常成人为 1500 ～ 2000 mL。补吸气量与潮气量之和称为深吸气量。深吸气量是衡量最大通气潜力的一个重要指标，胸廓的形态和吸气发达程度是影响深吸气量的重要因素。

3. 补呼气量

平静呼气之后，再做最大呼气时，增补呼出的气量，称为补呼呼吸量。正常成年人为 900 ～ 1200 mL，补呼气量的大小反映了呼气的储备能力。

4. 肺活量

最大深吸气后，再做最大呼气时所呼出的气量，称为肺活量。肺活量为潮气量、补吸气量和补呼气量之和。正常成人肺活量的平均值，男性约为 3500 mL，女性约为 2500 mL，运动锻炼既能使人的肺活量水平提高，也能延缓肺活量的衰减，高水平的运动员肺活量可达 7000 mL 之多。

肺活量的大小与性别、年龄、体表面积、胸廓大小、呼吸肌发达程度以及肺和胸廓的弹性等因素有关，而且有较大的个体差异。

5. 余气量和功能余气量

尽最大力呼气之后，仍留存于肺内的气量，称为余气量。正常成年男性为 1500 mL，女性约为 1000 mL。余气量随年龄和健康状况而异，老年人大于青壮年，男性高于女性。平静呼气之后，存留于肺中的气量，称为功能余气量。安静时正常成年男性约为 2500 mL，女性约为 2000 mL。呼吸的深浅，决定着平静呼气水平线的高低，决定着功能余气量的多少。运动时若呼吸阻力越大、呼吸深度越浅，功能余气量将会越多。

6. 肺总容量

肺所能容纳的最大气量为肺总容量，肺总容量是肺活量和余气量之和。成年男性平均为 5000 mL，女性平均为 3500 mL。其值因性别、年龄、体表面积、锻炼程度和体位而异。肺活量的大小与性别、年龄、体表面积、胸廓大小、呼吸肌发达程度以及肺和胸廓的弹性等因素有关，而且有较大的个体差异。

（二）肺通气量

1. 每分通气量

单位时间内吸入（或呼出）的气量称为肺通气量。一般以每分钟为单位计量，故也称每分通气量。若呼吸深度一致，则每分通气量为：每分通气量 = 呼吸深度（潮气量）× 呼吸频率（每分钟呼吸次数）

安静时，成年人的每分通气量为 6 ～ 8 L。安静时，呼吸的频率随年龄而异，5 岁平均为 26 次，15 ～ 20 岁平均为 20 次，成年后平均降为 16 次。呼吸深度和呼吸频率随人体新陈代谢水平而变化，代谢水平高时，两者俱增。如剧烈运动时，呼吸频率可增至 40 ～ 60 次/min，每分通气量可增至 80 ～ 150 L 或更多（180 ～ 200 L）。

2. 最大通气量

以适宜的呼吸频率和呼吸深度进行呼吸时所测得的每分通气量，称最大通气量或最大随意通气量。最大通气量是衡量通气功能的重要指标。

四、气体交换和运输

肺泡与肺泡毛细血管血液之间的气体交换称为肺换气；体内毛细血管血液与组织细胞之间的气体交换称为组织换气。气体的交换过程必须遵循一定的物理化学规律，即氧和二氧化碳都要通过理化扩散的方式才能完成气体交换。

肺换气和组织换气之间借助于血液运输氧和二氧化碳。血液运输气体有两种方式，小部分气体是以物理溶解的方式进行运输，大部分气体以化学结合的方式进行运输，这两种方式是相辅相成的。物理溶解的量虽很少，但很重要，进入血液的气体要先溶解才能发生化学结合，结合的气体也要先溶解才能从血液中逸出。物理溶解与化学结合二者之间处于动态平衡。

五、运动对呼吸系统的影响

经常进行运动锻炼的人，呼吸器官的构造和机能都会发生良好的变化，主要是使骨性胸廓发达，因此胸围加大，既增加了从肺内向外排气的量，又为肺内充满较多的气体提供了空间。运动可以使呼吸肌逐渐发达且力量增强，由于膈肌收缩和放松能力的提高，肺活量也增大。随着运动水平的提高，肺通气量也相应增大。由于运动促进了肺的良好发育，使肺泡的弹性和通透性加大，更有利于进行气体交换，组织对氧的利用率也可能提高，表现为呼吸差加大，安静时呼吸频率缓慢。同时，由于呼吸与运动的协调配合较好，能够适应和满足较强烈的运动对呼吸系统的要求。

运动锻炼对呼吸系统的影响是多方面的，科学适宜的运动对呼吸系统有益。但随着运动强度的增加，呼吸膜厚度从正常到增厚，再到变薄，甚至存在破裂的可能，如呼吸道出现炎症，会出现一系列变化，使呼吸膜呼吸作用减弱。

【思考题】

1. 简述人体骨骼的分类及名称。
2. 简述肩关节、肘关节、桡腕关节、髋关节、膝关节、踝关节的组成、结构特征和运动。
3. 简述上肢带关节、骨盆、脊柱、胸廓的组成、结构特征、功能和运动。
4. 躯干肌主要包括哪些肌肉？试述这些肌肉的部位、起止点和功能。
5. 上肢肌主要包括哪些肌肉？试述这些肌肉的部位、起止点和功能。
6. 下肢肌主要包括哪些肌肉？试述这些肌肉的部位、起止点和功能。
7. 简述人体骨杠杆的类型及其在运动中的应用。
8. 简述本体感受器的功能。
9. 简述三个能源系统的特征。

第三章 运动营养学基础

【本章提要】

本章主要介绍人体所需要的营养物质，参考摄入量和食物中的来源；还介绍了常见食物的营养价值和平衡膳食的调配；最后介绍运动补剂和使用方法。

营养指人体消化、吸收、利用食物或营养物质的过程，也是人类从外界获取食物满足自身生理需要的过程，包括摄取、消化、吸收和体内利用等。营养学即是研究食物对生物的作用的科学。

第一节 营养物质

营养物质是维持人体正常生理功能，促进生长发育和健康的化学物质，即营养素。一般来说，营养物质可分为两大类：大营养素和微量营养素。大营养素包括蛋白质、脂类、碳水化合物（糖类）和一些矿物质（无机盐）。每天需要量很大，它们构成食物的绝大部分，提供机体生长、代谢和运动所需的能量和物质。微量营养素需量很少，包括维生素和微量元素，它们能催化大营养素的利用。每种成分在食物中都起着重要的作用，人们的健康取决于每种成分的合理摄入量及各种成分的合理搭配。

一、碳水化合物

碳水化合物又称糖类，它在自然界分布很广，储量丰富，是最经济的营养素，也是人类最重要的能量来源。

（一）碳水化合物的组成与分类

碳水化合物是由碳、氢、氧 3 种元素组成，是机体获取能量的最经济和最主要的来源。碳水化合物按其分子结构的不同，可分为单糖、双糖和多糖。按照联合国粮食及农业组织（FAO）和世界卫生组织（WHO）专家组（1998 年）的建议，根据其聚合度，可将其分为单糖、双糖和多糖 3 类。葡萄糖、果糖、半乳糖及核糖等是单糖；蔗糖、麦芽糖、乳糖是双糖；多糖包括淀粉、糖原和膳食纤维。多糖（膳食纤维除外）和双糖在体内必须经过唾液淀粉酶、胰淀粉酶或肠内各种消化酶的作用转变成单糖后，可转变为糖原或其他单糖（如核糖、脱氧核糖及半乳糖等）。所有种类的碳水化合物经消化系统后均会被转化为单糖，然后被吸收。

各种糖的消化吸收速度不同，单糖较快，多糖较慢；各种单糖的吸收速度也不同，若葡萄糖100，那么半乳糖110，果糖43。各种糖的甜度也各异，若蔗糖为1，那么果糖是1.75，葡萄糖是0.75，半乳糖和麦芽糖是0.33，乳糖是0.16，淀粉的甜度最低。

（二）碳水化合物的主要功能

碳水化合物对人体的总体效应主要是稳定血糖水平，以增进调节食欲和体力的功能，促进脂肪代谢与糖原储存。主要功能如下。

1. 供给和储存能量

碳水化合物是制造三磷酸腺苷（ATP）的主要来源，可被人体直接使用，是有氧运动和无氧运动的主要能量来源。膳食碳水化合物是人类获取能量的最经济和最主要的来源。每克葡萄糖在体内氧化可以产生16.7 kJ（4 kcal）的能量。在维持人体健康所需要的能量中，55%～65%由碳水化合物提供。糖原是肌肉和肝脏糖类的储存形式，肝脏约储存机体内1/3的糖原。一旦机体需要，肝脏中的糖原即可分解为葡萄糖以提供能量。碳水化合物在体内释放能量较快，供能也快，是神经系统和心肌的主要能源，也是肌肉活动时的主要燃料，对维持神经系统和心脏的正常供能，增强耐力，提高工作效率都有重要意义。

2. 构成细胞的组成成分

碳水化合物是构成机体组织的重要物质，并参与细胞的组成和多种活动。每个细胞都有碳水化合物，其含量为2%～10%。对于增肌者来说，碳水化合物也具有“丰满肌肉”的功能。

3. 节约蛋白质的作用

机体需要的能量主要由碳水化合物提供，当膳食中碳水化合物供应不足时，机体为了满足自身对葡萄糖的需要，则通过糖原异生作用动用蛋白质以产生葡萄糖，供给能量；而当摄入足够量的碳水化合物时，则能预防体内或膳食蛋白质消耗，不需要动用蛋白质来供能，即碳水化合物具有节约蛋白质的作用。

4. 抗生酮作用

当膳食中碳水化合物供应不足时，草酰乙酸供应相应减少；而体内脂肪或食物脂肪被动员并加速分解为脂肪酸来供应能量。在这一代谢过程中，由于草酰乙酸不足，脂肪酸不能彻底氧化而产生过多的酮体，酮体不能及时被氧化而在体内蓄积，以致产生酮血症和酮尿症。膳食中充足的碳水化合物可以防止上述现象的发生，因此称为碳水化合物的抗生酮作用。此外，碳水化合物还具有调节脂肪代谢的功能。

5. 解毒作用

经糖醛酸途径生成的葡萄糖醛酸，是体内一种重要的结合解毒剂，在肝脏中能与许多有害物质（如细菌毒素、酒精、砷等）结合，以消除或减轻这些物质的毒性或生物活性，从而起到解毒作用。

6. 增强肠道功能

非淀粉多糖类，如纤维素和果胶、抗性淀粉、功能性低聚糖等抗消化的糖类，虽不能在小肠内消化吸收，但可刺激肠道蠕动，增加了结肠内的发酵，发酵产生的短链脂肪酸和肠道菌群增殖，有助于正常消化和增加排便量。

（三）食物来源

碳水化合物的食物来源主要是小麦及淀粉类，包括面包及谷类、水果和蔬菜等，其中淀粉类主要来自五谷类。豆类和根茎类也是淀粉的良好来源。人体对淀粉的适应性好，可较大量和长期食用而无不适应，淀粉消化吸收较慢，使血糖维持在较稳定的水平；简单的糖只能在某些情况下适当食用，且不宜摄入过多。

（四）建议摄入量

运动员对糖摄入不足会导致：运动后糖原的耗尽不能很快恢复；运动中不能保持血糖水平，疲劳提早产生，运动能力下降；摄糖不足会造成肌肉蛋白分解，围度减少，体重减少；摄入过少时，会导致脂肪代谢减慢；缺乏会导致水分丢失，新陈代谢减慢，增加食欲等后果。

建议摄入量：

成年人每天：4 ～6 g/kg（体重），

力量项目运动员每天：5 ～8 g/kg（体重），

耐力项目运动员每天：9 ～11 g/kg（体重），

减肥者每天向下限量靠近：4 g/kg（体重）。

此外，我国膳食营养摄入量研究组推荐：除婴幼儿外（小于两岁），碳水化合物的适宜摄入量（AI）应提供总热量的55% ～65%。这些碳水化合物来源不同，包括复合糖类淀粉、不消化的抗性淀粉、非淀粉多糖和低聚糖类等碳水化合物；限制纯热量食物（如蔗糖）等精制糖的摄入量，提倡摄入营养素/热能密度高的食物，以保证人体热能和营养素的需要。总之，碳水化合物的摄入量依饮食习惯、食物结构、生活水平和体力活动等因素而定。

二、蛋白质

（一）蛋白质的组成与分类

氨基酸是构成蛋白质的基本单位。蛋白质是一种化学结构复杂的化合物，主要由碳、氢、氧、氮4种元素构成，有的含有硫、磷、铜、铁等元素。

食物蛋白质的营养价值取决于所含氨基酸的种类和数量，所以可以根据食物蛋白质的氨基酸组成，按其营养价值分为以下3类：

①完全蛋白质，所含必需氨基酸种类齐全、数量充足、比例适当，不但能维持成人的健康，并能促进儿童生长发育，如乳类、蛋类、肉类、大豆中的大豆蛋白、小麦中的麦谷蛋白、玉米中的谷蛋白等，都属于完全蛋白质。

②半完全蛋白质，所含必需氨基酸种类齐全，但有的氨基酸数量不足，比例

不适当，可以维持生命，但不能促进生长发育，如小麦中的麦胶蛋白等。

③不完全蛋白质，所含必需氨基酸种类不全，既不能维持生命，也不能促进生长发育，如玉米中的玉米胶蛋白，动物结缔组织和肉皮中的胶质蛋白，豌豆中的豆球蛋白等。

研究发现，食物蛋白质中的氨基酸有 30 种。有了氨基酸千变万化的连接方式，才有蛋白质多样的结构和功能。氨基酸可分 3 类：一类是体内不能合成或合成速度较大，不能满足机体需求，但又是维持机体生长发育、合成机体各种蛋白质所必需的，且必须通过膳食提供，叫必需氨基酸。对于成年人，必需氨基酸有 8 种，婴幼儿有 9 种（成人的必需氨基酸加上组氨酸）；相反，另一类在体内可以合成，非必需由食物供给的称非必需氨基酸；第三类是条件性必需氨基酸。条件性必需氨基酸的特点是：第一，其合成以其他氨基酸为前体，并且只限于某些特定的器官；第二，合成的最大速度可能是有限的，并可能受发育与病理生理因素的限制。

（二）蛋白质的功能

1. 供给能量

供给能量是蛋白质的次要功能。蛋白质在体内降解成氨基酸后，经脱氨基作用生成的物质可以直接或间接经三羧酸循环氧化分解，同时释放能量，是人体能量来源之一。但是，蛋白质的这种功能可以由糖类、脂肪所代替。

2. 修复和构成组织

蛋白质是构成机体组织、器官的主要成分，人体各组织、器官均含蛋白质，人体的 16% ～ 19% 由蛋白质组成。身体的生长发育可视为蛋白质的不断积累过程。在人体的瘦组织中，如肌肉组织和心、肝、肾等器官均含有大量蛋白质；骨骼、牙齿乃至指、趾也含有大量蛋白质；细胞中，除水分外，蛋白质约占细胞内物质的 80% 。

3. 调节生理功能

机体生命活动之所以能够有条不紊地进行，有赖于多种生理活性物质的调节。而蛋白质在体内是构成多种重要生理活性物质的成分，参与调节生理功能。

4. 其他

神经系统的功能与摄入蛋白质的质量密切相关，蛋白质可明显地影响大脑皮层的兴奋和抑制过程。在婴幼儿大脑发育时期，蛋白质供给不足，会使脑细胞数目减少，影响智力发育。人的记忆过程也与脑内蛋白质的合成有关。蛋白质还与体内许多重要物质的运输有关。

（三）食物来源

蛋白质主要来源于肉类、奶类、豆类、鱼、禽、蛋及其制品等，其次是谷类，而蔬菜水果中的蛋白质含量最低。中国人的总体饮食结构、饮食习惯是以谷类食物等植物性食物为主、动物性食物为辅。所以，谷类食物成为蛋白质的主要来源，而谷类食物的蛋白质大多数是非优质蛋白质，其营养价值受限制。为了提高营养价值，应充分利用蛋白质的互补作用。

（四）建议摄入量

蛋白质不足容易引起减脂速度慢，女性皮肤粗糙无光泽、易疲劳，机体抵抗力减低，生命脆弱而易病，健美爱好者肌肉增长缓慢等后果。蛋白质推荐摄入量（RNI）必须满足机体的氮平衡。每日摄入蛋白质的含氮量与机体排出的氮量相等，称为氮平衡。摄入多于排出，是正氮平衡；反之是负氮平衡。为此，建议摄入量为：

青少年为 2 g/kg（体重）/天；

成年人 0. 8 ～ 1. 2 g/kg（体重）/天；

非经常锻炼的人群 0. 6 ～ 1. 4 g/kg（体重）/天；

少年运动员 2 ～ 3. 4 g/kg（体重）/天；

增肌者 1. 6 ～ 2 g/kg（体重）/天（具体建议是，一般强度 1 ～ 1. 5 g/kg（体重）/天，大强度 1. 5 ～ 2 g/kg（体重）/天。

（五）蛋白质的互补作用

蛋白质的互补作用是指几种蛋白质混合食用时，由于各种蛋白质所含氨基酸互相配合，取长补短，改善了必需氨基酸含量的比例，从而使混合蛋白质的生物价提高。例如，粮食类蛋白质中赖氨酸较少，限制了其生物价，而与含赖氨酸较多的大豆或肉、蛋类搭配食用，生物价就可提高。再如，大豆中蛋氨酸含量较低，而玉米中含量较高，两者互补，生物价也可提高。总之，食物多样化，粗细粮搭配，动物蛋白合理分配于各餐，适量摄取豆制品，可以较好地发挥蛋白质的互补作用，有利于提高蛋白质的营养价值。两种食物摄入的间隔时间以不超过 5 h 为宜，若间隔时间太长，互补作用将会降低。

三、脂类

（一）组成与分类

脂类包括脂肪和类脂两大类，由碳、氢、氧 3 种元素组成，有的类脂还含有磷、氮。脂肪是甘油及脂肪酸组成的甘油酯，类脂包括磷脂和固醇类。磷脂中有卵磷脂、脑磷脂及神经磷脂。类脂具有很高的生理价值，在运动员营养中有特殊作用。固醇类为一些类固醇激素的前体。胆固醇是人体中主要的固醇类化合物，是类固醇激素、维生素 D 及胆汁酸的前体。

脂肪酸的种类很多，按分子结构分为饱和脂肪酸与不饱和脂肪酸两类。饱和脂肪酸多来自动物，在室温下呈固态，如猪油、牛油等；不饱和脂肪酸多来自植物，在室温下呈液态，如花生油、芝麻油等。不饱和脂肪酸又可分为单不饱和脂肪酸与多不饱和脂肪酸。目前已知的多不饱和脂肪酸中，亚油酸等对人体最重要，它在体内不能合成，必须从食物中摄取，故称必需脂肪酸。

（二）脂类的主要功能

1. 保护脏器和维持体温

分布于腹腔、皮下、肌纤维间的脂肪有保护脏器、组织和关节的作用。皮下脂肪还是很好的绝缘物质，有保温防寒作用。

2. 储能和供能

一般合理膳食总能量的 20% ～ 30% 由脂肪提供。储存脂肪常处于分解（供能）与合成（储能）的动态平衡中。1 g 脂肪在体内氧化可产能 37. 56 kJ（相当于 9 kcal）的能量，比等量蛋白质和糖类产生的热量大一倍多。

2. 组织细胞的组成成分

细胞膜是由磷脂、糖脂和胆固醇组成的类脂层；神经组织含有磷脂和糖脂；胆固醇是类固醇激素、维生素 D 及胆汁酸的前体。

3. 促进脂溶性维生素的吸收

食物脂肪是脂溶性维生素 A、D、E、K 的载体，协助脂溶性维生素和胡萝卜素等的吸收。

此外，脂肪还可以节约蛋白质；提供必需脂肪酸；具有内分泌作用，构成参与某些内分泌的激素；增加膳食的美味和增加饱腹感。

（三）食物来源

脂肪的食物来源有两种：一是动物性食物，如猪油、牛油、羊油、奶油、鱼油、骨髓及鸡蛋黄中的脂肪等；二是植物性食物，如芝麻、棉籽、菜籽、茶籽等，以及加工后制成的植物油。此外，花生、核桃、杏仁、松子及黄豆都是含脂肪丰富的食物。

（四）建议摄入量

脂类摄入过多会造成肥胖、高脂血症及相关疾病，影响心血管的健康；代谢产物蓄积，耐力下降，引起疲劳；蛋白质、铁和其他营养素的吸收下降等危害。脂肪摄入过低的危害是令必需脂肪酸和维生素 E 缺乏，并影响脂溶性维生素的吸收以及肌肉细胞膜的修复。脂肪的摄入量受年龄、生理状态、饮食习惯、运动、经济条件和气候等的影响，变化范围很大。对成人膳食脂肪的推荐摄入量小于总能量的 30%，饱和脂肪少于总能量的 10%，单不饱和脂肪酸占总能量摄入量的 10%，必需脂肪酸的安全摄入量占总能量的 1% ～ 2%，胆固醇每天的推荐摄入量是 300 mg。如果是高血脂和调节功能差者，则应更加严格限制胆固醇摄入量，每天要低于 200 mg。健美爱好者饱和脂肪可占 5%，不超过 10%，单不饱和脂肪酸占 8%，多不饱和脂肪酸占 7%。

四、维生素

维生素是维持人体正常生命活动所必需的一类有机化合物。维生素在体内不能合成，含量极微，但在机体的代谢、生长发育等过程中起重要作用。维生素主要分为水溶性和脂溶性，水溶性是 B 族和 C 族，脂溶性是维生素 A、D、E、K。

（一）水溶性维生素

1. 维生素 C

维生素 C 又名抗坏血酸，白色结晶体，具有很强的还原性，在酸性溶液中较稳定，但易被氧化，对热碱不稳定。

（1）生理功能：参与氧化还原反应；促进胶原蛋白合成；提高应激能力；增强机体免疫力和抗癌作用；降低血胆固醇水平。此外，有研究表明，维生素 C 可加速肌肉中磷酸肌酸与糖原的合成，提高运动能力。

（2）主要来源：维生素 C 主要来源于新鲜蔬菜和水果，青菜、韭菜、菠菜、青椒、花菜、鲜枣、草莓、山楂中含量尤其丰富。

（3）建议每天摄入量：中国营养学会 2000 年制定的《中国居民膳食营养素参考摄入量》（以下简称《居民膳食参考》）中对维生素 C 的推荐摄入量，成人为 100 mg，14 岁以后的可耐受最高摄入量为 1000 mg。剧烈运动和高强度运动的人、抽烟的人、容易疲劳的人、脸上有色素斑的人、长期服药的人、白内障患者、坏血病患者和在污染环境下工作的人最应补充维生素 C。

2. 维生素 B1

维生素 B1 又称硫胺素或抗脚气病维生素，为白色结晶体。在酸性溶液中稳定，耐热，但在碱性条件下加热易氧化破坏。

（1）生理功能：促进糖类代谢，维护心脏和神经健康；增强食欲与消化功能。

（2）食物来源：谷类是我国人民的主食，也是维生素 B1 的主要来源。维生素 B1 广泛存在于天然食品中，其含量丰富的有动物性内脏、肉类、豆类、花生和粗粮。

（3）建议每天摄入量：在《居民膳食参考》对维生素 B1 的推荐摄入量中，成年男、女分别为 1. 4 mg 和 1. 3 mg，可耐受最高摄入量为 50 mg。此外，B 族维生素中任何一种过量服用，都会导致其他 B 族维生素的损失，故一定要掌握好补充的量。

3. 维生素 B2

维生素 B2 又称核黄素，其为橘黄色针状结晶体。在酸性溶剂中稳定，但易被光和碱破坏。

（1）生理功能：维生素 B2 是黄酶辅基 FMN 和 FAD 的组成成分，直接参与氧化反应及电子传递系统，是蛋白质、脂肪和糖类在体内代谢时不可缺少的物质。

（2）食物来源：维生素 B2 广泛存在于动物性和植物性食物中，以肝、肾、心、奶类、蛋黄和鳝鱼中含量较多，其次是豆类和绿叶蔬菜。

（3）建议每天摄入量：在《居民膳食参考》对维生素 B2 的推荐摄入量中，18 岁以后男性为 1. 4 mg，女性为 1. 2 mg。

4. 维生素 PP

维生素 PP 是尼克酸和尼克酸胺的总称，为白色结晶体，性质稳定，耐高温，不易被酸、碱、氧及光所破坏，是维生素中最稳定的一种。

（1）生理功能：参与生物氧化，维持皮肤健康。

（2）食物来源：维生素 PP 广泛存在于动植物食品中，其中含量最丰富的是酵母、花生、谷类、豆类及肉类，尤其是动物肝脏。

（3）建议每天摄入量：在《居民膳食参考》对维生素 PP 的推荐摄入量中，18 岁以后的男、女分别为 14 mg 与 13 mg，可耐受最高摄入量为 35 mg。

5. 维生素 B6

维生素 B6 是吡啶的衍生物，在酸性溶液中较稳定，但在碱性溶液中对紫外线不稳定。

（1）生理功能：参与蛋白质、氨基酸代谢。

（2）食物来源：维生素 B6 广泛存在于各种食品中，如各种谷物、豆类、肉类、肝、蛋黄等。体内肠管细菌也可以合成一部分。

（3）建议每天摄入量：在《居民膳食参考》对维生素 B6 的推荐摄入量中，18 ～50 岁、50 岁以上的成人分别为 1. 2 mg 与 1. 5 mg，可耐受最高摄入量儿童为 50 mg，成人为 100 mg。

6. 维生素 B12

维生素 B12 又名钴胺素或抗恶性贫血维生素，为粉红色针状结晶体。在中性或弱酸性条件下稳定，耐高温，在强酸或强碱中易被分解，阳光照射下易被破坏。

（1）生理功能：防治脂肪肝；促进红细胞的发育和成熟，维持机体正常的造血机能。

（2）食物来源：维生素 B12 主要来源于动物性食品，如肝、肾、肉、海鱼、海虾等。

（3）建议每天摄入量：联合国粮食及农业组织和世界卫生组织推荐正常成人摄入维生素 B12 为 1 μg。在我国目前提出的维生素 B12 的适宜摄入量中，成人为 2. 4 μg。

7. 叶酸

叶酸为黄色结晶，在中性或碱性溶液中对热稳定，易被酸和光破坏。

（1）生理功能：与蛋白质核酸合成有关，与红细胞、白细胞成熟有关。

（2）主要来源：叶酸广泛分布于各种食物；叶酸最丰富的食物来源是动物肝脏；绿叶蔬菜、酵母等肠菌也能合成叶酸供人体利用。

（3）建议每天摄入量：在《居民膳食参考》对叶酸推荐的摄入量中，成人为 400 μg DFE（DFE 为膳食叶酸当量）。成人、孕妇及乳母的可耐受最高摄入量为每天 1000 μg DFE。

（二）脂溶性维生素

1. 维生素 A

维生素 A 又名视黄醇或抗干眼病维生素，是不饱和的一元醇，黄色结晶体。性质活泼，易被氧化和紫外线照射而破坏。

（1）生理功能：维持正常的视觉功能；维持上皮组织结构的完整和健康；具有类固醇激素的作用，影响细胞分化，促进生长和发育；有抗氧化、抗癌和抗疲劳作用。

（2）食物来源：维生素 A 只存在于动物性食物中，尤其是动物的肝脏、蛋类和奶类。维生素 A 可由 β-胡萝卜素合成。胡萝卜素的良好来源是有色蔬菜和水果，如菠菜、豌豆苗、红心甜薯、胡萝卜、青椒、杏和芒果等。

（3）建议每天摄入量：在《居民膳食参考》对维生素 A 的成人推荐摄入量中，男性为 800 μg RE（RE 为视黄醇当量），女性为 700 μg RE，可耐受最高摄入量为 3000 μg RE。

2. 维生素 D

维生素 D 是类固醇衍生物，种类多。维生素 D 结晶呈白色，性质稳定，耐高温。酸败的油脂可以破坏维生素 D。

（1）生理功能：维生素 D 的主要生理功能是调节体内钙、磷代谢，促进钙、磷的吸收和利用，以构成健全的骨骼和牙齿。

（2）食物来源：维生素 D 主要存在于动物性食物中，最丰富的来源是鱼肝油、各种动物肝脏和蛋黄，夏季动物奶中的含量也较多。晒后的青菜，其他维生素可能被破坏，但维生素 D 剧增，故菜干是富含维生素 D 的食物。

（3）建议每天摄入量：在《居民膳食参考》对维生素 D 的推荐摄入量中，成人每天为 5 μg，可耐受最高摄入量为每天 20 μg。

3. 维生素 E

维生素 E 又称生育酚，为浅黄色油状物。极易自身氧化，并易遭碱、铁盐的破坏。对酸、热较稳定，但长期高温加热，特别是油脂酸败时，常使其活性明显降低。

（1）生理功能：抗氧化作用；促进毛细血管增生，改善微循环，有利于防止动脉粥样硬化及冠心病；促进新陈代谢，使氧的利用率增加，增强机体耐力；维持正常生殖功能；参与体内一些必需物质的合成。

（2）食物来源：维生素 E 主要存在于植物性食品中，麦胚油、棉籽油、玉米油、花生油、芝麻油是良好的来源。

（3）建议每天摄入量：在《居民膳食参考》对维生素 E 的推荐摄入量中，制定了各年龄组维生素 E 的适宜摄入量标准，成年人为 14 mg/d，可耐受最高摄入量为 800 mg/d。

4. 维生素 K（又称凝血维生素）

（1）生理功能：促进凝血酶原合成。

（2）食物来源：维生素 K 在甘蓝、菠菜、花菜中含量最丰富，在番茄、奶酪、蛋黄和动物肝脏中含量也比较丰富。

（3）建议每天摄入量：在《居民膳食参考》对营养素的推荐摄入量中，成人维生素 K 的膳食适宜摄入量为 120 μg，可耐受最高摄入量未定。

五、矿物质（无机盐）

矿物质和维生素一样重要，机体只需要少量就可以维持正常功能。人体内含有的各种元素，除了碳、氢、氧、氮主要以有机化合物形式存在外，其余的元素统称为矿物质。其中有二十多种已经被证实是人类营养所必需的。其中含量较多的，在机体的含量在 0.01% 以上的，称常量元素，有钙、磷、钾、钠、硫、氯、镁 7 种。而含量在 0.01% 以下的，称微量元素，有铁、锌、碘、硒、氟、铜、钼、锰、铬等 14 种。

（一）常量元素

1. 钙

（1）生理功能：构成骨骼和牙齿；维持神经肌肉正常的兴奋性；维持细胞膜和毛细血管的正常功能；参与血液凝固过程；作为第二信使，调节机体各种生理活动。

（2）食物来源：奶和奶制品是钙的主要食物来源，含钙量丰富并且钙的吸收率高。可以连骨或壳吃的小鱼、小虾及一些坚果类，含钙也较多。豆类、绿叶蔬菜也是钙的较好来源，但有的含草酸较多（如菠菜），会对钙吸收有所影响。硬水中也含有相当量的钙。

（3）建议每天摄入量：青少年为 1000 mg、成人为 800 mg（年龄大于 50 岁者为 1000 mg、孕妇和哺乳期妇女为 1000 ～ 1200 mg）。过量钙的危害主要表现为增加肾结石的危险性，引起奶碱综合征和干扰铁、锌、镁、磷等元素的吸收利用。

2. 磷

（1）生理功能：构成骨骼和牙齿的主要物质；核酸、磷脂、磷蛋白及某些辅酶的组成成分，参与和调节体内生理功能；磷酸盐组成缓冲体系，维持体内酸碱平衡：以磷酸高能键形式参与物质代谢和能量代谢。

（2）食物来源：无论是动物性食物或者是植物性食物，在其细胞中，都含有丰富的磷，动物乳汁中也含有磷，磷是和蛋白质并存的。瘦肉、蛋、奶、动物的肝脏、肾磷含量都很高，海带、紫菜、芝麻酱、花生、干豆类、坚果、粗粮含磷也较丰富。

（3）建议每天摄入量：磷因食物来源丰富，不易缺乏，11 ～ 18 岁人群为 1000 mg、18 岁以上人群为 700 mg，妊娠期和哺乳期的妇女为 700 mg。

3. 钾

（1）生理功能：钾是细胞内液中的主要阳离子，也是血液的重要成分。钾不仅维持着细胞内液的渗透压和酸碱平衡，维持神经肌肉的兴奋性，而且还参与蛋白质、糖以及能量代谢的过程。

（2）食物来源：大部分食物都含有钾，但蔬菜和水果是钾最好的来源。

（3）每天的推荐摄入量：11 ～ 14 岁人群为 1500 mg，14 岁以上人群为 2000 mg，孕妇、乳母为 2500 mg。

4. 钠

（1）生理功能：钠是细胞外液的主要阳离子，钠不仅维持细胞外液的渗透压和酸碱平衡，而且还对细胞的水分、渗透压、应激性、分泌和排泄等具有调节功能。

（2）食物来源：钠普遍存在于各种食物中，但人体钠的来源主要为食盐、酱油、腌制肉、酱咸菜类食物、咸味的食物等。

（3）建议每天摄入量：11 ～ 14 岁人群为 1200 mg，14 ～ 18 岁人群为 1800 mg，18 岁以上人群为 2200 mg（包括孕妇和乳母）。

5. 镁

（1）生理功能：以磷酸盐和碳酸盐形式组成骨骼和牙齿的重要成分；是某些酶的辅助因子或激活剂；维持神经肌肉正常兴奋性，维持心肌正常结构与功能。

（2）食物来源：绿叶蔬菜、粗粮、坚果中镁的含量丰富，肉类、淀粉类食物及牛奶中的镁含量中等。硬水中也含有少量的镁。

（3）建议每天摄入量：11 ～ 14 岁人群为 350 mg，14 岁以上人群为 350 mg（成年人、老年人为 350 mg；孕妇和乳母为 400 mg）。

（二）微量元素

1. 铁

（1）生理功能：主要作为血红蛋白、肌红蛋白、细胞色素等的组成部分而参与体内氧的运送和组织呼吸过程。催化胡萝卜素转化为维生素 A，参与胶原的合成，促进抗体的产生，增强机体免疫力。

（2）食物来源：动物肝脏、全血、肉类、豆类和绿色蔬菜等是铁的良好来源，蛋黄中的铁被吸收率虽然偏低，但含铁丰富，仍是较好的铁源食物。

（3）建议每天摄入量：《居民膳食参考》对铁的适宜摄入参考量（AI），成年男子为 15 mg，成年女子为 20 mg，可耐受最高摄入量男女均为 50 mg。

2. 锌

（1）生理功能：锌是许多金属酶的组成成分或一些酶的激活剂；增强机体免疫力；加速创伤愈合；促进维生素 A 代谢，保护夜间视力；改善味觉，促进食欲；提高智力。

（2）食物来源：贝壳类海产品、红色肉类、动物肝脏类都是锌的极好来源，水果类、谷类胚芽和麦麸也富含锌，奶酪、虾、燕麦、花生等也是良好来源。一般的植物性食物和蔬菜水果中含锌较低。

（3）建议每天摄入量：普通成年男子的需要量为2.2 mg，每日膳食中锌的供给量为11 mg。

3. 铜

（1）生理功能：氧化酶的组成成分；促进组织中铁的转移和利用；催化血红蛋白的合成；清除自由基，防止衰老和抗癌。

（2）食物来源：铜广泛存在于各种食物中，牡蛎、贝类食物以及坚果类是铜的良好来源；其次是动物肝脏、肾、谷类发芽部分、豆类等。

（3）每天的推荐摄入量：根据《居民膳食参考》，不同年龄人群对于铜的适宜摄入量（AI），成年人为2 mg，可耐受最高摄入量成年人为8 mg。

4. 氟

（1）生理功能：预防龋齿和老年性骨质疏松症，加快伤口愈合和铁的吸收。

（2）食物来源：一般动物性食物中氟含量高于植物性食物的，海洋动物高于淡水及陆地食物，其中茶叶、海鱼、海带、紫菜中的氟含量较高。

（3）建议每天摄入量：成年人适宜摄入量为1.5 mg，可耐受最高摄入量为3.0 mg。

5. 碘

（1）生理功能：参与甲状腺的合成，甲状腺对蛋白的合成、能量代谢、水盐代谢有重要的影响。

（2）食物来源：海产品的碘含量大于陆地食物，如海带、紫菜、鲜鱼、蛤干、干贝、淡菜、海参、海蜇等。海带含碘量最高；其次为海贝及鲜海鱼；动物性食物碘的含量大于植物性食物的；陆地食品则以蛋、奶含碘量较高，其次为肉类；淡水鱼的含碘量低于肉类；植物的含碘量最低，特别是水果和蔬菜。

（3）建议每天摄入量：成人为150 μg，可耐受最高摄入量每天为1000 μg。

6. 硒

（1）生理功能：维持细胞膜结构和功能的完整性；预防克山病和大骨节病；促进免疫球蛋白合成，增强机体免疫功能和抗癌功能；降低毒物对人体的危害；促进生长和保护视觉器官的健全功能。

（2）食物来源：食物中硒含量与食物产地土壤和河水中硒的含量有关，变化很大。一般来说，动物性食物为硒的来源，特别是内脏和海产品；植物性食物中硒的含量随产地土壤、河流硒含量及可被吸收利用量的变化而变化，差异较大，动物性食物的差异范围一般不如植物性食物大。

（3）建议每天摄入量：中国营养学会2000年提出的每日膳食标准中硒推荐摄入量，18岁以上者推荐摄入量为每天50 μg，可耐受最高摄入量为每天400 μg。

六、膳食纤维

膳食纤维又称粗纤维。“可溶性和不可溶性纤维”是化学提取制备膳食纤维时所采用的名词，即用不同PH的溶液将非淀粉多糖分为2大类：一类为在特定的PH溶液中可溶解的部分称为可溶性纤维，如果胶、树胶等。那些不溶的部分称为不可溶纤维，如纤维素和半纤维素等。“可溶性纤维”对小肠内的葡萄糖和脂质吸收有影响，而“不可溶纤维”则在大肠中发酵而影响大肠的功能。

（一）主要功能

（1）预防心血管疾病及胆结石症，降低血浆胆固醇。

（2）预防糖尿病，改善血糖生成反应。

（3）预防结肠癌，改善大肠功能、润肠通便。

（4）降低营养物质的利用率。

（二）食物来源

食物中的膳食纤维来自植物性食物如水果、蔬菜、豆类、坚果和各种谷类，蔬菜和水果的水分含量较高，因此膳食纤维的主要来源是谷物。全谷类和麦麸等富含膳食纤维，而精加工的谷类食品则含量较低。

食物中含量最多的是不可溶膳食纤维，包括纤维素、木质素和一些半纤维素。谷物的麸皮、全谷粒和干豆类，干的蔬菜和坚果也是不可溶纤维的良好来源，可溶膳食纤维富含于燕麦、大麦、水果和一些豆类中。

（三）建议每日摄入量

中国居民的膳食纤维的适宜摄入量是根据《平衡膳食宝塔》推算出来的，即1800 kcal低能量膳食每天为25 g；2400 kcal中等能量膳食为30 g；2800 kcal高能量膳食为35 g。

七、水

水，被称为生命之源。水是人体最重要的组成成分和不可缺少的营养物质，水还具有调节生理功能的作用。人在断水时比在断食时死得更快。在缺水的情况下，人体大约可维持7天生命，一般断水5～10天即可危及生命。

（一）主要功能

（1）细胞原生质的构造物质。

成人体重的1/3是由水组成的。血液、淋巴、脑脊液含水量高达90%以上；肌肉、神经、内脏、细胞、结缔组织等含水60%～80%；脂肪组织和骨骼含水量在30%以下。

（2）保护身体组织。

（3）参与物质代谢。

水是良好的溶剂，许多营养物质必须溶解在水中才能发生化学反应；水在体内还直接参与氧化还原反应，促进体内各种生理活动和生化反应。

（4）运输物质。

水的流动性大，在消化、吸收、循环和排泄过程中协助营养素和代谢废物的运输。

（5）调节体温，维持体液平衡。

（6）润滑作用。

水作为关节、肌肉和脏器的润滑剂，维护其正常功能。

（二）主要来源

（1）饮料水。

每天饮料的摄入可随运动或劳动强度、气候、各种生理情况的不同而异。例如，运动员因高强度训练大量出汗，饮料水的摄入量就会增加。

（2）食物水。

各种食物都含有水分，但含水量却不同，因此，食物水的量因摄入食物种类而有所差异。

（3）代谢水或体内氧化水。

糖、脂肪和蛋白质等营养物质在体内氧化时产生的水称代谢水或体内氧化水。每 100 g 糖在体内氧化可产生 55 mL 代谢水，100 g 脂肪完全氧化可产生 107 mL 代谢水，100 g 蛋白质在体内氧化可产生 41 mL 代谢水，一般混合性食物在体内每产生 100 kcal 热量，可产生 12 mL 代谢水。

（三）主要出路

（1）肾脏排出。

体内的水主要以尿的形式排出体外，正常成人每日排尿量为 600 ～ 1500 mL。

（2）皮肤蒸发。

成人经皮肤蒸发的水每日为 500 ～ 700 mL。

（3）呼吸道排出。

经呼吸排出的水为 300 ～ 350 mL。

（4）消化道排出。

在正常情况下，经肠道随粪便排出的水不多，为 50 ～ 150 mL，但在腹泻、呕吐时经消化道会丢失大量的水。

第二节　食物的营养价值

在我国，通常将食物分为谷类、豆类及其制品、蔬菜和水果、水产和肉类、蛋类、奶类及其制品六大类。食物的营养价值通常指食物中所含营养素和热量可满足人体营养需求的程度。对于健身教练而言，熟悉食物的营养价值，在健身指导过程中给予客户一些科学的营养建议至关重要。在日常生活中，我们也应根据不同食物的营养价值特点，合理选用多种食物，才能保持营养平衡，满足人体需要。

一、谷类

谷类食物包括大米、小米、大麦、小麦、燕麦、玉米、高粱等，是人体最主要、最经济的热能来源。在我国膳食结构中，谷类食物是热量和蛋白质的主要来源，人体每日摄取热量的60%～80%和蛋白质的50%～70%是由谷类食物提供的，谷类还是B族维生素和一些矿物质的主要来源。

谷类可因种类、品种、产地、生长条件和加工方法的不同，其营养素的含量有很大的差别。谷类中的糖类含量占70%～80%，糖类中的主要成分是淀粉，约占总量的90%。谷类蛋白质含量占8%～15%，所含必需氨基酸不够齐全，营养价值低于动物性食物，将多种谷类混食、谷类和豆类或动物性食物混食，可提高蛋白质的互补作用。谷类脂肪含量很低，除玉米和小米可达4%以外，其余谷类均在2%以下，谷类的脂肪多为不饱和脂肪酸，具有降低血胆固醇，防止动脉粥样硬化的作用。谷类还含有少量的植物固醇和卵磷脂。谷类矿物质含量为1.5%～5.5%，大多数分布在谷皮及糊粉层中，主要是磷和钙。谷类矿物质多以植物钙镁复盐形式存在，是影响膳食中的钙、铁和锌等元素吸收和利用的主要原因。谷类是人类膳食中的B族维生素，特别是维生素B1、泛酸、尼克酸的重要来源。表3-1所示为常见谷类食品的营养成分一览表。

表3-1 常见谷类食品的营养成分一览表

食物名称	100 g 食物的热量	100 g 食物的含量		
	总能量（kcal）	蛋白质（g）	脂肪（g）	碳水化合物（g）
米饭	116	2.6	0.3	25.9
馒头	221	7	1.1	47
面包	312	8.3	5.1	58.6
面条	284	8.3	0.7	61.9
油条	386	6.9	17.6	51
粥	46	1.1	0.3	9.9
燕麦粥	52.4	2.1	1.0	9.6
黑米粥	40	1.0	0.3	8.3
小米粥	46	1.4	0.7	8.4
玉米	112.0	4.0	1.2	19.9

二、豆类及其制品

大豆是高血压、冠心病、动脉粥样硬化等疾病的理想食品，其蛋白质含量较高，脂肪中等，糖类含量较低。蛋白质含量一般为35%左右，蛋白质中含有人体需要的全部氨基酸，属完全蛋白，其中赖氨酸和亮氨酸含量丰富，但蛋氨酸含量偏低。与谷物混合食用，可发挥蛋白质的互补作用。大豆脂肪含量为15%～20%，不饱和脂肪酸达85%，亚油酸占50%以上，亚麻酸占2%～10%，还有较多的磷脂。此外，大豆还含有丰富的维生素和矿物质，其中B族维生素和钙、铁等的含量较高。

其他豆类蛋白质含量中等，脂肪含量低，糖类含量高。蛋白质含量为20%～25%，脂肪含量约为1%，糖类在55%以上。维生素和矿物质含量也比较丰富。

豆制品主要是以大豆为原料加工制成的各类副食品，包括豆腐及其制品，主要有豆浆、豆腐乳、豆腐干、百叶、豆芽等。豆制品在加工过程中经过处理，消化吸收率明显提高。豆腐蛋白质含量约为8%，豆腐干、豆腐丝、百叶等蛋白质含量达17%～45%，是钙和维生素B1的良好来源。豆浆的蛋白质含量和鲜奶差不多，脂肪和热量比鲜奶低，铁含量比鲜奶高。但其中钙、核黄素、维生素A和D比鲜奶少。常见豆类食品的营养成分如表3－2所示。

表3－2　常见豆类食品的营养成分一览表

食物名称	100 g食物的热量	100 g食物的含量		
	总能量（kcal）	蛋白质（g）	脂肪（g）	碳水化合物（g）
豆腐	81	8.1	3.7	4.2
黄豆	390	35.0	16.0	18.7
豆浆	16	1.8	0.7	1.1
千张	262	24.5	16.0	4.5
黄豆芽	47	4.5	1.6	3.0
绿豆	329	21.6	0.8	55.6

三、蔬菜和水果

蔬菜和水果是某些维生素和矿物质的重要来源，含有纤维素、果胶和有机酸，能刺激胃肠道蠕动和消化液的分泌，对增强食欲和促进食物消化吸收起到重要作用。

（一）蔬菜

蔬菜按其品种分为叶菜类、根茎类、瓜茄类和鲜豆类。

叶菜类品种有油菜、白菜、空心菜、韭菜、芹菜等。主要提供胡萝卜素、抗坏血酸、核黄素和硫胺素等，含有较多的叶酸和胆碱；含有较高的铁、钙和磷，其中铁的含量特别高，可作为贫血患者、孕妇和乳母的重要食品。

根茎类品种有土豆、甘薯、山芋、山药、胡萝卜、白萝卜、洋葱等。其中甘薯、山药、芋头等淀粉含量较高，被称为植物面包。胡萝卜不仅含胡萝卜素，还含有木质素，具有防癌和降压作用。此外，山药的热量和脂肪含量低，适合于运动减肥者和健美运动员作为赛前饮食。

瓜茄类品种有南瓜、冬瓜、黄瓜、丝瓜、茄子、西红柿、青椒等。瓜茄类营养价值较低，但其中青椒、西红柿和黄瓜等的胡萝卜素和维生素 C 的含量较多，特别是西红柿本身含有机酸，能保护抗坏血酸不被破坏。紫茄中含有维生素 PP，可防治高血压、动脉粥样硬化、脑溢血。

鲜豆类品种有扁豆、毛豆、豌豆、四季豆、蚕豆等。其蛋白质含量高，质量也比谷类好，在膳食中可作为副食，能与谷类蛋白质起到互补作用。鲜豆类蔬菜中所含的糖类、硫胺素、钙、磷、铁的量均比其他蔬菜高，其中的铁易被人体吸收利用。常见蔬菜类食品的营养成分如表 3－3 所示。

表 3－3　常见蔬菜类食品的营养成分一览表

食物名称	100 g 食物的热量	100 g 食物的含量		
	总能量（kcal）	蛋白质（g）	脂肪（g）	碳水化合物（g）
黄瓜	15	0.8	0.2	2.9
西红柿	19	0.9	0.2	4
白菜	17	1.5	0.1	3.2
生菜	15	1.4	0.4	2.1
蘑菇	20	2.7	0.1	4.1
山药	57	1.9	0.2	11.6
胡萝卜	40	1.2	0.2	9.5
土豆	76	2	0.2	17.2
茄子	21	1.1	0.2	4.9
西兰花	36	4.1	0.6	2.7
海带	16	1.1	0.1	2.1
四季豆	31	2.0	0.4	4.2
扁豆	283	19	1.3	42.2
豌豆	334	20.3	1.1	55.4
蚕豆	338	21.6	1.0	59.8

（二）水果

新鲜水果是维生素 C 的主要来源。酸枣含维生素 C 和维生素 PP 最多，其次是柠檬、蜜橘、广橘、柚子。胡萝卜素含量丰富的水果有橘、杏、山楂、枇杷、芒果等，其中芒果含量最高。含铁多的水果是桃、李子、杏等。水果中所含的矿物质和微量元素种类多、含量高，有利于维持体液的酸碱平衡。水果中的有机酸、果胶和纤维素，可刺激胃肠蠕动，促进消化液的分泌，有助于食物的消化吸收。表 3－4 所示为常见水果类食品的营养成分。

表 3－4　常见水果类食品的营养成分一览表

食物名称	100 g 食物的热量	100 g 食物的含量		
	总能量（kcal）	蛋白质（g）	脂肪（g）	碳水化合物（g）
苹果	52	0.2	0.2	13.5
梨	44	0.4	0.2	13.3
橘子	51	0.7	0.2	11.9
西瓜	25	0.6	0.1	5.8
香蕉	91	1.4	0.2	22
桃	48	0.9	0.1	12.2
葡萄	43	0.5	0.2	10.3
猕猴桃	56	0.8	0.6	14.5
杏	36	0.9	0.1	9.1
芒果	35	0.6	0.2	7.0
百香果	66	2.2	2.4	5.4
雪梨	79	0.9	0.1	17.2

四、肉和水产类

（一）肉类

肉类食物包括畜和禽的肌肉、内脏及其制品。其中含蛋白质为 10% ～ 20%，主要存在于肌肉组织中。其氨基酸组成比例与人体组织蛋白质相接近，有很高的营养价值。脂肪含量因动物的种类和部位的不同而有很大的差异，一般畜类瘦肉含 10% ～ 30% 脂肪，禽肉和内脏多在 10% 以下；而肥肉中脂肪达 50% ～ 80%。畜肉脂肪以饱和脂肪酸为主，熔点较高。胆固醇在肥肉中可达 109 mg/100g，瘦肉则为 81 mg/100g，内脏约为 200 mg/100g 以上。禽类脂肪熔点低，易于消化吸收。矿物质含量为 0.6% ～ 1.2%，以铁和磷较多，并含有少量铜；钙含量不高，但吸收利用率很高。动物内脏中含有丰富的锌和硒，肝脏中还含有丰富的铁和铜。维生素主要以脂溶性维生素和 B 族维生素为主。其在内脏中的含量比肌肉中高，其中肝脏的含量最为丰富。禽肉中还含有较多的维生素E。表3－5所示为常见肉类食品的营养成分。

表3－5 常见肉类食品的营养成分一览表

食物名称	100 g食物的热量	100 g食物的含量		
	总能量（kcal）	蛋白质（g）	脂肪（g）	碳水化合物（g）
猪肉（肥瘦）	395	13.2	37	2.4
猪肉（瘦）	143	20.3	6.2	1.5
牛肉（瘦）	106	20.2	2.3	1.2
酱牛肉	246	31.4	11.9	3.2
羊肉（瘦）	118	20.5	3.9	3.2
鸡腿	181	16	13	0
鸡翅	194	17.4	11.8	4.6
鸡胸脯肉	133	19.4	5.0	2.5
鸭胸脯肉	90	15	1.5	4.0
猪肝	129	19.3	3.5	5.0
猪大肠	196	6.9	18.7	0.0
羊肉（肥瘦）	203	19.0	14.1	0.0

（二）水产类

鱼虾类蛋白质含量为15%～20%，利用率高。其中蛋氨酸、苏氨酸和赖氨酸较丰富，是优质蛋白质的良好来源。脂肪含量为1%～10%，鱼虾脂肪多由不饱和脂肪酸组成，鱼虾类不饱和脂肪酸一般占到60%以上，熔点低，消化吸收率高达95%。鱼虾中的不饱和脂肪酸对防治动脉粥样硬化和冠心病有明显的效果。鱼虾类胆固醇含量一般为60～114 mg，鱼籽、虾籽和蟹黄中胆固醇含量高达354～940 mg。一般矿物质含量为1%～2%，其中锌的含量极为丰富。此外，钙、钠、氯、钾、镁等也较多，其中钙的含量多于禽肉，但钙的吸收利用率较低。海产鱼还含有丰富的碘。鱼肝脏含有丰富的维生素A和D，海鱼肝脏是生产鱼肝油的原料。鱼类的肉中含有较多的维生素B1、B2和尼克酸。表3－6所示为常见鱼虾类食品的营养成分。

表 3-6 常见鱼虾类食品的营养成分一览表

食物名称	100 g 食物的热量	100 g 食物的含量		
	总能量（kcal）	蛋白质（g）	脂肪（g）	碳水化合物（g）
三文鱼	252. 3	9. 9	20. 8	7. 1
河虾	87	16. 4	2. 4	0. 0
蟹肉	62	11. 6	1. 2	1. 1
草鱼	113	16. 6	5. 2	0. 0
罗非鱼	98	18. 4	1. 5	2. 8
鲫鱼	108	17. 1	2. 7	3. 8
墨鱼	83	15. 2	0. 9	3. 4
鱿鱼	75	17. 0	0. 8	0. 0
泥鳅	96	17. 9	2. 0	1. 7
小龙虾	93	14. 8	3. 8	0. 0

五、蛋类

人们日常食用的禽蛋主要有鸡、鸭、鹅和鹌鹑蛋。其中鸡蛋产量最大，食用普遍。蛋类的营养全面、均衡，容易消化吸收。蛋类提供最优质的蛋白质，全蛋蛋白质含量为 10% ～ 15%。鸡蛋含有人体所需的各种氨基酸，并且氨基酸的组成与人体组织蛋白所需模式很接近，生物价达 95% 以上，是天然食物中最理想的优质蛋白质。蛋清的脂肪含量极低，98% 的脂肪存在于蛋黄中。蛋黄中的脂肪几乎全部以和蛋白质结合的乳化形式存在，消化吸收率高。鸡蛋黄中脂肪含量为 28% ～ 33%，其中中性脂肪含量占 62% ～ 65%，磷脂占 30% ～ 33%，固醇占 4% ～ 5%。蛋黄中性脂肪的脂肪酸中以单不饱和脂肪酸最为丰富，约占一半，亚油酸约占 10%。蛋黄是磷脂的极好来源，其中以卵磷脂和脑磷脂为主。蛋类中的胆固醇含量很高，主要集中在蛋黄部分。蛋中的矿物质主要集中在蛋黄部分，蛋清含量低。蛋黄中含矿物质 1. 0% ～ 1. 5%，其中磷最为丰富，蛋黄还提供多种微量元素，包括铁、硫、镁、钾、钠等。蛋中含铁量较高，但以非血红素铁形式存在，卵黄高磷蛋白对铁的吸收具有干扰作用。蛋类中所有的 B 族维生素，脂溶性维生素 A、D、E、K 和微量的维生素 Co 中，绝大部分的维生素 A、D、E、B 和 B2 都存在于蛋黄中。表 3-7 所示为常见蛋类食品的营养成分。

表 3－7 常见蛋类食品的营养成分一览表

食物名称	100 g 食物的热量	100 g 食物的含量		
	总能量（kcal）	蛋白质（g）	脂肪（g）	碳水化合物（g）
鸡蛋	147	12.8	101	1.4
鸡蛋黄	328	15.2	28.2	3.4
鸡蛋白	60	11.6	0.1	3.1
鸭蛋	180	12.6	13	3.1
鸭蛋黄	378	14.5	33.8	4.0
鹅蛋	196	11.1	15.6	2.8
鹌鹑蛋	160	12.8	11.1	2.1

六、奶类及其制品

奶类包括牛奶、羊奶和马奶。奶类经过浓缩、发酵等工艺可制成奶制品。奶类及其制品几乎含有人体需要的所有营养素，除维生素 C 含量较低外，其他营养素含量都比较丰富。奶类中的蛋白质含量为 3.0%，必需氨基酸的含量和构成与鸡蛋近似，属于优质蛋白质。奶中的脂肪含量约为 2.8%～4%，呈较小的微粒分散在乳浆中，易消化吸收。乳脂中熔点低的脂肪酸含量占 30%，亚油酸和亚麻酸分别占 5.3% 和 2.1%。奶中所含的糖类为乳糖，含量为 3.4%～7.4%，人乳中最高，羊乳其次，最低为牛乳。牛乳中的矿物质主要有钠、钾、钙、镁、磷、硫和铜等，其中钙含量丰富，且消化吸收率很高。牛乳中含有几乎所有种类的维生素，含量较多的是维生素 A 和维生素 B2。

奶制品主要包括炼乳、奶粉、调制酸奶、酸奶、奶油和奶酪等。炼乳为浓缩奶的一种，分为淡炼乳和甜炼乳。新鲜奶经低温真空条件下浓缩，除去 2/3 的水分，称淡炼乳，因受加工因素影响，维生素受到一定破坏，经维生素补充并强化，按比例冲稀后，营养成分基本和鲜奶相同，适合婴儿和对鲜奶过敏者食用。甜炼乳含糖量达 45% 左右，不适合婴儿喂养，主要供家庭制作甜点或冲咖啡饮用。奶粉有含脂奶粉和脱脂奶粉两种。含脂奶粉是鲜奶经消毒、脱水再干燥成粉而成，分加糖和不加糖两种。除挥发性脂肪、糖和维生素略有损失外，其他成分近似鲜奶。而奶粉经过热处理后，蛋白质更容易消化吸收。脱脂奶粉的脂肪含量一般不超过 1.3%，其他营养成分和含脂奶粉相同。常见奶类食品的营养成分如表 3－8 所示。

表3-8　常见奶类食品的营养成分一览表

食物名称	100 g食物的热量	100 g食物的含量		
	总能量（kcal）	蛋白质（g）	脂肪（g）	碳水化合物（g）
牛奶	54	3.0	3.2	3.4
羊奶	59	1.5	3.5	5.4
全脂牛奶粉	478	20.1	21.2	51.7
酸奶	72	2.5	2.7	9.3
奶油	879	0.7	97.0	0.9
奶酪	328	25.7	23.5	3.5

七、油脂类

油脂类包括植物类油脂和动物类油脂。其中植物类油脂为烹调必备辅料，是不饱和脂肪酸的主要来源。油脂类的脂肪含量很高，达99.2%以上，主要提供大量的热量，还提供丰富的脂溶性维生素，同时含有较多的铁、铜、锌、锰等矿物质。运动减肥者不建议摄入过多的油脂，健美爱好者的食物烹调方法常以水煮为主，且不放油脂类佐料。表3-9所示为营养物质主要功能、供给量及来源。

表3-9　营养物质主要功能、供给量及来源表

营养物质	食物来源	主要功能	需要量（每千克体重）	
			正常值	健美运动员需要量
碳水化合物	谷类、豆类、面包、点心、巧克力、面食	供给热量；构成机体组织；营养物质交换中心	4.9～6.0 g	7.5～8.0 g
脂肪	黄油、猪油、猪肝、鱼油、香肠、向日葵油	供给热量、维生素吸收；是线粒体、酶的组成成分和能量载体	1.3～1.5 g	2.4～2.6 g
蛋白质	鸡、肉、鱼、蛋、豆类、奶制品、谷物、麦芽	肌肉、骨骼肌、肌腱以及酶的组成成分；调节生理功能；参与肌肉收缩	1.2～1.3 g	3.0～3.2 g
维生素B1	肝、土豆、猪肉、黑面包、粗粮、豆类	参与交换碳水化合物	2～3 mg	8～10 mg

续上表

营养物质	食物来源	主要功能	需要量（每千克体重）	
			正常值	健美运动员需要量
维生素 B2	鸡蛋、肉、牛奶、肝、蔬菜	参与氧化物交换	2 ～ 3 mg	6 ～ 8 mg
维生素 B6	麦芽、肝、香蕉、花生、蛋、肉	参与蛋白质交换	2 ～ 3 mg	6 ～ 12 mg
维生素 C	新鲜水果、酸枣、土豆、蔬菜	参与蛋白质氧化和结缔组织交换；预防传染病	50 ～ 100 mg	150 ～ 200 mg
维生素 E	肝、蛋、粗粮、黄油、豆油	糖代谢；抗氧化剂；维持骨骼肌功能	10 ～ 30 mg	30 ～ 50 mg
钙	牛奶、奶制品、虾米皮、豆类、萝卜	兴奋神经和肌肉系统；参与肌肉收缩和物质交换	1.0 ～ 1.2 g	2 ～ 3 g
磷	在所有食物中	形成 ATP、骨物质交换	1.4 ～ 1.6 g	3 ～ 6 g
钾	蔬菜、水果	兴奋神经肌肉系统；碳水化合物交换；组成酶与激素	2 ～ 3 g	4 ～ 6 g
钠	食盐	兴奋神经肌肉系统；组成酶和激素	3 ～ 10 g	20 ～ 25 g
铁	肝、蛋、菠菜、芝麻、黑木耳、内脏、花生、瓜子、大豆、猪血	氧化物质交换；氧气运输	20 ～ 25 mg	40 ～ 50 mg
锌	海产品、鲜肉	激活剂，与生长发育和机体免疫有关；组成酶的必需成分	15 mg	20 mg
镁	干果、海产品、豆类、水果	肌肉收缩的必需元素；ADP→ATP 的催化剂	5 ～ 8 mg	7 ～ 15 mg

第三节　合理营养与膳食

一、平衡膳食

(一) 平衡膳食的调配

平衡膳食，要求食物中含有的营养素种类齐全，数量与比例适当。

1. 热量平衡

食物供给的热量与机体消耗的热量保持平衡，以保持理想体重为宜。

2. 糖类、蛋白质与脂肪的比例

糖类、蛋白质、脂肪3种营养素都是供能物质，它们的适当比例对维持机体正常代谢有重要作用。根据WTO推荐的适宜膳食能量结构，一般人群的总热量中百分比为：糖类55%～65%，蛋白质11%～15%，脂肪20%～30%。如按一日三餐进食，早、中、晚餐比例为3∶4∶3。特殊情况者可根据情况适当调整，如健身健美人群总热量比例为：糖类60%～65%，蛋白质15%～20%，脂肪20%。如果某健身者增肌阶段的能量来源三者比例为51%、34%、15%，每日所需的能量为3000 kcal，即1530 kcal来自糖类、1020 kcal来自蛋白质、450 kcal来自脂肪。此外，根据营养素的生热系数确定三大营养素的量。生热系数是指每单位重量的营养成分所带给人体的热量。三大营养素的生热系数分别是：1 g脂肪产热9 kcal，1 g蛋白质和碳水化合物均为4 kcal。以上健身健美者所需要的糖类、蛋白质和脂肪分别是383 g、255 g、50 g。最后将以上营养素分配到不同的食物中，保证食物的多样化，同时摄入足够的蔬菜和水果，保证维生素、矿物质和膳食纤维的摄入量。

3. 氨基酸的比例

8种必需氨基酸齐全，各氨基酸比值符合氨基酸模式，能提高蛋白质的生物价。膳食中除应含必需氨基酸外，还需含有非必需氨基酸，二者的比例为必需氨基酸占40%，非必需氨基酸占60%。

4. 氮、钙、磷的比例

根据我国情况，成年人膳食中氮、钙、磷的比例应为12∶0.66∶1。

5. 其他营养素比例

各种营养素在体内代谢过程中，相互间会有促进作用，也会有抑制作用。如维生素B促进糖代谢，蛋白质合成代谢中需要维生素B2，因此当膳食中的糖类与蛋白质增加时，此两种维生素也需相应地增加。再如，过量的铜、钙和亚铁离子可抑制锌的吸收，脂肪过多会影响钙和铁的吸收，等等。因此，要注意各营养素之间的平衡，具体供给量可参照有关的营养素供给量标准。

6. 适当的食物纤维

缺乏食物纤维会使某些生理机能失调，并成为一些疾病的原因；食物纤维过多则影响其他营养素的吸收，故要适量。

（二）平衡膳食的组成

为满足机体的营养需求，促进健康，预防疾病，参照中国营养协会提供的膳食宝塔（图 3－1），根据个人情况制订营养计划。

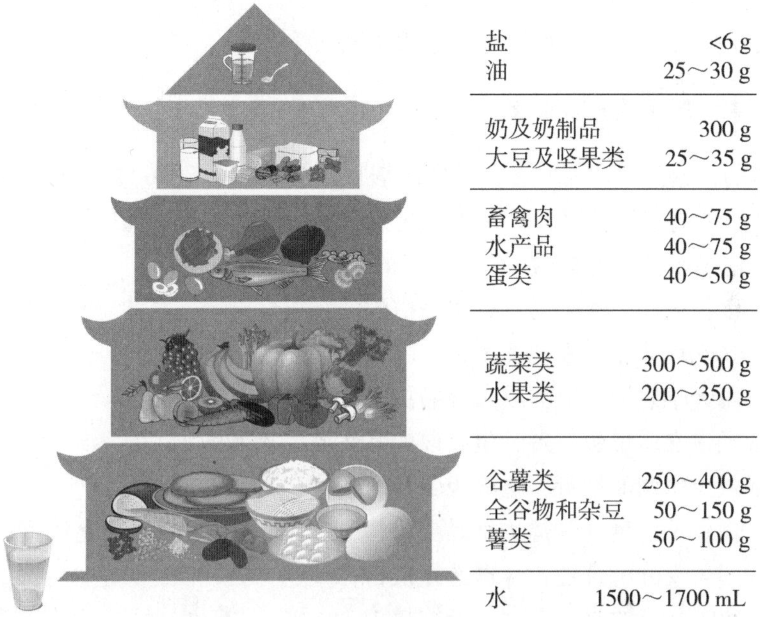

图 3－1　中国居民平衡膳食宝塔（2016）

根据我国目前一般人的膳食情况，可将食物归纳为以下几类：粮谷类（含薯）、动物性食物（鱼、肉、奶、蛋）和豆类、蔬菜水果、食用糖及油脂类、盐和其他调味品。

1. 粮谷、薯类

此类包括小麦、大米、玉米、小米等，是供给热能、B 族维生素和矿物质的主要来源，还是我国人民蛋白质的主要来源。在一般人的膳食中，粮食摄入量应占膳食总量的 30% ～ 35%；薯类食物的热量与谷物相近，但蛋白质含量低，不宜作为主要粮食。

2. 动物性食物和豆类

此类包括各种畜类、禽肉、蛋类、奶类、水产品、豆类及其制品。它们供给优质蛋白质，还是许多维生素和矿物质的重要来源。在一般人的膳食中，其以占膳食总量的 20% ～ 25% 为宜。

3. 蔬菜、水果、坚果类

此类包括的品种很多，是维生素和矿物质，以及食物纤维的重要来源，在膳食中应占35%～40%。

4. 食用糖和油

此类指烹调用食用糖和植物油，它们供给热能和必需脂肪酸，且促进脂溶性维生素的吸收，在一般人膳食中宜占20%～30%。

5. 盐、调味品

此类不宜过多，在食物中应占2%左右。

二、中国居民的膳食指南

健康的饮食习惯非常重要。《中国居民膳食指南（2016）》是根据营养学原则、结合国情制定的，以教育人民群众采用平衡膳食、摄取合理营养、促进健康的指导性建议。具体内容如下：

（1）食物多样，谷类为主、粗细搭配；

（2）多吃蔬菜、水果和薯类；

（3）每天吃奶类、豆类或其制品；

（4）经常吃适量鱼、禽、蛋、瘦肉（少吃肥肉和荤油）；

（5）减少烹调油用量，吃清淡少盐的膳食；

（6）食量不过量（和体力活动要平衡），经常运动，保持适宜体重；

（7）三餐要分配合理，合理选择饮料；

（8）每天足量饮水，合理选择饮料；

（9）饮酒应限量；

（10）吃清洁、新鲜、卫生、不变质的食物。

第四节　运动与营养物质

一、碳水化合物与运动

（一）碳水化合物在运动中的意义

运动者在剧烈运动中保证其膳食中有充足的糖，对维持血糖水平，在运动中有充足的糖氧化供能，并使运动后肝糖原和肌糖原水平迅速恢复均有良好作用。体内糖原水平与耐久力密切相关。研究证实，人体肌糖原水平影响耐力，并受膳食中糖类含量的影响，而且肌糖原水平的降低与疲劳的发生密切相关。在进行大于1 h的运动时，如长跑、长距离游泳、自行车、滑雪、马拉松、铁人三项等，当体内糖储备耗竭时，可影响运动能力，特别是耐久力。

（二）运动补糖

运动前适量补糖可提高机体内肝脏和肌肉的糖原储备量，维持运动时血糖水平稳定；运动中适量补糖可提高血糖水平并可提高运动能力，维持较高的糖氧化速率，减少蛋白质和脂肪酸供能比例，延长运动的耐力，同时延缓疲劳的发生；运动后补糖可促进肝脏和肌糖原储备的恢复，缓解疲劳，促进体力恢复。

需要补糖的运动项目有 1 h 以上的持续性耐力运动，以及长时间（40 ～ 120 min）的高强度间歇性运动训练，如自行车、足球、冰球、网球等。一般短时间（小于 40 min）或强度不大的运动不需要补糖，因为短时间内运动时，体内的糖储备足以提供大部分能量并满足需要。

1. 运动前补糖

可在大运动前数日内增加膳食中糖类总能量的 60% ～ 70% 或 10 g/kg，或者赛前 1 ～ 4 h 补糖 1 ～ 5 g/kg（赛前 1 h 补糖适宜采用液态糖）。关于避免在赛前 30 ～ 90 min 补糖，预防血中胰岛素升高的提法，现有不同的观点和争论。有人提出运动前 1 h 摄入糖，使血浆和胰岛素增加，虽然肠道在进行性地吸收糖，运动一开始，由于血胰岛素升高、肌肉收缩运动使肌糖摄取增加以及肝糖输出抑制等联合作用，使血糖下降，但有人提出因为运动开始后，肾上腺素和去甲肾上腺素的释放，会抑制胰岛素的分泌，因此血糖仍然升高。一般认为，运动前补糖有利于扩大体内糖原储备，增加糖的可利用度和氧化率，因此仍主张在运动前不影响胃肠道功能的情况下，尽量多补充糖。

2. 运动中补糖

运动中，每隔 30 ～ 60 min 补充含糖饮料或容易吸收的含糖食物，补糖量一般不大于每小时 60 g 或每分钟 1 g；可以采用含糖饮料，少量多次饮用；也可以在运动中使用易消化的含糖食物（如面包、蛋糕、巧克力）等。

3. 运动后补糖

运动后，内源性糖原明显耗损，应优先恢复。开始补糖的时间越早越好。理想的是在运动后即刻、运动前 2 h 补糖各 50 g，以后每隔 1 ～ 2 h 连续补糖。运动后 6 h 以内，肌肉中糖原合成酶含量高，可使存入肌肉的糖达到最大量，补糖效果最佳。补糖量为 0. 75 ～ 1. 0 g/kg，24 h 内补糖总量达到 9 ～ 16 g/kg（为 500 ～ 600 g 糖）。

（三）补糖类型

由于葡萄糖液的高渗透性，单纯摄入葡萄糖液会对胃的排空产生一定的抑制作用；若以麦芽糊精和果糖的混合食品替代，则可克服这一缺陷，使胃排空速率增加。小肠吸收葡萄糖最快，最有利于合成肌糖原；果糖吸收后主要在肝脏进行修饰，其合成肝糖原的量约为葡萄糖的 3. 7 倍，果糖引起胰岛素分泌的作用较小，因此不抑制脂肪酸代谢，但使用量大时，可引起胃肠道紊乱，果糖的使用量不宜超过 35 g/L，并应与葡萄糖联合使用。低聚糖甜度小，其渗透压低，吸收速度比单糖和双糖慢，因此可通过补充低聚糖，使运动者获得较多的糖。

二、蛋白质与运动

（一）蛋白质对运动的影响

蛋白质与运动能力有关。机体内影响运动能力的许多因素，如肌肉收缩、氧的运输与储存、物质代谢与生理机能的调节等，都与蛋白质有密切的关系。而且氨基酸参与运动时的供能主要通过丙氨酸—葡萄糖循环的代谢过程提供运动中的能量；氨基酸氧化可提供运动中 5% ～ 15% 的能量。在机体内肌糖原的储备充足时，蛋白质供能仅占总热能需要的 5% 左右；而当肌糖原耗竭时，蛋白质供能可上升至 10% ～ 15%；在大多数情况下，蛋白质供给 6% ～ 7% 的能量。

（二）运动训练对蛋白质代谢的影响

运动可使体内蛋白质分解代谢加强，因此，机体对蛋白质的需要量增加。但不同性质的运动训练对蛋白质代谢的影响又有所不同。

1. 耐力训练

耐力训练可使骨骼肌线粒体的数目增多，体积增大，线粒体蛋白质和组成酶的活性提高。如训练后肌肉中氧化支链氨基酸的酶活性提高，代谢利用支链氨基酸的能力提高；肌肉内肌红蛋白量提高，使肌肉转运氧的能力提高。

2. 力量训练

力量训练使训练肌的体积增大，肌纤维增粗，力量增强。这种适应性变化出现在快收缩肌纤维。肌肉粗大的原因主要是肌蛋白数量增多。多数人认为高蛋白饮食对获得肌肉组织有效。例如，高蛋白饮食（2. 8 g/kg 体重）进行有氧和力量训练 40 天，与等热量中等蛋白饮食（1. 39 g/kg 体重）比较，高蛋白饮食者机体蛋白质增加更明显。

（三）过量补充氨基酸和蛋白质的副作用

有些锻炼者认为增加蛋白质营养会促进肌肉组织的生长。有学者认为必须在进行渐进性力量训练的前提下，适宜的蛋白质营养才能使肌肉增长。过量补充蛋白质和氨基酸会引起一系列的副作用。例如蛋白质的代谢产物为酸性，肝、肾负担增加，导致肝和肾的肥大并容易疲劳；大量补充蛋白质可导致机体脱水、脱钙，引发痛风病以及骨质疏松；高蛋白对水和无机盐代谢也不利，有可能引起泌尿系统结石和便秘。此外，高蛋白食物常伴随高脂肪和高胆固醇的摄入，会增加动脉硬化和高脂血症的危险性。

二、脂肪与运动

（一）脂肪营养在运动中的意义

脂肪是膳食中浓缩的能源，体内 1 g 脂肪可以产生 37. 7 kJ（9. 46 kcal）的热能，是食物中供能最多的营养素。人体在休息状态下，60% 的能量来源于体内脂肪。一般来说，运动强度越小，持续时间越长，依靠脂肪氧化供能占人体总能量代谢的百分率也越高。当在小于 60% ～ 65% VO_{2max} 强度下长时间运动时，以脂肪酸的氧化供能为主。而在大于 60% ～ 65 % VO_{2max} 强度、持续时间短于 60 min 的运动中，则以糖的有氧氧化或无氧酵解供能为主。

脂肪氧化供能具有产热量高、耗氧量高的特点。糖原以水化合物的形式储存在细胞内，而脂肪则以无水的形式储存，因此，脂肪储能具有体积小的特点；1 g 脂肪完全氧化可产生的 ATP 克数是糖类氧化的 2. 5 倍。脂肪酸氧化时的耗氧量较高，与糖类氧化相比较，产生相等的能量时脂肪的耗氧量要比糖高出 11% 。此外，脂肪必须在氧气充足的情况下才能完全氧化，在氧不充足时会因氧化不全而产生酮体。酮体会使身体酸性增加，对机体和运动能力有不良影响。

（二）运动对脂肪代谢的影响

系统的运动训练会使骨骼肌线粒体数量、体积、单位肌肉毛细血管密度、线粒体酶及脂蛋白脂肪酶的活力增加。因此，运动水平高的运动者氧化利用脂肪酸的能力强。有资料报道，有高原训练的马拉松运动员在 70% VO_{2max} 的强度进行 1 h 运动，其 75% 的热能来自脂肪。脂代谢加强后，可节约糖原的消耗，从而提高耐久力。有氧运动可使体内高密度脂蛋白胆固醇（HDL-C）增高，而甘油三酯和低密度脂蛋白胆固醇（LDL-C）减少，对防治动脉粥样硬化及冠心病有良好作用。有氧运动还可以使脂肪组织中的脂肪游离出来供能，而且运动可造成机体热能负平衡，这些都促使机体内脂肪的消耗，有助于减少体内脂肪，控制体重。

（三）过量摄入脂肪的副作用

脂肪代谢产物蓄积会降低耐久力并引起疲劳；过多摄入脂肪会降低蛋白质和铁等其他营养素的吸收率；过多摄入脂肪还会带入外源性的食物胆固醇，引起高血脂症。

四、水与运动

（一）运动者水和电解质代谢的特点

在日常性的大运动量的训练和比赛中，运动者的水代谢与普通人显著不同，主要表现为大量出汗：因通气量增加而从呼吸道丢失大量水分；尿量减少和代谢水增多。由于出汗量大，汗液中含一定量的电解质。一次高强度大运动量的训练可丢失汗液 2 ～ 7 L。出汗率还与运动的持续时间、运动环境的温湿度和热辐射强度、运动员的适应程度等因素有关，环境的温度、湿度和热辐射强度越大，出汗率越高。

（二）脱水和复水对运动能力的影响

1. 脱水损伤运动能力

运动性脱水是指由于运动而引起体内水分和电解质（特别是钠离子）丢失

过多。根据丢失水分的多少，可将运动性脱水分为轻度脱水、中度脱水和重度脱水。

2. 复水恢复运动能力

国内外实验研究报道，运动者如处于脱水情况，不仅会增加热病的危险，而且其高强度运动能力或有氧耐力均受损害。有效地恢复运动训练中丢失的液体，即身体复水，可恢复运动能力。

（三）运动者补液的原则

1. 运动前补液

许多运动者往往不注意运动前补液，主要是对运动前补液的重要性认识不足。可在运动前 2 h 饮用 400 ～ 600 mL 的含电解质和糖的运动饮料，也可于运动前 15 ～ 20 min 补液 400 ～ 700 mL，要少量多次摄入，每次 100 ～ 200 mL，分 2 ～ 4 次喝完。不要在短时间内大量饮水，否则会造成恶心和排尿，对运动训练或比赛不利。

2. 运动中补液

如果运动中出汗量大，运动前的补液不能满足体液的平衡，为预防脱水的发生，有必要在运动中补液。补液的量根据出汗量而定。在一般情况下，补液的总量不超过 800 mL。运动中补液必须少量多次地进行，可以每隔 15 ～ 10 min 补液 150 ～ 300 mL，运动中的补液量一般为失汗量的 50% ～ 70%。这样，运动仍然需要继续补液，使液体的进出达到平衡。

3. 运动后补液

锻炼者在运动中常常只能补充汗液丢失量的 50%，体液的恢复较慢，而且不完全，因此运动后也要进行补液。当补液量大于出汗量，并达到出汗量的 150% 时，体液才能较快地达到平衡。除补液外，还可补充能量、恢复体力。饮料的糖浓度可以是 5% ～ 10%，钠盐的含量可为 30 ～ 40 mmol/L，使体内快速复水。运动后应补充的液体总量可通过运动前后的体重差，确定补液的量，并找出自己所能耐受的补液量。补液的原则是少量多次，切忌暴饮。

五、矿物质与运动

（一）钙与运动

1. 运动对钙代谢的影响

营养调查中常见到运动者钙缺乏或不足的现象，尤其是女运动员，其原因主要有：一是钙摄入量不足，每天只有 800 mg。控体重和闭经的女运动员有 1/3 的人存在钙摄入量不足的问题。很多人选择食物不当，在钙供给量充足的情况下发生摄入量不足的原因主要是过高估计摄入量，如 1200 mg 钙相当于 1000 mL 的液体牛奶、130 g 的硬奶酪或 640 ～ 4200 g 绿叶蔬菜。二是丢失量大。运动可增加钙丢失，运动者在运动训练中从汗液中丢失大量的钙。汗液中钙含量约为2.55 mmol/L。

2. 钙营养对运动能力的影响

由于钙在维持神经和肌肉细胞的兴奋性、骨骼肌的收缩、细胞内第二信使等方面具有重要功能，因此，钙营养的平衡对保持运动能力非常重要。钙缺乏可引起肌肉抽搐，长期钙摄入不足可导致骨密度下降、骨质疏松和应激性骨折。

3. 膳食钙营养保障措施

奶和奶制品是钙的良好来源，含钙丰富而且容易吸收，但乳糖不耐受者可以选择酸奶或是每次少饮的方法。海产品、豆制品、芝麻也是钙的良好来源。

（二）铁与运动

1. 运动对铁代谢的影响

对于运动员，铁缺乏一直是一个备受关注的、与全身健康和运动能力有关的问题。运动训练使铁的需要量和丢失量增加。研究表明，运动可加快铁在机体的代谢。长期运动训练使组织内储存铁的含量明显下降。运动可使肌肉中含铁酶的含量增加，表明运动使铁的需要量增加。如果按运动者出汗4000 mL推算，从汗液丢失的铁可达1.45 ～3.70 mg。运动者在训练期膳食铁的吸收率为（8.77 ±2.90)%，显著低于停训期的（11.90 ±4.47）%。

2. 铁营养对运动能力的影响

铁储备低会增加发生贫血的危险性，并影响运动成绩。近期的研究资料表明，运动者的铁营养状态不仅与运动能力有关，而且与认知能力有关。补充铁剂对改善铁营养状况、提高运动能力的效果非常显著。另外，铁属于活跃金属，在体内可引起自由基反应。如果过量补充铁，有可能造成铁的毒性反应，对运动能力产生不良影响。

3. 膳食铁营养保障措施

对于已经出现贫血的运动者，需要进行补铁治疗。由于大剂量的铁可能引起中毒，补铁应在严格的医生监督下进行。预防性补铁应采用小剂量摄入，每日0.1 ～0.3 g，不可超过3个月。动物铁主要是血红铁素，比蔬菜来源的铁更易于吸收。肉类膳食（如禽和鱼）与蔬菜混合食用可增加蔬菜铁的吸收；与含维生素C的食物（如橙汁）同时使用可增加动物铁的吸收。

（三）锌与运动

1. 运动对锌代谢的影响

长期进行大运动量训练可使运动员血清锌含量处于较低水平。运动者血清锌低与运动者的锌代谢较快、排出增多、吸收率下降等因素有关。在高温环境中进行运动训练，运动者每天从汗液丢失的锌可达5 mg。训练期的锌吸收率为(33.5 ±24.1)%，显著低于停训期的（45.6 ±23.3)%。

2. 锌营养对运动能力的影响

充足的锌营养对肌肉的正常代谢十分重要，锌缺乏可引起肌肉生长发育缓慢和重量减少，给锌不足的运动者补锌，可加强运动员肌肉代谢，提高肌肉力量。

3. 膳食营养保障措施

一般情况下，运动员通过选择富含锌的食物，可以达到锌需要量。锌的主要食物来源是动物性食品。肉类、蛋类和海产品量较高，蔬菜水果较低。如果膳食供给不足，可以考虑使用膳食补充剂。

六、维生素与运动

（一）运动对维生素代谢和需要的影响

运动者维生素需要量应高于静态生活的人群是由于以下原因：

（1）运动训练使胃肠道对维生素的吸收功能下降；

（2）汗液、尿液及粪便中维生素的排出量增加；

（3）体内维生素的周转率加速；

（4）高强度运动训练的初期适应和/或急性运动训练使能量代谢突然增加等情况。

运动者应该是补充维生素的主要目标人群，营养调查和向运动者进行问卷调查已确认运动者有大量补充维生素的情况。额外补充维生素的目的是为增强运动竞技能力，延缓疲劳发生和加速能量恢复。但因缺乏营养知识和错误的观念，许多运动员仍然采用大剂量补充维生素的措施，补充剂量超过推荐量的 10 倍甚至上千倍，不仅花费大，而且某些脂溶性维生素如维生素 A 和维生素 D 可在体内蓄积，形成毒素，危害健康。

（二）维生素与运动能力

1. 水溶性维生素

补充维生素与运动能力关系的研究结果常不一致，让受试者食用维生素 B1、维生素 B2、维生素 B6 和维生素 C 含量低的饮食（摄入量仅能满足需要量的 1/3 左右），经过 8 周后，这 4 种维生素的含量指标表现出轻度和中度的缺乏，运动能力测试结果为有氧做功量降低 16%，无氧做功量降低 24%；当以 2 倍的维生素需要量进行补充 2 周后，这些受试者的做功能力得到改善，但未能恢复到缺乏前的状态，所以在赛前要校正 B 族维生素缺乏状态，至少应在比赛的 2 ～ 3 周前补充，补充时间短可能会不起作用。

2. 脂溶性维生素

维生素 E 的补充对提高高原训练的运动能力具有一定的意义，维生素 E 补充后，在海拔 1667 m 处的最大吸氧量增加 9%，在海拔 5000 m 高度处增加了 14%。一般运动训练情况下，不鼓励补充维生素 E，尤其是大剂量补充，因为大量补充维生素 E 可减弱蛋白质分解。某些蛋白质分解是刺激肌肉运动后蛋白质合成所需要的。

（三）过量摄入维生素的副作用

过量补充某一种维生素会引起体内维生素的不平衡。脂溶性维生素 A 和维生素 D 的过量摄入可因体内蓄积从而引起中毒，即使是过量补充水溶性维生素，也会引起严重的副作用。例如，过量的维生素 C 会引起胃肠道不适、维生素 B12 缺乏、尿液酸化及草酸结晶形成、肾脏及膀胱损害等毒性作用。

第五节 运动营养补剂

营养补剂是浓缩的高纯度营养素，能够快速、高效地为机体提供营养。在竞技体育领域，运动训练对运动员在体能和生理负荷等方面的要求极高，人体经常处于生理应激状态，并可达到生理的极限负荷。所以在保证提供与健康人相似的平衡膳食外，运动员还常常使用运动补剂，目的是将运动能力提高到超过一般典型平衡膳食的水平。在现代健身健美领域中，高强度、大运动量的训练非常重视运动营养补剂的使用。在特定条件下，合理使用运动补剂可起到提高运动能力或延缓疲劳发生的作用。没有任何一种营养补剂能对所有的人群都有效，过多补充营养物质会产生有害作用。对于健身教练而言，有必要正确认识运动补剂的功能与作用。因此，本节重点介绍几种常见运动补剂的功能和使用方法。

一、乳清蛋白

乳清蛋白是利用现代生产工艺从牛奶中提取的蛋白质。牛奶中 87% 是水，13% 固体中有 37% 是乳糖、30% 是脂肪、27% 是乳蛋白、6% 是矿物质。而乳蛋白中只有 20% 是乳清蛋白，其他 80% 都是酪蛋白。乳清蛋白的胆固醇、脂肪乳糖含量低，易消化吸收，与其他蛋白质比较，具有较高的生物利用价值。

（一）乳清蛋白的生物学功能

1. 促进机体蛋白质的合成

由于乳清蛋白中含有大量的支链氨基酸，研究证实支链氨基酸对促进蛋白质合成和减少蛋白质分解起着重要作用。亮氨酸及其氧化产物抑制蛋白质水解酶活性，有利于肌肉蛋白质合成，使体重增加。同时，乳清蛋白中含有丰富的赖氨酸、精氨酸，而精氨酸具有刺激生长激素分泌和释放的作用，从而促进肌肉蛋白质合成代谢，有利于肌肉的生长，并且促进脂肪分解代谢，降低体脂含量。

2. 提高机体免疫功能

谷氨酰胺是淋巴细胞和巨噬细胞在免疫反应过程中的重要底物，高速利用谷氨酰胺生成嘌呤和嘧啶核苷酸有利于合成更多的 DNA；使免疫细胞增殖加速。长时间大强度运动后期血糖降低，此时谷氨酰胺主要参与糖异生以维持血糖浓度，谷氨酰胺不能满足免疫细胞的需要，这是运动造成机体免疫力下降的主要原因。乳清蛋白中含有丰富的支链氨基酸和谷氨酸，谷氨酸可转化为谷氨酰胺，亮氨酸可作为谷氨酰胺合成的前体。同时支链氨基酸为糖异生提供原料，减少机体谷氨酰胺的消耗，维持机体免疫功能，并且乳铁蛋白能够抑制和杀死引起胃肠道感染和食物中毒的细菌。

3. 延缓中枢疲劳的发生和发展

摄入一定量的乳清蛋白可以提高机体血液中支链氨基酸的浓度，降低色氨酸/支链氨基酸的比值，减少色氨酸进入中枢神经细胞的比例，降低中枢神经细胞中 5－羟色胺（5-HT）的浓度，缓解中枢疲劳的发生和发展。

4. 提高机体的抗氧化能力

乳清蛋白中的乳白蛋白、牛血清蛋白、乳铁蛋白富含胱氨酸残基，能进入细胞膜还原成两个半胱氨酸，合成谷胱甘肽（GSH），维持细胞和组织的 GSH 水平。GSH 是细胞内最重要的抗氧剂，是机体抗氧化系统、细胞免疫系统和骨骼肌细胞必需的物质，从而增强机体抗氧化能力，提高肌肉耐力和做功能力及延缓疲劳的发生。

（二）乳清蛋白的摄入量

由于乳清蛋白对维持和提高运动员身体机能以及对促进运动能力具有良好的作用，因此，它是运动员经常补充的重要蛋白质营养品。在大负荷运动训练期间，为了保证蛋白质的恢复和促进运动员身体机能水平提高，乳清蛋白的摄入量可以提高到总蛋白质摄入量的 50% 甚至更多；而一般训练期乳清蛋白补充最多维持在 20 g 左右，就能够充分体现乳清蛋白对机体的有利作用。

而对于健身健美爱好者来说，为尽快壮大肌肉，使得肌肉具有良好的形态和体积，补充乳清蛋白是一个良好的选择。一般摄入量在 50 g 以上，当然其具体摄入量要根据健身、健美爱好者的体重以及具体目的进行适当的调整。但是过度地摄入蛋白质包括乳清蛋白对壮大肌肉和质量并没好处，容易造成血氨升高，反而对机体产生不利影响。

二、谷氨酰胺

谷氨酰胺是血浆和骨骼肌中含量最丰富的游离氨基酸，占骼肌游离氨基酸的 50% ～ 60%，占血浆氨基酸的 20%，是蛋白质、核酸、谷胱甘肽以及其他重要生物大分子合成的必需营养素，并且是合成免疫细胞嘌呤和嘧啶核苷酸等重要的氨基酸来源。免疫细胞所需大量谷氨酰胺主要由骨骼肌提供，已知支链氨基酸是肌细胞合成谷氨酰胺的氮源，并影响肌细胞内谷氨酰胺的释放，骨骼肌内谷氨酰胺合成速度高于其他氨基酸。谷氨酰胺在机体中的正常浓度可使淋巴细胞的增殖反应达到最大值。若血液谷氨酰胺浓度低于正常水平，免疫细胞功能将会下降。

（一）谷氨酰胺对运动能力的主要影响

1. 谷氨酰胺是一种强有力的胰岛素分泌刺激剂

研究表明，补充谷氨酰胺可以提高机体生长激素和胰岛素生长因子的分泌，这对机体运动后恢复能力具有积极的意义。

2. 促进免疫机能的提高

由于谷氨酰胺是免疫细胞的重要原料，运动训练造成谷氨酰胺的消耗增加，导致免疫细胞增殖的降低，补充谷氨酰胺可以维持或提高谷氨酰胺的浓度，从而缓解由于大强度运动训练造成的免疫抑制。

3. 提高机体的抗氧化能力

谷氨酰胺作为谷胱甘肽合成所需谷氨酸的前体质，可以有效地穿过细胞膜进入细胞，并在活化的谷氨酰胺酶作用下，在线粒体内脱氨基产生谷氨酸和氨，合成的谷氨酸又进入细胞浆内，参与谷胱甘肽的合成，从而提高机体的抗氧化能力。

（二）谷氨酰胺的摄入量

谷氨酰胺是运动员维持身体机能水平、促进恢复、提高机体免疫机能的重要营养补剂。但大量补充谷氨酰胺也具有一定的副作用，主要表现为导致血氨升高，从而对运动能力产生一定的影响。为了克服谷氨酰胺的副作用，建议谷氨酰胺每天的服用量为 5 ～ 10 g，在健身后服用。

三、肌酸

人体内的肌酸主要在肝脏、肾中合成，通过血液循环运输至肌肉中，再通过肌酸激酶接受 ATP 的能量，合成磷酸肌酸，以储存能量。人体中含磷酸肌酸 120 ～ 140 g，其中 95% 存在于骨骼肌中。正常人体肌肉的肌酸含量为 120 ～ 125 mmol/kg 干重肌肉。人体肌肉肌酸含量的上限为 160 mmol/kg 干重肌肉，当肌酸的补充达到这一量时，肌肉肌酸含量就不再增加了。摄入多余的肌酸由肾脏排出体外。

（一）肌酸对运动能力的主要影响

目前研究一致认为，补充肌酸对于提高肌酸池含量、提高机体最大做功能力具有积极意义，这主要是因为补充肌酸可以使肌肉组织中肌酸池含量增加，磷酸肌酸含量增加，从而提高了高强度运动时再合成 ATP 的能力，进而维持了高强度运动时 ATP 水平的稳定，提高最大功率输出能力。故对于以磷酸原供能系统为主的运动人群，肌酸是首选的营养补剂。

最新研究表明，补充肌酸对有氧代谢能力同样具有积极的意义。补充肌酸可以改善和提高骨骼肌线粒体的功能；可促进肌糖原储备量的提高；可降低肌肉蛋白质分解代谢；可促进肌酸—磷酸肌酸穿梭，有利于以有氧氧化供能为主的耐力性运动能力的提高。

（二）肌酸的摄入量

肌酸使用的剂量为：每日 20 g，服用 5 ～ 7 天，总肌酸储量增加 15% ～ 30%，磷酸肌酸的储量增加 10% ～ 40%。肌酸和磷酸肌酸储藏量增加的作用在于维持高强度运动时的 ATP 水平并促进反复高强度运动的间歇期磷酸肌酸的再合成，维持量为：每日 2 ～ 5 g，4 ～ 5 周。使用肌酸的同时，服用含糖的饮料将有助于肌肉摄取更多的肌酸，从而提高肌酸补充的效果。最近的研究表明，在每天补充 20 g 肌酸的同时补充葡萄糖（每天 380 g），5 天后，肌肉中肌酸的含量比单纯补充肌酸要高 10%。

大多数研究认为，短期的肌酸补充（每日 20 ～ 25 g，7 天）可以使体重增加 0.7 ～ 1.6 kg，其原因是肌酸刺激了水滞留和蛋白合成。一些长训练期（7 ～ 140 天）补充肌酸的研究也表明，体重均明显增加，而总体水占总体重的比例不发生变化。

四、左旋肉碱

肉碱有两种立体构型，即左旋肉碱（L－肉碱）和右旋肉碱（D－肉碱），对人体代谢起作用。在人体内具有生物活性的是左旋肉碱。右旋肉碱完全无活性，甚至会抑制左旋肉碱的利用。一般而言，肉碱均指左旋肉碱。

左旋肉碱是一种类似维生素的重要营养物质。在人体内，赖氨酸、蛋氨酸、烟酸等物质可合成少量的肉碱。红肉及动物产品是肉碱的主要食物来源，为使身体达到理想的健康状态，每日膳食应摄入不少于 250 mg 的左旋肉碱。运动人群及精神高度紧张的人群和其他缺乏左旋肉碱的人，需额外补充，尤其是大运动量健身人群。

（一）左旋肉碱的生理功能

（1）左旋肉碱是活化的长链脂肪酸穿过线粒体内膜的载体，左旋肉碱可以促进长链脂肪酸进入线粒体基质被高活性的 β－氧化酶系统所氧化，有利于节省肌糖原。

（2）左旋肉碱可以通过乙酰 CoA/CoA 的比值，促进丙酮醺脱氧酶的活性，从而加速丙酮酸的氧化利用，减少乳酸的堆积。

（3）左旋肉碱促进支链氨基酸的氧化作用，维持运动时的能量平衡。

（4）左旋肉碱促进乳酸和氨的消除，有利于疲劳的恢复等。

研究表明，服用左旋肉碱有利于有氧和无氧代谢能力的提高，但其具体效果仍有争论。由于左旋肉碱可以促进脂肪酸的利用，因此常作为减脂人群减少体脂含量的运动补剂。

（二）左旋肉碱的摄入量

运动实践中一般采用口服左旋肉碱 500 ～ 1000 mg，分两次服用，便可显著提高血浆和肌肉内左旋肉碱的浓度。补充后可以加快燃烧脂肪提供给人体的能量，从而达到消耗体脂的效果。由于左旋肉碱是肌肉的天然成分，小剂量地补充未发现任何副作用，但大剂量补充会引起腹泻等不良反应。

（三）左旋肉碱的减肥原理

脂肪的代谢过程要经过一个障碍，障碍就是线粒体膜，线粒体可以燃烧脂肪，使之释放能量，被身体消耗，但是长链脂肪酸通不过这道障碍。左旋肉碱就起到了搬运工的作用，把长链脂肪酸一点一点地搬运到屏蔽外面，送给线粒体，让它进一步氧化。

左旋肉碱只是一种运载工具，至于到底消耗多少脂肪，并不取决于左旋肉碱。这就好比盖楼需要的砖都是用车来运输的，但盖楼消耗多少砖并不取决于车子的多少，而是取决于楼的大小和结构。

简单地说，如果运动量（能量消耗）不大，脂肪消耗不多，只是增加左旋肉碱并不会增加脂肪的氧化功能，故而对减肥并无帮助。

一般在运动量不是很大的情况下，人体会自行合成足够的左旋肉碱，不会出现左旋肉碱缺乏的问题。

只有在运动量很大，如运动员或运动健身人士，单位时间内能量消耗较多，脂肪氧化供能“流量”较大时，才有可能出现左旋肉碱合成“相对不足”的情况。此时，额外服用左旋肉碱，扩大运输载体的规模，在单位时间内给线粒体运送更多的脂肪酸，显然有利于氧化消耗掉更多的脂肪。所以说，左旋肉碱不是减肥药，它的主要作用是运输脂肪到线粒体中燃烧，是一种运载酶。要想用左旋肉碱减肥，必须配合适当的运动，控制饮食。

五、其他运动营养补剂

除以上所讲的营养补剂以外，在健身健美训练中，还有大豆蛋白、L－精氨酸、乌氨酸、支链氨基酸、牛磺酸、磷脂酰丝氨酸、丙氨酸、电解质活力胶囊、激力皂甙等。

【思考题】

1. 简述碳水化合物、蛋白质、脂类、无机盐、维生素、水和膳食纤维的生理功能、摄入量和食物来源。
2. 简述谷类、蔬菜和水果的营养价值。
3. 简述肉、鱼虾及蛋类的营养价值。
4. 简述豆类、奶类及其制品的营养价值。
5. 简述平衡膳食的组成。
6. 简述常见的运动补剂对运动能力的影响。

第四章　体适能基础理论

【本章提要】

本章首先阐述了健康的概念及影响健康的因素，然后介绍了体适能的概念及分类、健康体适能的五要素、重要性、生理学基础以及有氧运动、抗阻训练和伸展练习的作用。

第一节　健　康

一、健康的概念及演变

人们曾经认为没病就是健康。古代科学、哲学、医学的书籍对健康就有所记载，中国古代的“内养”，即养生；古希腊“二元论”提出身体是形式或工具，灵魂是身体的目的和动力。

早在公元1000年英国盎格鲁撒克逊族就有“健康”词汇英文health的记载，其主要含义为安全的、完美的、结实的。从古至今，健康一直是人类的共同追求目标，任何时代和民族无不把健康视为人生的第一需要。同时，健康还是生产力、经济和社会发展的前提，是人类发展的中心。

健康是一个具有时代感和动态特征的综合概念，随着社会和医学科学的发展而逐步深化。

在生产力水平低下、生活贫困时期，人们认为无病就是健康，把健康的概念仅仅理解为一种疾病的生存状态。这种建立在疾病基础的健康概念，被称之为健康的消极定义。

1948年，世界卫生组织（WTO）首次提出了“健康不仅仅是没有疾病和虚弱，而是在躯体、精神和社会方面保持的良好状态”的三维健康观。

1978年在《阿拉姆宣言》中，世界卫生组织重申了健康的定义，同时还指出：“健康是基本人权，达到尽可能的健康水平是世界范围内一项重要的社会性目标。”

1986年在《渥太华宪章》中，世界卫生组织在其中重申：“应将健康看作是日常生活的资源，而不是生活的目标。健康是一个积极的概念，它不仅仅是个人身体素质的体现，也是社会和个人的资源”“为了达到身心健康和较好地适应社会的完美状态，每个人都必须努力去认识和实现这些愿望，努力满足需求和改善环境。”

1989 年，世界卫生组织又深化了健康的概念，提出了“健康应包括躯体健康、心理健康、社会适应良好和道德良好 4 个方面”的最新定义，明确地将道德健康纳入健康的基本构成要素，要求人们应从 4 个方面综合评价一个人的健康。

与此同时，世界卫生组织给出了健康的十项标准：

（1）精力充沛，能从容不迫地应付日常生活和工作；

（2）处事乐观，态度积极，乐于承担任务，不挑剔；

（3）善于休息，睡眠良好；

（4）应变能力强，能适应各种环境变化；

（5）对一般感冒和传染病有一定的抵抗力；

（6）体重适当，体态均匀，身体各部位比例协调；

（7）眼睛明亮，反应敏锐，眼睑不发炎；

（8）牙齿洁白，无缺损，无疼痛感，牙龈正常，无蛀牙；

（9）头发光洁，无头屑；

（10）肌肤有光泽，有弹性，走路轻松，有活力。

近年来，社会的发展使人们对健康的理解不断拓展和深入。当今，健康已成为一个多元化的概念。有学者提出整体健康的概念，包括以下 6 个方面：

（1）躯体健康，即身体各系统、内脏及各器官的功能正常。

（2）心智健康，即思维清晰，有条理。

（3）情绪健康，即在个人情感认知及感情表达方面恰当得体，而又可以积极面对压力、紧张及焦虑。

（4）社会健康，即能建立及维持人与人之间的良好关系。

（5）心灵健康，即心境平静，有个人的信念或信仰。

（6）职业健康，即发挥专长、贡献社会的敬业精神。

二、亚健康

中华中医药学会发布的《亚健康中医临床指南》指出：亚健康是指人体处于健康和疾病之间的一种状态。处于亚健康状态者，不能达到健康的标准，表现为一定时间内的活力降低、功能和适应能力减退的症状，但不符合现代医学有关疾病的临床或亚临床诊断标准。

国内对亚健康的研究多限于横断面调查，使用的工具多为自评量表或调查问卷。这些调查涉及教师、公务员、企业人员、社区居民、医务人员等不同人群。由于各研究采用的亚健康定义不统一、应用的调查问卷或量表不统一，各研究报道的亚健康检出率差别也较大，大多在 20% ～ 80% 之间。亚健康的检出率在不同性别、年龄、职业上有一定差异，与出生地、民族无关。一般女性的检出率高于男性，40 ～ 50 岁年龄段较其他年龄段高发，教师、公务员高发。

导致亚健康的原因有很多，其主要原因有：饮食不合理、缺乏运动、作息不规律、睡眠不足、精神紧张、心理压力大、长期情绪不良等。

亚健康人群表现出来的主要特征包括：

（1）身心上不适应的感觉所反映出来的种种症状，如疲劳、虚弱、情绪改变等，其状况在相当时期内难以明确；

（2）与年龄不相适应的组织结构或生理功能减退所致的各种虚弱表现；

（3）微生态失衡状态；

（4）某些疾病的病前生理病理学改变。

亚健康的临床表现多种多样，躯体方面可表现为疲乏无力、肌肉及关节酸痛、头昏头痛、心悸胸闷、睡眠紊乱、食欲不振、脘腹不适、便溏便秘、性功能减退、怕冷怕热、易于感冒、眼部干涩等；心理方面可表现有情绪低落、心烦意乱、焦躁不安、急躁易怒、恐惧胆怯、记忆力下降、注意力不能集中、精力不足、反应迟钝等；社会交往方面可表现为不能较好地承担相应的社会角色，工作、学习困难，不能正常地处理好人际关系、家庭关系，难以进行正常的社会交往等。

三、影响健康的主要因素

影响健康的因素，又称为健康决定因素，是指影响和决定个人与群体健康状态的各种条件变化。影响健康的因素非常多，目前认为影响人类健康的因素主要包括环境因素、生物学因素、生活方式因素和医疗卫生服务因素 4 个方面。国外流行病学、社会医学和临床社会调查证明，每个人的健康与寿命 50% ～ 55% 取决于生活条件和生活方式，20% ～ 25% 取决于环境状况，15% ～ 20% 取决于遗传因素，10% ～ 15% 取决于医疗卫生服务工作。

（一）环境因素

社会环境，又称为文化—社会环境，包括社会制度、法律、法规，确定了健康人权的维护；经济决定着与健康密切相关的衣食住行；文化决定着人们的健康风俗、习惯、道德；而教育促成人们树立科学的健康观念和形成良好、健康的生活方式。人出生后的生长发育过程并不仅仅受遗传因素的作用，其生活环境也会产生多方面的影响。环境因素包括自然环境和社会环境，其变化对人类健康的影响极大。自然环境包括阳光、空气、水、气候和地理等，对健康有着直接的影响。爱护自然环境，保持自然环境与人类社会的和谐发展，对于维护和促进人类健康事业的发展具有十分重要的意义。

（二）生物学因素

生物学因素包括遗传、病原微生物和个人生物学特征等。遗传是先天因素，是影响人类健康的一个基本决定因素，目前已知的由遗传因素直接引起的人类遗传性缺陷和遗传疾病近 3000 种，约占人类各种疾病的 1/5 以上。另外，遗传因素还与高血压、糖尿病和肿瘤等疾病的发病有关。各种病原微生物包括细菌、病毒、支原体、螺旋体和真菌等，它们在人体内生长繁殖，并通过其代谢产物干扰和破坏人体组织细胞的正常活动，或引起变态反应，从而对组织器官造成损伤等，已成为从古代到 20 世纪中期引起人类死亡的主要原因，而年龄、性别、形体特征等个人生物特征也在一定程度上影响着个人的疾病与健康状况。

（三）生活方式因素

生活方式指不同的个人、群体或社会成员在一定的社会条件制约和价值观指导下，所形成的满足自身生活需要和全部活动形式与行为特征体系，生活方式是人们的行为方式。现实生活中许多人存在健康问题，重要的原因是自己没有正确和良好的生活方式，不良好的生活方式是影响健康的重要因素之一。

随着现代科学技术的进步，生产生活中机械化与自动化程度的不断提高，人们的脑力劳动增加，体力活动日益减少。随着生活节奏日渐加快，社会竞争日趋激烈，人们的精神和心理方面所承受的压力也越来越大。与此同时，人们的饮食结构也发生了改变（如高脂肪、高热量、低纤维的快餐的出现）。这种现代生活方式使社会人口的疾病谱出现了明显改变，引起一系列不利于健康的现代文明病和运动不足病症（如肥胖症、高血压、冠心病、糖尿病、下背痛、骨质疏松、癌症等）的普遍发生。与此同时，现代生活方式还导致了亚健康的产生和蔓延。全球心血管疾病患者的迅速增加，就是亚健康越来越严重的直接后果之一。

个人对自己行为的决定和选择在极大程度上决定了其生活方式，人们总结出 7 条个人行为规范，认为它们是身体健康的基础：

（1）每星期进行 2 ～ 3 次中等强度的身体锻炼；

（2）每日三餐的时间要有规律，不吃零食；

（3）每天要吃早餐；

（4）保证每晚 7 ～ 8 h 的睡眠；

（5）不吸烟；

（6）不饮酒或少量饮酒；

（7）保持适当的体重。

以上行为规范在生活中做起来并不困难，但许多人不能持之以恒，始终如一。不难看出，所有这些行为都包含一个重要的基本元素，即自我负责的态度。

（四）医疗卫生服务因素

医疗卫生服务是指卫生机构和卫生专业人员为了防治疾病，增进健康，运用卫生资源和各种手段，有计划、有目的地向个人、群体和社会提供必要服务的活动过程。健全的医疗卫生机构、完备的服务网络、一定的卫生经济投入以及合理的卫生资源配置，都对人群健康起促进作用。相反，如果卫生服务和社会医疗保障体系存在缺陷，就不可能有效地防治国民的疾病，促进其健康。

除此之外，包括个人收入和社会地位等在内的社会经济环境、婴儿早期生长发育状态、个人卫生习惯、个人健康生活能力和技能等，也都被看作是影响健康的主要因素。

第二节　体适能基础理论

一、体适能的概念与分类

体适能是从英文“physical fitness”翻译而来的，是指人体所具备的有充足的精力从事日常工作（学习）而不感疲劳，同时有余力享受休闲活动的乐趣，能够适应突发状况的能力。它是从体育学角度评价健康的一个综合指标，是指机体有效和高效执行自身机能的能力，也是机体适应环境（包括自然环境和心理环境）的能力。

目前，关于体适能的定义有很多种提法。

世界卫生组织（WTO）对体适能的定义是：“在应付日常工作之余，身体不会感到过度疲倦，还有余力去享受休闲及应付突发事件的能力。”

美国总统体适能与竞技委员会于1971年定义体适能为：“以旺盛的精力完成日常工作而没有过度的疲劳，有充足的活力去享受闲暇时间的各种休闲活动，并能适应各种突发情况。”

日本以体力表述体适能，认为“体力”是人体和精神的能力，是人类生存和活动的基础。体力不仅表现在运动能力和工作能力上，也表现在对疾病的抵抗力和环境的适应能力。

我国香港和台湾地区的学者将体适能定义为：“体适能是身体适应外界环境能力的简称，指一个人的身体适应生活、运动和环境的综合能力。”而“体能”是运动训练用语。

对于不同的人，对体适能的需求是不同的。一位白领人员所需的体适能，显然与体力劳动者所需的体适能是有很大不同的。但个人的体适能必须是全面的，它应包括躯体、心理、智力、精神和社会等方面的要素。美国健康、体育休闲舞蹈协会将体适能定义为个体发挥其功能的能力，认为体适能良好的人应具备下列条件：

（1）身体器官健康，并拥有现代医学知识的能力。

（2）拥有足够的协调能力、体力和活力以应付日常生活及突发事件。

（3）拥有稳定的情绪以适应现代生活的紧张和干扰。

（4）拥有团队意识和适应团队的生活能力。

（5）拥有充足的社会知识及解决问题能力。

（6）拥有全面参加日常活动所应有的态度、价值观和手段。

（7）拥有健康的精神状态和良好的社会道德。

美国运动医学协会（American College of Sports Medicine，ACSM）认为，体适能由健康体适能（health-related physical fitness）和竞技体适能（skill-related physical fitness）两部分组成，如表4－1所示。

表4－1 体适能分类

健康体适能	竞技体适能
1. 心肺耐力 2. 肌力及肌耐力 3. 柔韧性 4. 身体成分 5. 神经肌肉松弛	1. 心肺耐力 2. 肌力及肌耐力 3. 柔韧性 4. 身体成分 5. 神经肌肉松弛 6. 灵敏性 7. 平衡性 8. 速度 9. 爆发力 10. 协调性
目的：健康的身体，优质的生活	目的：在运动比赛中获奖

健康体适能是与人体健康水平有密切关系的体适能，它包括以下要素：心肺耐力、肌力及肌耐力、柔韧性、身体成分、神经肌肉松弛。

竞技体适能是指与运动竞技能力有关的体适能，它包括的要素有：心肺耐力、肌力及肌耐力、柔韧性、身体成分、神经肌肉松弛、灵敏性、平衡性、速度、爆发力和协调性。应当说，体适能更多的是从人体机能和技能角度考察机体的健康。良好的体适能是身体健康的必要生理基础。良好的体适能有助于提高机体的免疫机能，抵御病毒侵害和细菌感染，降低慢性疾病的危险因素以及其他慢性疾病的发生或发展；良好的体适能可使我们拥有更多的生命激情，积极享受生命，感受生活，利于生理健康；良好的体适能可使我们参与活动、运动的机会增加，并进一步增强体适能，促成良性的健康循环。

二、健康体适能要素

美国运动医学协会定义“健康体适能”为一种具有以下特征的身体状态：有充足精力和能力从事日常活动，运动不足病症早期发生的危险较低。可以说，健康体适能与我们高效率工作、享受闲暇、健康状态、预防静态生活方式导致的运动不足病症以及应付紧急情况的能力紧密相关。

（一）心肺耐力适能

1. 心肺耐力的概念及重要性

心肺耐力又称有氧耐力或有氧适能，指人体长时间进行有氧工作的能力，也有人认为是指全身大肌肉进行长时间运动的持久能力。心肺耐力水平主要与机体的心血管系统和呼吸系统功能有关，代表人体心血管系统和呼吸系统摄入、运输、吸收利用氧气，进行新陈代谢，产生能量的能力，反映了人体心肺功能的适应能力。心肺耐力与人体健康关系最为密切，是人体健康水平或体质强弱的重要标志。

良好的心肺耐力不仅能保证机体长时间有效地工作，同时也能保证机体工作后快速消除疲劳和有效地恢复机能。心肺耐力较差者平日比较容易精神萎靡，稍微活动即气喘吁吁，耐力活动时间稍长，即容易出现疲劳状，同时患心血管系统疾病的危险性会显著增加。因此提高心肺耐力，可以提高生活质量，提高劳动、运动能力，降低由于不良生活方式所导致的心脑血管疾病、代谢疾病等的发病率。

2. 心肺耐力的生理学基础

心肺耐力水平的高低主要取决于人体摄取和运输氧的能力及肌肉利用氧的能力。

（1）肌肉利用氧的能力

肌肉利用氧的能力主要取决于肌纤维的特性、肌纤维中线粒体的含量和氧化酶的活性、肌肉中的血流量。

（2）人体摄取和运输氧的能力

在人体中，氧的摄取和运输是由氧运输系统（即呼吸系统和心血管系统）实现的，氧的摄取和运输能力取决于呼吸系统和心血管系统的功能，主要受肺的通气功能、血液的载氧能力、心脏的供血能力和动脉血管对血液的再分配能力等因素影响。

3. 心肺耐力的评定

一般认为，评定心肺耐力的最好方法是测定最大摄氧量。也有许多学者认为，人体心肺耐力可分为供氧、用氧能力两个方面，反映这两个方面的最后生理指标也是不同的，反映供氧能力的是最大摄氧量，反映用氧能力的是乳酸阈。

（1）乳酸阈

乳酸阈是反映用氧能力高低的指标之一。它反映人体在递增负荷运动中，血乳酸浓度突增前，实际利用的最大摄氧量的百分比，即最大摄氧量的利用率。因此有人认为，在反映机体有氧能力上，它比最大摄氧量的价值更大。通常以摄氧量占本人最大摄氧量的百分比来表示乳酸阈。目前对乳酸阈的一些机制和判读标准尚无统一规范，因此无法提出乳酸阈的标准正常指标。但一般来说，正常成年男性的乳酸阈值为55%～65% VO_{2max}。乳酸阈的直接测定需要复杂、贵重的实验设备，研究提出，用3200 m跑的时间来推算个体乳酸阈，再用此值除以其最大摄氧量，便可得出用最大摄氧量利用百分比表示的乳酸阈值。

（2）最大摄氧量

最大摄氧量是人体在进行有大肌肉群参加的渐增负荷的力竭性运动中，当氧运输系统各个环节的储备都已被动员并达到本人最高水平时，人体在单位时间内所能摄取的最大氧气量。最大摄氧量是评价心肺耐力和反映人体有氧运动能力的重要指标，也是高水平有氧运动能力的基础。最大摄氧量的数值可用绝对值表示，其单位为 $L \cdot min^{-1}$。研究表明，最大摄氧量氧气与体重存在很显著的相关，因此，为了更确切地衡量最大摄氧量值的意义，常以相对值来表示，其单位为 $mL \cdot kg^{-1}min^{-1}$，它表示每分钟每千克体重的最大摄氧量的毫升数。健康成年男性的最大摄氧量为2.5～3.5 $L \cdot min^{-1}$（或55 $mL \cdot kg^{-1}min^{-1}$），健康成年女性的值为男性的75%左右，最大摄氧量值可因年龄、性别、体适能及运动专项而异，即使年龄、性别、体适能及运动专项相同的个体，其最大摄氧量也可能有较大的差异。

目前，用于测定最大摄氧量的方法有直接测定法和间接测定法两种。直接测定法通常在实验室条件下进行，测定的数据可靠、重复性好，但必须有相应的设备条件，如跑台、自行车功量计以及收集和分析气体的仪器，而且每一对象的测试至少需20～30 min。直接测定法对体弱和老年人还有一定的危险性。间接测定最大摄氧量的方法很多，而且不断有新的方法报道，但总的原理是：在一定范围内，吸氧量与心率呈线性关系，因而只要测定受试者一次最大运动时（登台阶、蹬自行车功量计、12 min跑、20 m往返跑）的心律或达到某一定量心率的做功量或摄氧量，便可推算出最大摄氧量。

4. 有氧运动

有氧运动是指运动时以有氧代谢系统供能为主的运动项目。其主要特点是强度低、速度慢、距离长、时间长、周期性的运动和全身大肌肉群参加活动，如步行、慢跑、骑自行车等。有氧运动是维持和发展心肺耐力最常用的训练方式。

有氧运动的生理作用主要在于提高心血管系统和呼吸系统的功能。有氧运动可以使心脏的泵血功能和工作效率得到提高。可使心脏出现运动性肥大，主要表现为左心室内腔的扩张，使心容积增大；安静时心率降低，次最大强度运动心率下降，舒张压下降或不变。有氧运动还可以使肺的容积和肺活量增大，肺通气机能增强，从而改善肺功能，促进最大摄氧量的增加。

（二）肌肉力量和耐力

1. 肌肉力量和耐力的概念及重要性

肌肉力量是指肌肉紧张或收缩时对抗阻力的能力，可用肌肉收缩时所能克服的最大阻力负荷来表示。力量是实现一切身体活动的基础，人体所有的生活、工作、劳动和运动几乎都是对抗阻力而产生的。

肌肉耐力是指肌肉在一定负荷下长时间保持收缩的能力，可用肌肉克服某一固定负荷的最多重复次数或最长时间来表示。肌肉耐力是每个人在日常生活、工作、劳动和运动中所必需的。

2. 影响肌肉力量的因素

影响人体肌肉力量的因素很多，根据其解剖学和生理学的特点，一般分为肌源性和神经源性两类，年龄、性别和力量训练等其他影响因素可通过上述两类因素发挥作用。

（1）肌源性因素

肌源性因素有肌肉的生理横断面、肌纤维的类型、肌纤维收缩时的初长度和肌拉力角。

（2）神经源性因素

神经源性因素有中枢激活、中枢神经对肌肉活动的协调和控制能力、中枢神经系统的兴奋状态。

（3）其他因素

其他因素有年龄和性别、激素作用、力量训练。

3. 肌肉力量和耐力的测定

测定肌肉力量最容易和最简便的方法是1RM（1 repetition maximum）测验，1RM是指尽力刚能举起一次的最大重量。1RM最大负荷是通过测验和修正而确定的。开始时采用很轻松可以举起的重量，然后逐渐增加负重直至只能举起一次为止。

测定肌肉耐力可采用肌肉群在一个固定负荷下充分收缩的次数和维持一定重量的持续用力的时间来评价。

一般来说，肌肉力量和耐力的测验可以用器械、杠铃或哑铃等完成。

实际上，评价肌肉力量和耐力的方法很多，有些还需要复杂的仪器。然而，对于普通人群来说，最有效的评价方法还是常规测试，如俯卧撑、引体向上、仰卧起坐等。

4. 抗阻训练概述

抗阻训练是完全依靠自身力量克服一定外界阻力的运动。阻力可来自他人、自身、重力、专门器械、杠铃、哑铃、弹簧、弹力带等，是增强肌肉力量和耐力的主要手段。抗阻训练主要包括静力性练习和动力性练习。

在普通人群中，很多人有腰背部和其他部位的不适，通过相应部位的抗阻训练则可以使问题在很大程度上得到缓解。研究表明，抗阻训练可以减少运动过程中发生伤病的危险；也能够在一定程度上抵抗因自然衰老而发生的肌肉力量和骨密度的下降。骨关节炎是一种非炎症性的退行性关节病，主要见于老人，其特点是关节的软骨变形，骨边缘部分肥大，并有滑膜的改变；有疼痛和僵硬感，特别是在长时间活动以后。而抗阻训练则可以减轻骨关节炎患者的关节疼痛和功能障碍，其机理是提高肌肉的力量并增强关节周围组织的机能。抗阻训练并非只能解决一些与疾病有关的问题，通过规律的抗阻训练可使人的体型更加健美，增强个人的自信心。研究表明，人在25岁以后如果不进行规律的抗阻训练，每年肌肉的重量将可能减少约0.5 kg。而往往同时增加的脂肪却反而使体重有所增加。骨骼肌是新陈代谢很旺盛的器官，而抗阻训练的主要效果则是使肌肉体积增大，重量增加。这将会使机体的静息能量消耗增多，毫无疑问，这对预防和控制肥胖具有重要意义。从日常生活的角度，抗阻训练使肌肉力量增加，这意味着我们有更强的能力完成日常工作。

5. 肌肉疲劳

肌肉反复工作会导致肌肉疲劳，做功能力下降。运动中疲劳的发生与肌肉工作强度有关。大强度的无氧运动使肌肉的疲劳发生较快；小强度的有氧运动时，肌肉工作可以维持相当长的一段时间而不发生疲劳。

肌肉做功和抵抗疲劳的绝对能力与肌纤维类型有关。快肌纤维以无氧代谢供能为主，具有输出功率大而易疲劳的特点；慢肌纤维以有氧代谢供能为主，具有输出功率小而具有较强的抗疲劳能力。

从供能系统看，磷酸原系统主要为短时间极量和近极量无氧运动提供能量，其储量仅能维持10 s左右的运动。因此，储存的ATP和磷酸肌酸的耗竭是短时间极量和近极量无氧运动肌肉疲劳的原因之一。

依靠糖酵解提供能量的短时间、大强度运动会产生乳酸。作为一种强有机酸，乳酸解离产生H^+，引起肌肉内pH值下降。而H^+的累积会干扰钙离子与肌钙蛋白的结合，从而干扰肌肉收缩过程，并导致疲劳发生。

当运动强度相对较低，运动持续时间相对较长，肌糖原将分解，为运动提供能量。然而，肌糖原的储量是有限的（一般人肌肉中储存量为300～400 g）。如果肌糖原大量分解消耗，肌肉就会产生疲劳。在负荷较小和重复次数较多以及练习的组数较多的抗阻训练中，肌糖原含量可能会成为运动负荷总量的限制因素。

6. 肌肉酸痛

延迟性肌肉酸痛的出现与运动强度、运动形式和习惯程度有关，与人体的健康水平和身体功能状态关系不大。有运动锻炼基础的人从事不习惯的运动，即使运动强度不大，也会出现延迟性肌肉酸痛。20世纪60年代以来，专家们进行了深入的研究，发现运动导致延迟性肌肉酸痛和运动性肌肉结构损伤具有密切关系，提出延迟性肌肉酸痛是运动肌纤维损伤所致的假设，但确切的机制尚不十分清楚。

延迟性肌肉酸痛除了具有一般的疼痛症状外，往往伴随着身体疲劳、肌肉僵硬、酸胀、肌肉收缩力量和放松能力下降，主要出现在远端肌肉和肌腱连接处。肌肉收缩强度过大或持续时间过长都可造成延迟性肌肉酸痛，延迟性肌肉酸痛主要是由于“过度”使用肌肉所致。运动过程中高机械张力牵拉肌肉和连接组织造成损伤产生疼痛；代谢产物在肌肉组织中大量堆积；肌肉温度增高导致肌肉组织损伤，造成肌纤维坏死和连接组织分解，从而造成延迟性肌肉酸痛。离心收缩后肌肉温度的增加比向心收缩明显，是离心收缩导致延迟性肌肉酸痛症状较向心收缩严重的原因。

延迟性肌肉酸痛是一种暂时性的肌肉不舒适感觉，一般不经临床治疗，可自行恢复。但由于其直接影响运动效果，可采用牵拉肌肉、电疗、做好充分的准备活动与整理活动等减轻延迟性肌肉酸痛症状。

（三）身体成分

1. 身体成分的概念

人体的总体重，可以分为脂肪组织重量和非脂肪组织（主要是骨骼、肌肉和水分等）重量两个部分。人体内非脂肪组织的重量，通常称为瘦体重。身体成分是指人体脂肪组织重量和瘦体重分别占总体重的百分比。体脂百分比，即人体脂肪组织重量占总体重的百分比。它是评价身体成分的主要指标。体脂百分比比较容易变化，并对健康影响较大。

身体成分的测量，可以准确地评价人体的胖瘦程度。同样体重的人，由于身体内肌肉、脂肪的含量不同，肥胖程度是不同的。体重的大小并不能真正反映一个人是否肥胖。身体成分的测定结果，是评价一个人是否真正肥胖和确定是否需要减肥的主要依据。

2. 身体成分与健康

脂肪具有一些重要的生理功能，如产生能量、维持体温、缓冲和保护等，但身体成分中脂肪的成分增加，肌肉的成分必然下降。身体中没有收缩功能的脂肪组织较多，进行活动的能力就会下降，基础代谢水平也会随之下降。当脂肪含量过多并达到肥胖的程度时则容易引起诸多不良的结果，包括冠心病、高血压、中风、非胰岛素依赖型糖尿病、骨关节病、关节退行性改变、各种肿瘤的发病危险增加、血脂成分异常、月经失调等。另外，肥胖对很多人造成了严重的心理负担。由于肥胖与疾病的密切关系，因此对身体脂肪含量的准确测量和评价是体适能研究的重要组成部分。通常认为，成年男性标准体脂百分比约为15%，成年女性标准体脂百分比约为20%。当男性体脂百分比超过20%、女性体脂百分比超过30%时，即属于肥胖。

当体内脂肪合成增加，脂肪组织就趋向于在身体的某些部位堆积。男性型肥胖（身体外形呈苹果形变化）是用来描述脂肪在躯干和腹部过度的堆积；而脂肪主要堆积在臀部和大腿部位则被称为女性型肥胖（身体外形呈梨形变化）。按照其对健康的不利影响，男性型肥胖最大的危险与心血管疾患密切相关。

过少的身体脂肪同样对体质和健康有所损害。每个人的身体脂肪含量有较大的个体差异，主要取决于性别和遗传因素。脂肪过度损失会产生很多严重后果，如不育症、抑郁、体温调节障碍甚至死亡。严重的脂肪损失一般是由于各种内外因素的作用导致的结果。男性最低体脂百分比约为3%，女性最低体脂百分比约为12%，即为用于维持人体正常生理功能的必需脂肪。

因为身体成分是影响人体健康的一个重要因素，所以它也是健康体适能的要素之一。

3. 身体成分的测定方法

身体成分的测定方法有很多，目前主要有水下称重法、X 射线吸光测定法以及 MRI/CT 扫描法等。切实可行的测定方法有皮褶厚度测量法、生物电阻抗法。

（四）柔韧性

1. 柔韧性的概念及重要性

柔韧性是指人体各关节的最大活动幅度或范围。通常用关节活动幅度（range of motion，ROM）表示肢体的柔韧性。

柔韧性保证肢体有较大的活动范围，可自如地完成各种动作，预防肌肉、关节韧带损伤的发生或减轻损伤的程度。如果关节活动幅度下降，某些动作会出现障碍，容易受伤，甚至会影响到一个人的正常生活质量。因此，柔韧性也是健康体适能的一个重要要素。

2. 影响柔韧性的生理因素

决定柔韧性的因素有关节的骨结构；关节周围组织体积的大小，如脂肪过多就会起限制作用；关节的韧带、肌腱、肌肉和皮肤的伸展性。

柔韧性还取决于中枢神经系统对骨骼肌的调节功能，特别是对抗肌之间的协调功能，以及对肌肉紧张与放松的调节能力等。对抗肌协调性的改善，可在肌肉活动时，使相应对抗肌群充分放松，从而降低对主动肌工作的阻力，保证运动幅度加大。随意放松肌肉的能力提高，也是扩大动作幅度的主要原因。

柔韧性有极其明显的年龄差异，幼儿时期是柔韧性最好的时期。随着年龄的增长，柔韧性逐渐降低，原因可能与儿童少年的肌肉纤细、弹性好、可塑性大、关节韧带的伸展度大有关。观察表明，柔韧性还有明显的性别差异，即女性一般好于男性。

3. 柔韧性的测定

通常用坐位体前屈作为柔韧性测试项目。这一项目主要反映了人体大腿后群肌肉和部分背肌的柔韧性。但是，柔韧性同样具有关节的特殊性，即某一关节有很好的柔韧性，并不代表其他关节也会有很好的柔韧性。因此，不可能用某一项测试来评定全身的柔韧性。颈、躯干、上肢关节、下肢关节的柔韧性，需要分别进行评定。

4. 伸展练习概述

伸展练习或称牵张练习，是最常用的以牵拉肌肉为主的提高柔韧性的手段。在关节结构基本正常的前提下，伸展练习的主要作用是提高肌肉的伸展性。伸展练习主要包括冲击性伸展练习和静力性伸展练习。练习时可以主动完成，也可以在他人的帮助下完成。此外，还有PNF练习方法等。

通过伸展练习，可以延缓年龄因素引起的柔韧性下降，预防由于缺乏运动而导致的关节结构、周围软组织、跨关节肌肉改变，保持良好的柔韧性。

因伤病引起关节功能障碍时，通过伸展练习，可预防因长时期制动而引起的一系列改变，故可防止关节粘连、挛缩，保持和加大关节活动幅度，使肢体的柔韧性能够尽量满足日常生活、劳动和运动的需要。

（五）神经肌肉松弛

神经肌肉松弛是指减少或消除肌肉不必要的紧张和心理压力。

【思考题】

1. 简述健康体适能的定义。
2. 简述健康体适能与竞技体适能之间的关系。
3. 简述健康体适能五要素的概念、重要性以及生理学基础因素。
4. 简述身体成分的概念及测定方法。

第五章 健身指导技术

【本章提要】

健身教练的基本职责是指导客户进行安全、有效的运动锻炼，因此，掌握合理的指导技术是非常重要的。本章介绍了有氧运动技术、抗阻训练技术、拉伸技术、肌筋膜释放技术和小团课技术。

第一节 有氧运动技术

一、有氧运动器械练习技术

为了提高心肺耐力，可以在室内进行多种有氧运动器械练习。这些有氧运动器械包括跑步机、台阶器、椭圆运动机和固定自行车等。

（一）跑步机练习技术

跑步机是一种可以在原地进行步行和跑步练习的室内最基本的有氧运动器械。跑步机的跑带部分具备较好的缓冲功能，能将运动时产生的冲击力降低。在练习时，跑步机的跑带速度和坡度是可以调节的。跑步机上还有把手，可以用来维持身体平衡。

1. 跑步机步行练习的入门方法

对于那些从来没有进行过跑步机练习的初学者是需要一些指导的，可以让初学者按照一定的方法进行练习。

在启动跑步机前，可以让练习者两脚分别站在跑带以外的两侧部位，双手握住把手。当跑步机启动后，让练习者先踏上一只脚，然后再踏上另一只脚，开始迈步走动。如果练习者无法保持平衡，可让其双手仍握住把手，但也不要握得过紧，同时向前迈的脚要用力向后“扒”跑带。当练习者能够维持平衡后，应鼓励其将双手离开把手，摆动双臂以保持平衡。要让初学者脱离对把手的依赖，可按以下步骤进练习：

（1）两手轻轻握住把手；

（2）两手手指扶住把手；

（3）一只手轻轻握把手，另一手臂自然摆动；

（4）一只手的手指扶住把手，另一手臂自然摆动；

（5）两手完全离开把手，自然摆臂。

要告诫练习者在跑带的中部位置进行练习，而不要太靠后或靠两侧部位，以避免从跑步机上跌落。

2. 跑步机步行技术

步行时，应保持正确的身体姿势，以提高锻炼效果，减小脊柱和腰背部肌肉的负荷。练习者的头、躯干要保持自然、正直的姿态，挺胸、收腹，双眼平视，肩部放松。从侧面看，耳朵、肩部和髋部要保持在同一条垂直于地面的直线上。

要保持髋部放松，脚后跟外侧先着地，然后迅速过渡到脚后跟内侧，再过渡到前脚掌，最后前脚掌离地。脚掌不要过度内翻或外翻，否则可能会造成下肢关节伤损。

摆臂动作与腿部动作要协调配合，摆臂的速度要与步频相同。当左脚前迈时，右臂前摆；当右脚前迈时，左臂前摆。摆臂时，肩部要放松，手掌自然半握拳。快速行走时，屈肘约 90°，这样可使摆臂的动作更快。手臂向前并向内侧摆动时，手可以接近胸部高度，但不要超过身体的正中面；手臂向后摆动时，手可以接近臀部高度。

为了提高步行速度，可加快步频、增大步幅，或者同时采用这两种方法，但没有必要刻意、过分地增大步幅。步行时若较为放松，反而会增大步幅。

3. 跑步机跑步技术

在跑步机上跑步时，头、躯干要保持自然、正直的姿态，挺胸、收腹，双眼平视，两肩保持放松。正确的跑步姿势可以提高锻炼效果，减少脊柱和腰背部肌肉的负荷，从侧面看，耳朵、肩部和臀部要保持在同一条垂直于地面的直线上，如图 5－1 所示。

图 5－1　跑步机跑步技术

对于跑步的练习者，由脚后跟过渡到前脚掌的着地方式是最安全的，可减少下肢关节受到的反作用力。脚后跟外侧先着地，然后迅速过渡到脚后跟内侧，再过渡到前脚掌，最后前脚掌离地。脚后跟和前脚掌着地的动作要柔和，就像在地面上“滚动”一样。这样可以减少消耗不必要的能量，降低损伤的可能性。脚着地时，下肢关节的震颤动作也是错误的，容易增大对下肢关节的冲击力。

摆臂时，肩部要放松，屈肘，手掌自然半握拳。摆臂动作一般是以肩关节为轴的。手臂向前并向内侧摆动时，手可以接近胸部高度，但不要超过身体的正中面；手臂向后摆动时，手可以接近臀部高度。

要提高跑步的速度，可以增大步幅、加快步频，或者同时采用这两种方法。步幅与腿长、柔韧性、力量、协调性和疲劳程度有关。在跑步时，脚应该在身体的正下方着地。如果步幅过大，练习者的重心会提高，使下肢关节受到的反作用力增大，并造成不必要的制动效果，这样不仅会降低速度，还会增加出现损伤的可能性。因此，步幅过大，只会起到适得其反的效果。相反，如果步幅过小，会无谓地浪费能量，减慢速度。因此，练习者要按照适合自己的步长和步频进行练习。这样，才能提高运动水平，达到最佳的锻炼效果。

（二）台阶器练习技术

台阶器是一种模拟蹬台阶练习的室内有氧运动器械。由于台阶器使用了自动升降器装置，而且练习过程中脚掌始终没有离开脚踏，因此它能够降低对膝关节的作用力。练习者还可以自由控制，采用不同的运动幅度，使练习更为安全、舒适，下面介绍的是台阶器正确的练习技术。

运动时，练习者将双脚放在脚踏上，脚尖自然朝向前方，膝关节要对准脚尖。双手轻轻握住把手，能够保持平衡即可。将身体重量过分地放在器械把手上，会使能量消耗减少。能够维持平衡者，可以将双手完全放开，屈肘关节约90°，自然放松摆动。要挺胸、收腹，头和躯干要自然地保持正直姿势，双眼平视，两肩放松。在练习时，有些练习者上体过分前倾，使腰背部的压力增大，这是运动速度过快的结果。有些练习者左右摆动过大，可能是运动幅度过大的结果，这也会导致上体过分前倾。为使练习者保持上体平衡和正确的身体姿势，可以降低运动速度或减少运动幅度。当屈膝时，膝关节不要超过脚尖；伸膝时，不要锁膝，要保持适当的弯曲程度。过度的伸膝或屈膝动作，都会增大对膝关节的压力，可能会导致损伤的发生。

台阶器练习的运动幅度取决于练习者的身高和运动水平。练习时，为了保持适当的强度和正确的身体姿势，双脚的运动幅度要保持在 10 ～ 20 cm 之间。不要使脚踏落地，也不要使脚踏接触器械的最上缘。在保证不产生过度疲劳或上体过分前倾动作的前提下，可以保持较大的运动幅度。练习时，动作幅度也不要过小。幅度过小，股四头肌、腘绳肌和臀部肌肉不能得到充分的锻炼。

台阶器练习的速度取决于练习者的运动能力。按照合适的节奏进行练习，能使运动时间更长，并且有助于保持正确的身体姿势。初学者在练习时，可以适当放慢节奏。当练习者能够维持身体平衡并感觉很适应时，可以加快动作节奏。但运动节奏过快时，容易出现臀部左右摆动过大或运动幅度过小的问题。

（三）椭圆运动机练习技术

椭圆运动机是一种集步行、跑步和蹬台阶练习于一体的有氧运动器械，并且对人体下肢各关节的冲击力较小。这项非常安全、有效的练习技术，现在变得越来越受欢迎。下面介绍的是椭圆运动机正确的练习技术（图 5 –2）。

图 5 – 2　椭圆机练习

运动时，练习者将双脚放在脚踏上，脚尖自然朝向前方，膝关节要对准脚尖。练习者双手轻轻握住把手，能够保持平衡即可。能够保持平衡者，可以将两手完全放开，屈肘关节约90°，自然放松摆动。如过分依赖器械把手，会使运动强度降低，上体也不能保持正确姿势。头和躯干要自然地保持正直姿势，双眼平视，挺胸收腹，肩部要保持放松。在屈膝时，膝关节不要超过脚尖，以避免对膝关节的压力过大，防止出现损伤。

（四）固定自行车练习技术

固定自行车分为两种：一种是直立式的，一种是靠背式（或叫斜卧式）的。固定自行车练习对下肢关节的冲击力较小，尤其适合于体重较大、下肢有伤或不能走路的练习者。下面介绍的是固定自行车正确的练习技术（图5－3、图5－4）。

图5－3　直立式固定直行车

图5－4　卧式固定直行车

运动时，当一侧脚踏位于最低位置时，同侧腿的膝关节应略微弯曲，这样就不会出现膝关节弯曲伸直而产生锁膝的现象。当脚踏位于最高点时，同侧大腿应该保持在髋部高度，约与地面平行。如果座椅位置过低，当脚踏位于最高点时，膝关节会高于髋部。这时，做向下蹬踏动作时，膝关节的压力会过大，容易造成损伤。另外，由于下肢运动过分靠近躯干，身体还会有紧张不适的感觉。相反，如果座椅位置过高，两脚就会随着脚踏过分向下运动，臀部也会随之左右摆动，容易使脊柱和下肢带关节压力过大。通常情况下，握住器械把手后，上体要保持自然正直的姿态，也可以略微前倾，但不能弯腰弓背。

靠背式固定自行车的座椅较为舒服，躯干有靠背支撑，特别适合于老年人、体弱者、体重较大者、腰背部有伤病者、心脏病恢复者和孕妇等进行练习。

二、其他有氧运动练习技术

（一）室外步行和跑步

室外步行具有合理的生物力学机制，是最为简便、经济和安全的运动方式。

室外跑步也是最常用的提高心肺耐力水平的练习，同步行一样，它也具有简便易行的特点。跑步同步行相比，消耗的能量较大，对心肺耐力水平要求较高，对下肢各关节的冲击力较大。当单脚着地时，下肢关节受到的作用力相当于人体自身重量的 2 ～ 4 倍，这对人体结构的危害性是较大的，可能会给人体造成损伤。如果练习者的腰背部、髋关节、膝关节、踝关节或脚部有伤，可以选择步行、骑自行车、游泳、水上练习等其他对下肢关节冲击力较小的练习。

室外跑步最好在较软的、平整的路面上进行，而不要在较硬的路面（如柏油路上进行，以避免给下肢关节造成损伤。

另外，室外步行和跑步练习都不要在空气质量较差的地方以及天气不好（大风、下雨、下雪）的情况下进行。

室外步行和跑步技术基本上与跑步机步行和跑步练习技术相同。

（二）跳绳练习

跳绳练习也属于非常简便、经济的锻炼方式之一，可在室外练习，也可以在室内进行练习。为了减小对下肢关节的冲击，在室外跳绳时，不要在较硬的地面上进行练习，在室内最好在地板上进行练习。

跳绳练习时，头和躯干应保持自然、正直姿势，双眼平视，挺胸、收腹。双脚落地时，要用前脚掌着地。动作要富于弹性，注意缓冲。肩部、手臂应该放松，上下肢动作协调配合。

（三）踏板练习

首先应明确踏板练习不适合膝关节有伤的练习者。进行练习时，踏板应稳固地放在地上，以避免晃动。踏板高度要因人而异，一般为 10 ～ 30 cm，初学者不超过 20 cm。双脚与踏板距离要因人而异，一般约为 30 cm。头和躯干应保持自然、正直姿势，挺胸、收腹。上踏板时，应将脚踏在踏板的中央，避免踩在踏板边缘。下板时，由前脚掌着地过渡到全脚掌，缓冲落地，避免踝、膝、腰的损伤。可跳上踏板，但不可跳下踏板。在做复杂动作时，不要负重，以确保安全。

第二节　抗阻训练技术

一、抗阻训练的动作分析

抗阻训练的动作分析方法是健身教练必须掌握的。在进行抗阻训练时，首先要明确的是目标肌肉。也就是说，应确切地知道要锻炼哪个部位的肌肉。对于人体主要部位的肌肉，应该明确地知道它的位置、起止点和功能，这样才能对抗阻训练动作进行分析。动作分析的主要内容是分析完成动作的人体各环节的运动状况及其相互关系，包括参与活动的骨、关节和肌肉的运动规律。通过动作分析，可以判断我们所设计的某个抗阻训练动作是否可以锻炼到预定的目标肌肉。

动作分析可分为3大步骤。第一步是明确参与完成动作的身体主要环节及相应的关节，还要明确阻力方向。第二步是划分动作阶段，一般是根据环节运动方向的改变进行动作阶段的划分，这主要是针对动力性运动。分析静力性姿势时无需划分阶段，直接分析参与工作的各环节的具体运动状况即可。第三步是分析各阶段各环节的运动状况，这是动作分析的重点。首先要分析在各阶段各环节相应的关节运动，然后通过各阶段环节运动方向与阻力作用方向的关系，分析环节受力情况，找到环节运动的原动肌（目标肌肉），从而确定训练动作的正确性和有效性。

下面以杠铃平板卧推动作为例进行分析。

完成杠铃平板卧推动作时，头、脊柱和下肢各环节均保持一定的静态姿势，主要是上肢各环节的运动。参与运动的主要关节为肩关节、肘关节，阻力的方向是向下的。杠铃平板卧推动作可划分为下降（向下）、推起（向上）两个阶段。在杠铃平板卧推动作下降（向下）阶段，关节的运动为肩关节水平伸、肘关节屈；环节运动方向向下，与阻力方向一致，肌力矩小于阻力矩。由此可确定原动肌为胸大肌、三角肌前束、肱三头肌等，工作性质为退让工作（离心工作）。在杠铃平板卧推动作推起（向上）阶段，关节的运动为肩关节水平屈、肘关节伸；环节运动方向向上，与阻力方向相反，肌力矩大于阻力矩。由此可确定原动肌为胸大肌、三角肌前束、肱三头肌等，工作性质为克制工作（向心工作）。通过以上动作分析，可以确定杠铃平板卧推动作能够锻炼胸大肌、三角肌前束、肱三头肌等。

二、抗阻训练的基本技术

（一）握法与握距

1. 握法

握法是抗阻训练时，两手持握器械把手、杠铃和哑铃的方法。在抗阻训练中经常用到下列几种不同的握法。

（1）正握：前臂内旋的握法。

（2）反握：前臂外旋的握法。

（3）正反握：一手正握，一手反握的握法，这种握法在抗阻训练的杠铃练习保护中经常使用。

（4）对握：两手掌心相对的握法，如哑铃锤式弯举时使用的就是对握的方法。

在以上握法中，拇指都要压在食指和中指上，因为这种握法稳固且安全。

2. 握距

握距是指在抗阻训练时，持握器械把手、杠铃或哑铃的两手之间的距离。由于每个人在肩宽、手臂长度上的差别，导致了握距上的差别。但对于个人来说，通常分为窄握、中握和宽握3种。一般来说，两手之间的距离比肩宽长10 ～20 cm为中握距；两手之间的距离同肩宽或窄于肩宽为窄握距；当两手之间的距离比肩宽长20 cm以上时为宽握距。

（二）身体的姿态与稳定

在抗阻训练中，除了某些通过躯干本身的运动进行的锻炼外，躯干都应保持稳定的状态，即保持收腹（骨盆中立位）、挺胸（两肩胛骨后缩、下降）。头部与躯干要保持在一条直线上，下巴微收。

在站姿训练时，两脚距离要与肩同宽或略宽于肩，全脚掌着地，脚尖稍外展，双膝微屈，不要锁定，膝对准脚尖。

在坐姿或卧姿训练时，两脚要自然分开，全脚掌着地，身体与训练凳接触的位置一定要保证训练时躯干的稳定。

（三）动作速度（节奏）

动作速度（节奏）是指抗阻训练时，目标肌肉向心收缩和离心收缩的时间。为了不使用惯性的力量和避免受伤，练习时目标肌肉向心收缩和离心收缩的时间一般都是2 ～4 s，也可以向心收缩快些（2 ～3 s），离心收缩慢些（3 ～4 s）。

（四）呼吸方法

适用于所有抗阻训练的呼吸方法是：目标肌肉做向心收缩时呼气，做离心收缩时吸气。

抗阻训练时，锻炼者往往会在用力时憋气。憋气会对人体产生负面作用。憋气的不良影响有：

（1）憋气时压迫胸腔，使胸腔内压上升，造成静脉血回心受阻，进而心脏充盈不充分，输出量锐减，血压大幅下降，导致心肌、脑细胞及视网膜供血不全，产生晕、恶心、耳鸣和眼黑等感觉，影响和干扰了运动的正常进行，俗称“努责现象”。

（2）憋气结束，出现反射性的深呼吸，造成胸腔内压骤减，原来留于静脉的血液迅速回心，冲击心肌并使心肌过度伸展，心输出量大增，血压也骤升。这对心力储备差者十分不利。特别是儿童的心脏因承受能力低而易使心肌过度伸展导致松弛；老年人因血管弹性差、脆性大而容易使心、脑、眼等部位的血管破损，带来严重不良后果。

（五）保护带的使用

在进行抗阻训练时，可以使用腰部保护带，这样能增加腹腔内的压力，从而保护脊柱，减少脊柱的压力。但应有选择地使用保护带，而不是所有的练习都使用保护带。因为过分依赖保护带，会使腰腹肌对躯干的稳定作用减弱，一旦没有佩带保护带进行练习，就很容易受伤。因此，在进行站立式、使用较大重量、腰背部负荷较大的练习（如下蹲、站立推举、俯身划船等练习）时，可以使用保护带，否则不必使用。

三、抗阻训练动作的预备动作阶段和基本动作阶段

所有抗阻训练动作都包括两个阶段，即预备动作阶段和基本动作阶段。

预备动作阶段是对目标肌肉进行锻炼前所做的准备工作阶段。在预备动作阶段，要使身体各部位所处的位置是合理的，并保持正确的身体姿态与稳定。

基本动作阶段是对目标肌肉进行锻炼的主要阶段。基本动作阶段包括了目标肌肉向心收缩和离心收缩两个过程。在这两个过程中，需要注意的是动作的轨迹、幅度、速度（节奏）和呼吸4个方面的技术要点。

下面以杠铃平板卧推练习为例对抗阻训练的两个动作阶段进行说明（图5－5）。

图5－5　平板卧推

在杠铃平板卧推练习的预备动作阶段，锻炼者首先仰卧于训练凳上，双脚平放在地板上，头的后部、上背部、臀部紧贴凳面，两手以中握距直臂持杠铃于胸部上方。收腹、挺胸、下巴微收，使躯干保持稳定，肘关节不要锁定，腕关节不要过伸。

在杠铃平板卧推练习进入基本动作阶段后，首先是离心收缩过程，屈肘使杠铃向胸中部下降，当肘关节降至与肩部同高或略低于肩部时，停止下降的动作，这时上臂外展（肩关节外展）不要超过90°，下降的速度要控制在2 ～4 s，这个过程吸气；然后是向心收缩过程，伸肘将杠铃向上推起，当肘关节伸直（但不要锁定）停止，推起的动作速度为2 ～4 s，这个过程呼气。

抗阻训练动作的两个动作阶段的技术要点是健身教练需要理解和掌握的，在

指导客户进行抗阻训练时，也应严格按此要点进行讲解。

四、身体主要部位肌肉抗阻训练动作技术图示

抗阻训练动作技术的正确与否，关系到锻炼的安全性和有效性。作为健身教练，应熟练掌握身体主要部位肌肉抗阻训练的正确动作技术。身体主要部位肌肉抗阻训练包括器械练习、自由重量练习（杠铃练习和哑铃练习）、弹力带或弹力绳练习、健身球练习、自重练习（利用自身体重的练习）等。从下面的图片中可以看到胸部肌肉、背部肌肉、肩部肌肉、臂部肌肉、腹部肌肉和下肢肌肉的抗阻训练动作技术示范。

（一）胸部肌肉抗阻训练

1. 器械练习

器械练习如图5－6～图5－12所示。

图5－6　蝴蝶机夹胸

图5－7　固定器械坐姿推胸

图 5－8　固定器械飞鸟

图 5－9　固定器械助力引体向上

图 5－10　史密斯机平板卧推

图 5－11　史密斯机上斜卧推

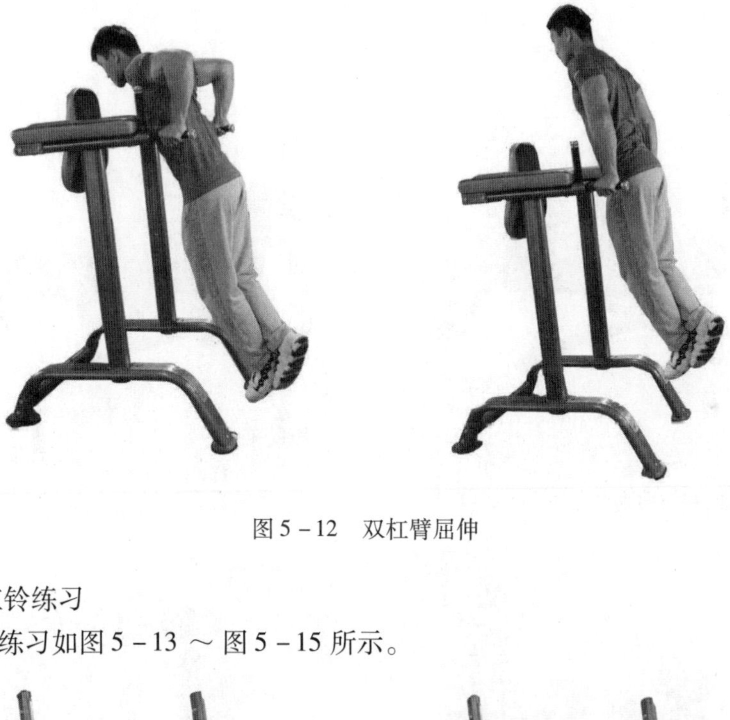

图 5－12　双杠臂屈伸

2. 杠铃练习

杠铃练习如图 5－13 ～ 图 5－15 所示。

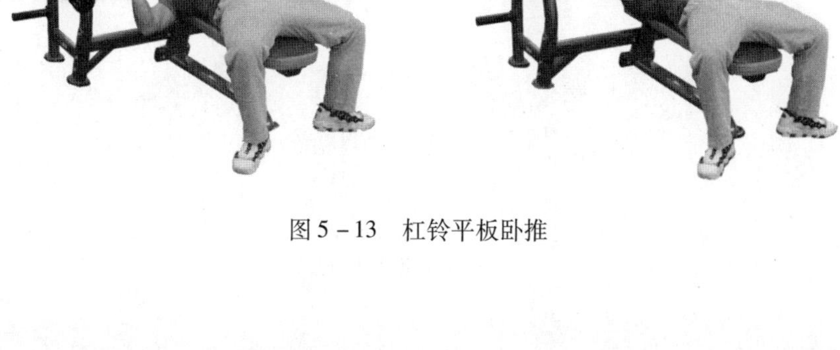

图 5－13　杠铃平板卧推

图 5－14　杠铃上斜卧推

图 5－15　杠铃下斜卧推

3. 哑铃练习

哑铃练习如图 5－16 ～ 图 5－19 所示。

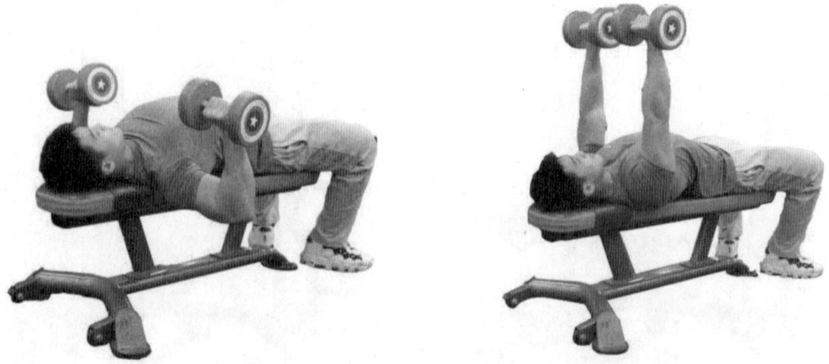

图 5－16　哑铃平板卧推

图 5 – 17　哑铃上斜卧推

图 5 – 18　哑铃下斜卧推

图 5 – 19　哑铃仰卧飞鸟

4. 拉力器练习

拉力器练习如图 5－20 所示。

图 5－20　拉力器夹胸

5. 自重练习

自重练习如图 5－21 所示。

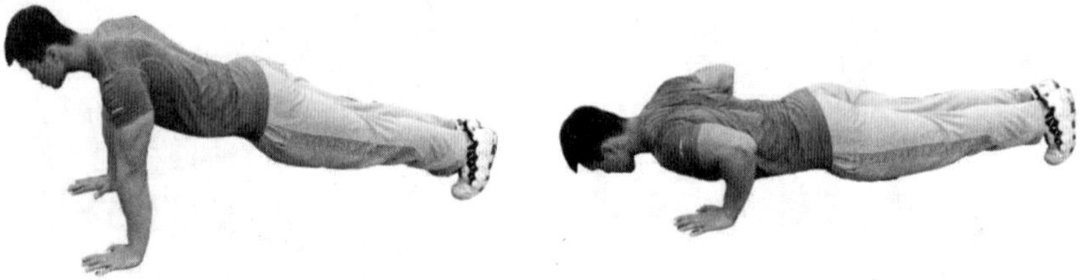

图 5－21　俯卧撑

（二）背部肌肉抗阻训练

1. 杠铃练习

杠铃练习如图 5－22 所示。

图 5－22　杠铃俯身划船

2. 哑铃练习

哑铃练习如图 5－23 所示。

图 5－23　哑铃单臂划船

3. 器械练习

器械练习如图 5－24 ～ 图 5－28 所示。

图 5－24　固定器械俯身划船

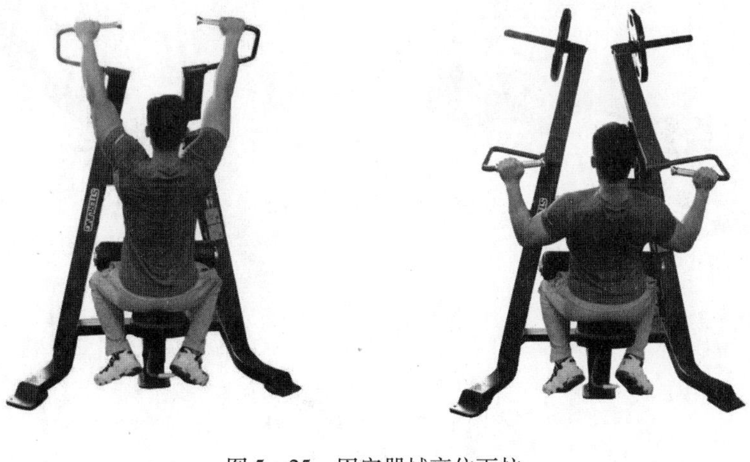

图 5－25　固定器械高位下拉

图 5－26　固定器械坐姿后伸

图 5－27　固定器械坐姿划船

图 5－28　罗马椅挺身

4. 拉力器练习

拉力器练习如图 5 - 29 ～ 图 5 - 32 所示。

图 5 - 29 拉力器高位下拉

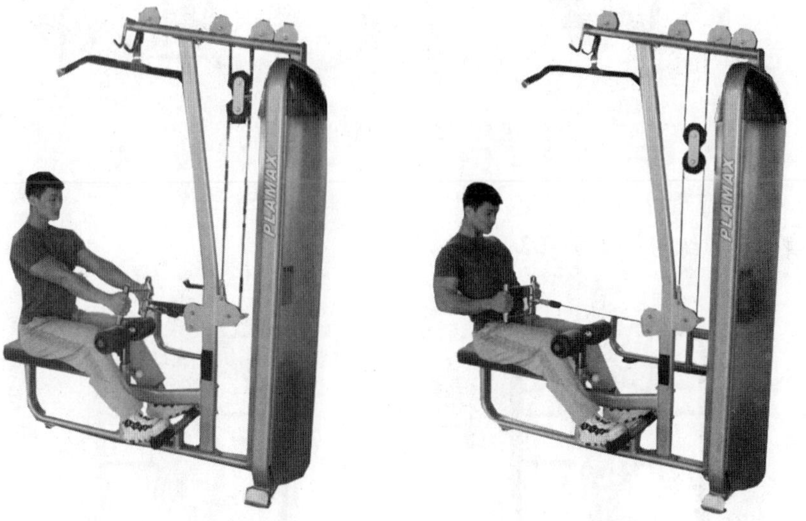

图 5 - 30 拉力器坐姿划船

图 5-31　拉力器直臂下压

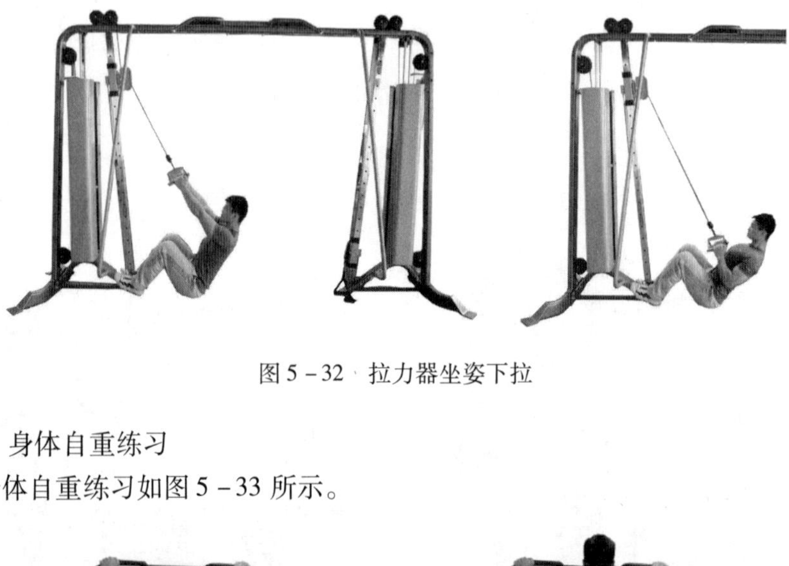

图 5-32　拉力器坐姿下拉

5. 身体自重练习

身体自重练习如图 5-33 所示。

图 5-33　正手引体向上

（三）肩部肌肉抗阻训练

1. 杠铃练习

杠铃练习如图 5－34、图 5－35 所示。

图 5－34　杠铃站姿提拉

图 5－35　杠铃颈前推举

2. 哑铃练习

哑铃练习如图 5－36 ～ 图 5－39 所示。

图 5－36　哑铃坐姿肩上推举

图 5－37　哑铃前平举

图 5－38　哑铃侧平举

图 5－39　哑铃俯身飞鸟

3. 器械练习

肩部肌肉抗阻器械练习如图 5 - 40 ～ 图 5 - 43 所示。

图 5 - 40　器械坐姿侧平举

图 5 - 41　器械坐姿反向飞鸟

图 5 - 42　器械坐姿推肩

图 5－43　史密斯颈前推举

4. 拉力器练习

肩部肌肉抗阻拉力器练习如图 5－44 ～ 图 5－48 所示。

图 5－44　拉力器单手侧平举

图 5－45　拉力器单手前平举

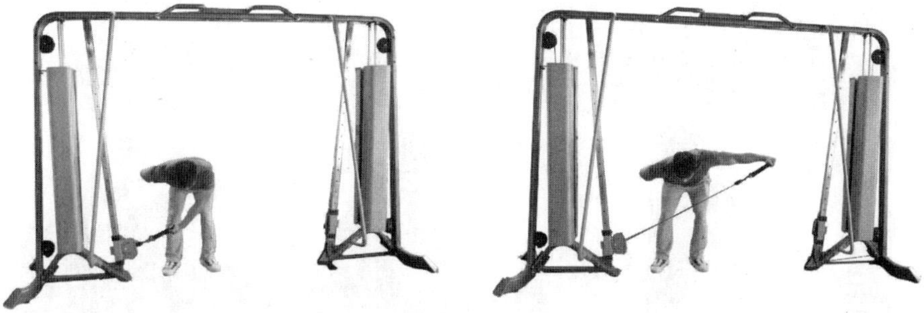

图 5-46 拉力器俯身飞鸟

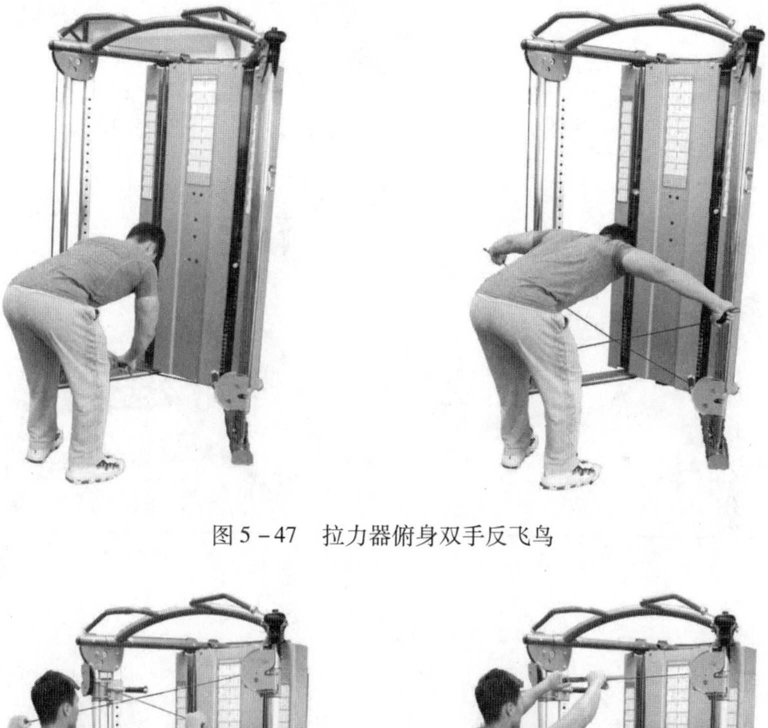

图 5-47 拉力器俯身双手反飞鸟

图 5-48 拉力器站姿双手反飞鸟

（四）臂部肌肉抗阻训练

1. 杠铃练习（图 5－49 ～ 图 5－51）

图 5－49　杠铃臂弯举

图 5－50　杠铃托臂弯举

图 5－51　杠铃卧姿臂屈伸

2. 哑铃练习（图 5－52 ～ 图 5－58）

图 5－52　哑铃俯身单臂屈伸

图 5－53　哑铃托臂弯举

图 5－54　站姿哑铃交替弯举

图 5－55　哑铃坐姿臂屈伸

图 5－56　坐姿哑铃交替弯举

图 5－57　坐姿哑铃锤式弯举

图 5－58　坐姿哑铃单臂弯举

3. 器械练习（图 5－59、图 5－60）

图 5－59　坐姿器械三头肌下压

图 5－60　器械弯举

4. 拉力器练习（图 5－61 ～ 图 5－64）

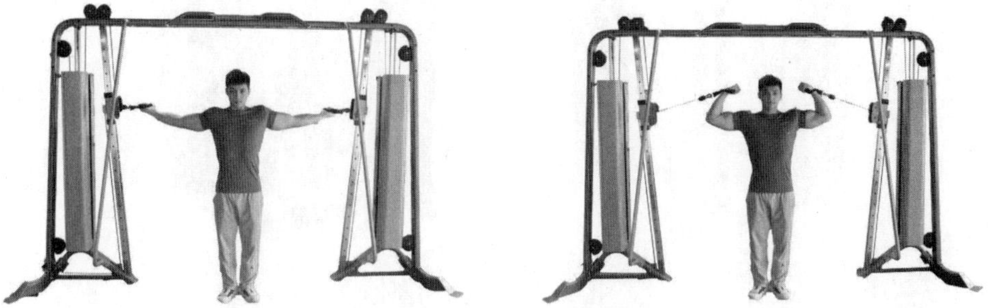

图 5－61　拉力器双手臂弯举

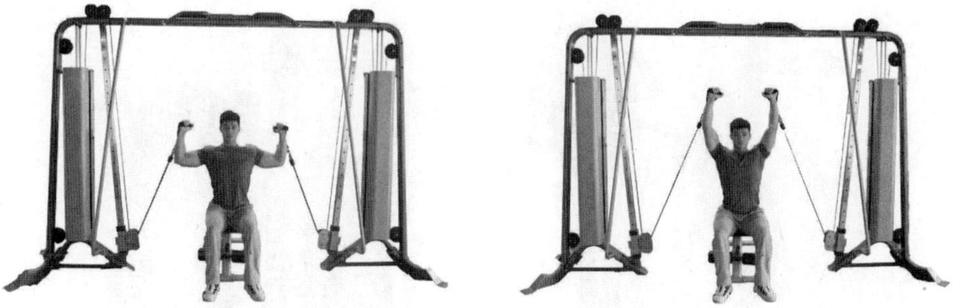

图 5－62　拉力器坐姿双手推举

图 5－63　拉力器下压

图 5－64　绳索弯举

(五) 腹部肌肉抗阻训练

1. 器械练习（图 5－65 ～ 图 5－71）

图 5－65　固定器械俯身下压

图 5－66　固定器械转体

图 5－67　器械仰卧起坐

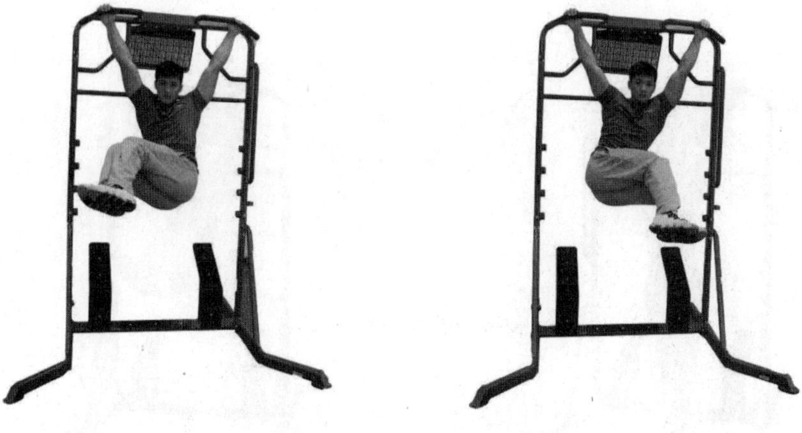

图 5－68　悬垂举腿转体

图 5－69　仰卧举腿

图 5－70　支撑屈膝悬垂举腿

图 5－71　直膝悬垂举腿

2. 健身球练习（图 5－72 ～ 图 5－74）

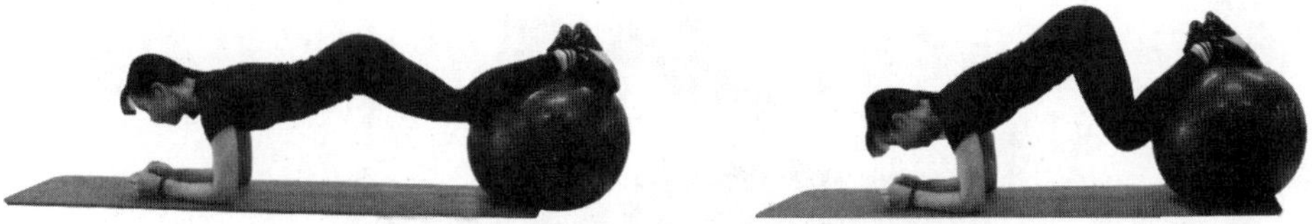

图 5－72 健身球俯卧屈体

图 5－73 健身球仰卧举腿

图 5－74 健身球仰卧卷腹

3. 垫上练习（图 5－75 ～ 图 5－79）

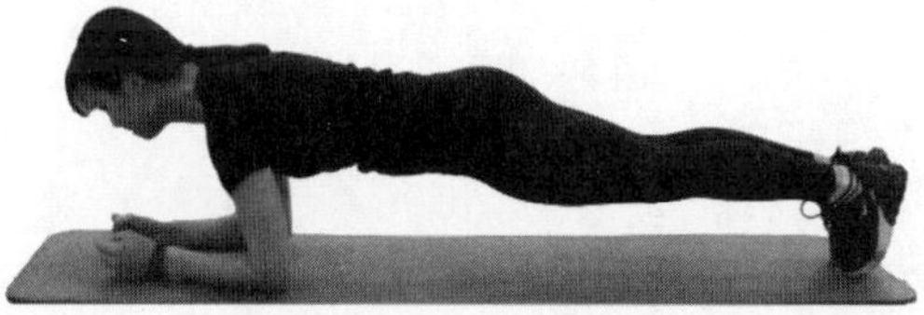

图 5－75 平板支撑

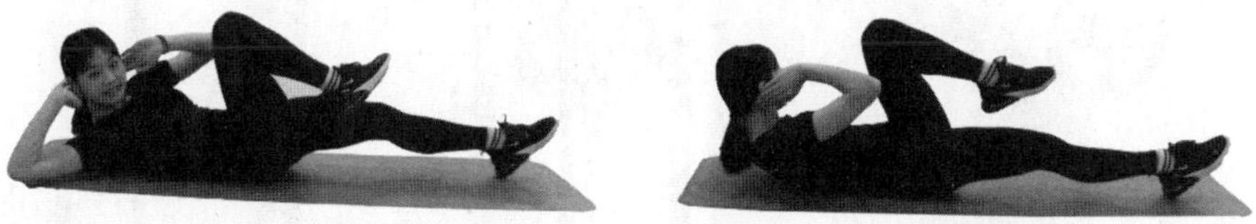

图 5－76 手脚交替挺身

图 5－77　双脚交替举腿

图 5－78　挺身掷球

图 5－79　仰卧举腿

（六）下肢肌肉抗阻训练

1. 杠铃练习（图 5－80 ～ 图 5－85）

图 5－80　杠铃箭步蹲

图 5－81　杠铃半蹲

图 5 - 82　杠铃深蹲

图 5 - 83　杠铃全蹲

图 5 - 84　杠铃屈腿硬拉

图 5 - 85　杠铃直腿硬拉

2. 哑铃练习（图 5－86、图 5－87）

图 5－86　哑铃箭步蹲

图 5－87　哑铃下蹲

3. 器械练习（图 5－88、图 5－89）

图 5－88　拉力器髋后伸

图 5－89　拉力器髋外展

4. 身体自重练习（图 5－90）

图 5－90 徒手下蹲

5. 健身球练习（图 5－91）

图 5－91 健身球下蹲

五、抗阻训练的保护

当练习者进行抗阻训练时，保护其不受到任何伤害，是健身教练的首要任务。一般情况下，在练习者进行杠铃、哑铃等自由重量练习时需要对其施加保护，因为这些练习容易失控，导致受伤。

在练习者进行练习时，如因力量不足不能完成规定次数，健身教练应在适当时机给予帮助和保护。在头上练习和仰卧练习中，保护者一定要注意调整好自己和锻炼者的位置，保护者的高度要高于练习者。特别需要保护的有头上练习，如哑铃坐姿推举等练习；面部朝上的仰卧练习，如杠铃平板卧推（图 5－92）、杠铃仰卧臂屈伸等练习；杠铃置于颈后的练习，如负杠铃下蹲等练习等。

在杠铃练习中，保护者要用正反握持铃保护。保护者要尽量靠近练习者，背部要挺直，不要弓背，还要注意自己的身体稳定；如有必要，可采用两脚前后站立的方式。杠铃位于肩后的保护，也要求保护者高于练习者。保护者和练习者应当互相交流，并告知自己的意图。缺乏交流和提示，可能会干扰或危及练习者。因此，健身教练要在一组练习前与客户进行充分的交流。在头上或仰卧哑铃练习中，保护者要注意把手靠近练习者的腕部，接近哑铃的位置，而不是其肘部。

图 5－92　杠铃平板卧推的保护

健身教练还要注意客户锻炼所处的周围环境是否安全以及其他一些细节问题，如杠铃片是否锁住、器械插销是否完全插入孔中等。

第三节　伸展练习技术

一、伸展练习的分类

最常用的柔韧性练习是伸展练习，或称牵张练习。它包括冲击性伸展练习和静力性伸展练习，练习时可以主动完成，也可以在他人帮助下被动完成。此外还有 PNF 练习等。

（一）冲击性伸展练习

冲击性伸展练习是最早，也是最常用的加强柔韧性的练习方法。练习时通过反复的冲击动作牵拉肌肉。这种练习方法，由于神经肌肉的牵张反射，每冲击一次便会引起肌肉一次反射性收缩，冲击的力量越大，反射性收缩的强度也越大。反射性收缩部分抵消了主动牵拉肌肉的力量，降低了锻炼效果，如果主动冲击的力（或有他人给予助力）过大，则可能引起肌肉拉伤。这种练习方法，20 年前在国外已遭到反对。

（二）静力性伸展练习

静力性伸展练习的要点是，在练习时慢慢牵拉肌肉，当肌肉感到被牵拉时，停止继续拉长，坚持 10 ～ 30 s 后，再放松。静力性伸展练习避免了牵张反射的副作用，其优点是效果明显，花费的时间相对较短，可以独立完成，发生肌肉损伤的概率低。因此，静力性伸展练习为首选的柔韧性练习方法。

（三）PNF 练习

PNF 意为“本体感觉神经肌肉易化法”，也被译为“本体感觉神经肌肉促进法”。PNF 技术是通过刺激本体感受器（肌梭、腱梭等），而促进和加速机体神经肌肉系统反应的一种方法。在运动前或运动时刺激本体感觉，有时配合刺激其他感受器（触觉、听觉、视觉等），使其作用于运动中枢，加强运动冲动，使更多前角细胞或运动机能单位兴奋，从而提高锻炼效果。

下面介绍的 PNF 练习是 PNF 技术中的一种，指“收缩—放松”练习。PNF 练习是利用牵拉肌肉引起反牵张反射，促使痉挛或紧张的肌肉放松，达到加大关节活动幅度的目的，是一种被动伸展练习方法。

PNF 练习的方法是先使锻炼者的肢体达到关节活动幅度的最大限度，被动静力性伸展 15 ～ 30 s，然后被拉长的肌肉用力对抗给予的阻力，做肌肉最大强度的等长收缩，坚持 6 s，放松 6 s；这时肢体可以很容易地被推到一个更大的限度，被动静力性伸展 15 ～ 30 s；再次做肌肉最大强度的等长收缩，各次之间基本没有间隔时间。一般重复 3 ～ 5 次，关节活动幅度每次提高幅度较明显，之后提高的幅度下降，可重复 10 次左右。

经研究结果证明，PNF 练习能够有效地提高身体的柔韧性，且不易引起肌肉损伤，但需要时间较长。

二、伸展练习动作的分析与技术要点

同抗阻训练一样，进行伸展练习时首先也要明确目标肌肉，根据目标肌肉的起止点、功能，分析某个伸展练习动作是否能够牵拉到目标肌肉，以保证伸展练习动作的正确性和有效性。例如，要伸展股四头肌，根据股四头肌使膝关节伸的功能，我们可以知道要使股四头肌受到牵拉就必须使膝关节屈。又因为股直肌还跨过髋关节，具有使髋关节屈的功能，我们可以知道要使股四头肌受到充分牵拉就还要使髋关节伸。由此，我们可以明确股四头肌的伸展练习动作应该是膝关节屈，同时髋关节伸。

下面以腘绳肌的伸展练习为例分别讲解静力性伸展技术和 PNF 伸展技术。

因为腘绳肌的主要功能是使膝关节屈，同时腘绳肌中的股二头肌长头、半腱肌、半膜肌又有使髋关节伸的功能，因此要充分伸展腘绳肌就应包含膝关节伸和髋关节屈两个关节运动。

（一）腘绳肌的静力性伸展练习动作技术

1. 主动式伸展技术

仰卧地板上，左腿伸直，右腿抬起，膝关节弯曲，双手拉住右膝关节后部，向头的方向拉伸臀大肌。保持 10 ～ 30 s，然后放松，两腿交换练习（图 5 –93）。

2. 被动式伸展技术

图 5－93 臀大肌主动伸展

如腘绳肌的静力性被动伸展练习。让客户仰卧地板上，手臂放松置于身体两侧，教练位于伸展腿的同侧，单膝跪地将客户伸展腿置于自己肩部固定，使膝关节伸直但不锁定，双手放在客户膝关节上部，将客户的小腿向其上体方向推，保持 10 ～ 30 s，再换另一侧做。

（二）腘绳肌的 PNF 伸展练习动作技术

仰卧地板上，手臂放松置于身体两侧，教练位于伸展腿的同侧，单膝跪地，并将客户的伸展腿置于自己的肩部固定，使其膝关节伸直但不锁定，双手放在客户膝关节上部，将客户的小腿向其上体方向推到腘绳肌的最大伸展限度，被动静力性伸展 15 ～ 30 s，然后让客户收缩腘绳肌对抗施加的阻力，做等长收缩；坚持 6 s，放松 6 s，再次向前下推，被动静力性伸展 15 ～ 30 s，重复进行。

三、身体主要部位肌肉伸展练习动作技术

（一）上肢肌与躯干肌静力性伸展练习

（1）背阔肌的主动伸展练习（图 5－94、图 5－95）。

（2）三角肌后束的主动伸展练习（图 5－96）。

图 5－94 背阔肌的主动拉伸（一）

图 5－95 背阔肌的主动拉伸（二）

图 5－96 三角肌后束的主动伸展练习

（3）竖脊肌的主动伸展练习（图 5 –97）。

（4）腹直肌的主动伸展练习（图 5 –98）。

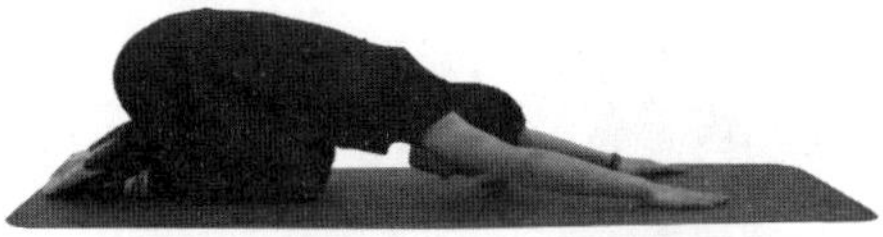

图 5 –97　竖脊肌的主动伸展练习

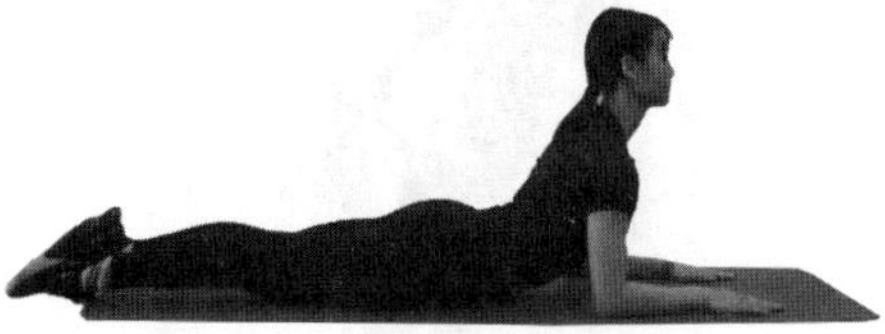

图 5 – 98　腹直肌的主动伸展练习

（二）下肢肌静力性伸展练习

（1）臀大肌的主动伸展练习与被动伸展练习（图 5 –99 ～ 图 5 – 101）。

图5–99　臀大肌的主动伸展练习（一）

图 5 – 100　臀大肌的主动伸展练习（二）

图 5 – 101　臀大肌的主动伸展练习（三）

（2）髂腰肌的主动伸展练习与被动伸展练习（图 5 – 102）。

（3）股四头肌的主动伸展练习与被动伸展练习（图 5 – 103 ～ 图 5 – 105）。

图 5 – 102　髂腰肌的主动伸展练习

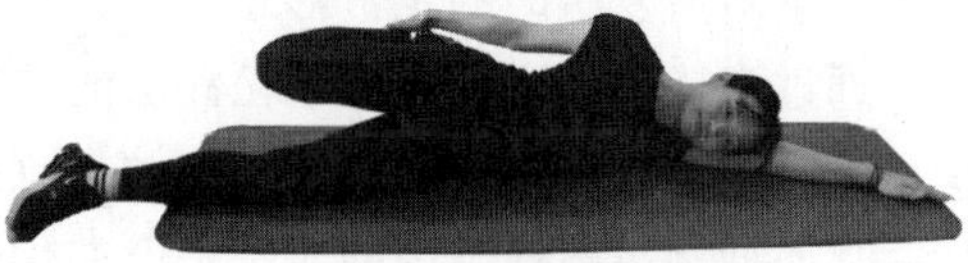

图 5 – 103　股四头肌主动伸展练习（一）

图 5－104　股四头肌主动伸展练习（二）

图 5－105　股四头肌主动伸展练习（三）

第四节　肌筋膜释放技术

在身体运动功能训练中，每次训练课的准备活动、主要练习和整理活动，都能够与再生训练以水乳交融的操作方式进行。人体在承担系统训练负荷过程中，会不同程度地留下组织的微细损伤。人体需要通过有序的准备活动和再生训练方法，来尽可能消除这些微细损伤的影响，并且为面临的训练和比赛做好准备。因此，肌筋膜释放训练构成了现代大众健身和运动训练的重要部分。

软组织再生指运用泡沫轴、按摩棒等工具对筋膜、肌腱和韧带等软组织进行梳理，是有效缓解肌肉紧张的不适感和疼痛感的一种放松方法。这种方法也被称为肌筋膜释放技术的运用。软组织再生不像传统的恢复放松练习，一般安排在训练或比赛之前的准备活动、之中的主要练习或动作任务之间，以及训练或比赛结束后的整理活动。身体功能训练中的软组织放松包括两大部分：训练前的软组织唤醒、激活和训练后的梳理、放松。前者的主要作用是在训练前帮助练习者激活肌肉和唤醒软组织，后者的主要作用是帮助练习者梳理肌筋膜，促进血液、淋巴回流，重新恢复肌肉的正常形态。

通过泡沫轴挤压力可以放松深层的神经，从而达到放松整条肌群的目的。当练习者利用自身体重或力量使泡沫轴在肌肉上产生一定压力时，肌肉张力便会增加，从而抑制肌肉纤维内的肌肉长度变化感受器——肌梭，从而降低该肌肉的肌张力，最终放松肌肉，恢复肌肉功能性长度及提高肌肉功能，加快血液循环，降低筋膜组织粘连及疤痕组织堆积。还可以加快炎症的消除，而且还对及早发现潜在运动损伤具有十分重要的预警作用。

一、什么是肌筋膜释放技术

肌筋膜释放技术主要是指利用泡沫轴、按摩棒、扳机点工具包、双球等工具对筋膜、肌腱和韧带等软组织进行梳理，是有效缓解肌肉紧张的不适感和疼痛感的一种放松方法。通过对肌筋膜的放松、梳理，可有效提高人体内组织细胞的可塑性和关节活动幅度，降低组织纤维的粘连及主动和被动关节的僵硬度。此外，还可降低神经肌肉的兴奋性、减轻疼痛。这些肌筋膜释放技术的采用，往往是准备活动和再生训练的首要和基础部分，贯穿于训练课的准备活动、基本训练内容和整理活动全过程。

肌筋膜是位于肌肉表面的筋膜，为一层薄薄的、近似半透明的致密状物质，它包裹着骨骼肌组织，使之成为一个整体，肌筋膜也包绕着肌纤维、肌束和肌肉，继而延续形成肌腱和韧带肌筋膜在肌束间穿行，与骨广泛连接。

肌筋膜的功能和作用是多方面的。首先，它能减少肌间摩擦，保证每块肌肉或肌群能够单独进行运动，可以约束肌腱，改变肌肉的牵引方向，以调节肌肉的作用；其次是供肌肉的附着，以扩大肌肉的附着面积。

二、肌筋膜释放工具使用原理

肌筋膜释放工具主要有按摩棒。按摩棒放松的原理是利用身体自我抑制原理放松紧张肌肉。由于长时间大强度运动训练可以导致人体的交感神经过度兴奋，造成运动员肌肉静态肌张力升高，运动后肌肉长度缩短，通过按摩棒挤压力可以放松肌肉表层的神经，从而达到放松的效果，可用于训练前肌肉激活和软组织唤醒，也可用于训练后肌筋膜的梳理、放松，有效地促进血液微循环和淋巴回流，帮助人体达到即时再生和快速恢复的目的。

三、扳机点干预工具使用原理

扳机点是发生于身体任何部位的呈条索状的异常痛点。也有人认为扳机点是变硬筋膜的疼痛性块结。扳机点是由许多微小活动点所组成的，这些活动点使得受累骨骼肌的肌节，即肌小节发生扭曲，最后形成紧张性或痉挛性的结节以及张力性的条索状物。出现扳机点后可使骨骼肌的肌力下降。

扳机点干预工具一般可以用网球、棒球、花生球等，扳机点处放松的原理与按摩棒放松理论相似，主要是消除肌肉中打结的现象并恢复肌肉原有的长度、弹性及收缩力。根据托马斯·梅尔（Thomas Mayer）的肌肉筋膜理论，扳机点是通过放松目标肌群相邻的肌肉或筋膜达到放松效果，能够针对特定肌群或部位进行松解。

四、肌筋膜释放训练练习方法

肌筋膜释放训练通常使用泡沫轴、按摩棒、小球和花生球的操作方法。这里所介绍的肌筋膜释放训练基本方法在使用过程中，在大多数情况下可以是多种练习方法的类型和方式的结合运用。

（一）泡沫轴按压练习

1. 小腿后肌群泡沫轴按压练习

目的：梳理和延展小腿后群肌肉、筋膜、跟腱等软组织，促进局部血流和淋巴回流。

方法：将小腿后群肌肉压在泡沫轴上，按压部位由小腿下部开始，逐步向小腿上部移动，轻缓滚动。重复滚动练习 30 ～ 40 s，双腿交替练习。

要求：如发现硬块或结节等疼痛部位，在此部位延长滚动按压时间，或在可忍受范围内增加压力。如需增加压力可将另一条腿压在练习腿上。如图 5－106、图 5－107 所示。

图 5－106　单脚小腿后肌群泡沫轴按压练习

图 5－107　双脚小腿后肌群泡沫轴按压练习

2. 大腿后肌群泡沫轴按压练习

目的：梳理和延展大腿后群肌肉、筋膜等软组织，促进局部血流和淋巴回流。

方法：将大腿后群肌肉压在泡沫轴上，按压部位由大腿下部开始，逐步向大腿上部移动，轻缓滚动。重复滚动练习 30 ～ 40 s，双腿交替练习。

图 5－108　单脚大腿后肌群泡沫轴按压练习

要求：如发现硬块或结节等疼痛部位，在此部位延长滚动按压时间，或在可忍受范围内增加压力（图 5－108）。

3. 大腿前肌群泡沫轴按压练习

目的：梳理和延展大腿前群肌肉、筋膜等软组织，促进局部血流和淋巴回流。

方法：将大腿前群肌肉压在泡沫轴上，按压部位由大腿下部开始，逐步向大腿上部移动，轻缓滚动。重复滚动练习 30 ～ 40 s，双腿交替练习。

要求：如发现硬块或结节等疼痛部位，在此部位延长滚动按压时间，或在可忍受范围内增加压力，如图 5－109、图 5－110 所示。

图 5 – 109　单脚大腿前肌群泡沫轴按压练习

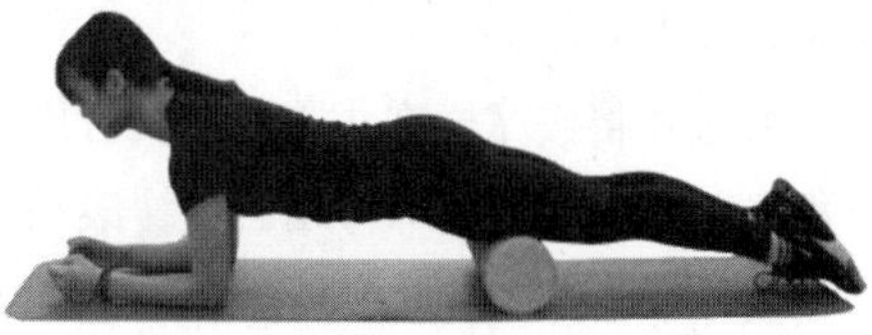

图 5 – 110　双脚大腿前肌群泡沫轴按压练习

4. 大腿外侧肌群泡沫轴按压练习

目的：梳理和延展大腿外侧肌群、髂胫束和筋膜等软组织，促进局部血流和淋巴回流。

方法：将大腿外侧肌群压在泡沫轴上，按压部位由大腿下部开始，逐步向大腿上部移动，轻缓滚动。重复滚动练习 30 ～ 40 s，双腿交替练习。

图 5 – 111　大腿外侧肌群泡沫轴按压练习

要求：如发现硬块或结节等疼痛部位，在此部位延长滚动按压时间，或在可忍受范围内增加压力，如图 5 – 111 所示。

5. 背部肌群泡沫轴按压练习

目的：梳理和延展背部肌群和筋膜等软组织，促进局部血流和淋巴回流。

方法：将背部肌群压在泡沫轴上，按压部位由胸椎下部开始，逐步向颈椎方向移动，轻缓滚动。重复滚动练习 30 ～ 40 s。

要求：主要集中在胸椎区域练习，如发现硬块或结节等疼痛部位，在此部位延长滚动按压时间，或在可忍受范围内增加压力，如图 5 – 112、图 5 – 113 所示。

图 5 – 112　上背部肌群泡沫轴按压练习

图 5 – 113　下背部肌群泡沫轴按压练习

6. 体侧肩部肌群泡沫轴按压练习

目的：梳理和延展体侧肩部肌群和筋膜等软组织，促进局部血流和淋巴回流。

方法：将体侧肩部肌群压在泡沫轴上，按压部位由体侧下部开始，逐步向上臂方向移动，轻缓滚动。重复滚动练习 30 ～ 40 s。

要求：如发现硬块或结节等疼痛部位，在此部位延长滚动按压时间，或在可忍受范围内增加压力。

（二）小腿后肌群和跟腱按摩棒按压练习

目的：梳理和延展小腿后肌群、跟腱和筋膜等软组织，促进局部血流和淋巴回流。

方法：将按摩棒在小腿后肌群和跟腱上滚动和按压，按压部位由跟腱和小腿下部开始，逐步向小腿上部移动，轻缓滚动。重复滚动练习 30 ～ 40 s，双腿交替练习。

要求：如发现硬块或结节等疼痛部位，在此部位延长滚动按压时间，或在可忍受范围内增加压力。

（三）大腿前肌群按摩棒按压练习

目的：梳理和延展大腿前部、内侧和外侧肌群和筋膜等软组织，促进局部血流和淋巴回流。

方法：将按摩棒在大腿前肌群上滚动和按压，按压部位由大腿下部开始，逐步向大腿上部移动，轻缓滚动。重复滚动练习 30 ～ 40 s，双腿交替练习。

要求：如发现硬块或结节等疼痛部位，在此部位延长滚动按压时间，或在可忍受范围内增加压力。

（四）大腿后肌群按摩棒按压练习

目的：梳理和延展大腿后部肌群和筋膜等软组织，促进局部血流和淋巴回流。

方法：将按摩棒在大腿后肌群上滚动和按压，按压部位由大腿下部开始，逐步向大腿上部移动，轻缓滚动。重复滚动练习 30 ～ 40 s，双腿交替练习。

要求：如发现硬块或结节等疼痛部位，在此部位延长滚动按压时间，或在可忍受范围内增加压力。

（五）腰部肌群按摩棒按压练习

目的：梳理和延展腰部肌群和筋膜等软组织，促进局部血流和淋巴回流。

方法：将按摩棒在腰部肌群上滚动和按压，按压部位由腰下部开始，逐步向腰上部移动，轻缓滚动。重复滚动练习 30 ～ 40 s。

第五节　小团体课程技术

一、什么是小团体课程

（一）小团体课程介绍

小团体课程是时下健身领域非常流行的一种课程类型。小团体课是介于团体课和私教课之间的一个课程种类，小团体课程参与会员人数少，健身教练可以关注到每一个练习者，指导训练过程中也会运用很多私教方法。同时，为了区别小团体课与团体课仅仅是人数上的区别，所以通常将 2 ～ 8 人的小团体训练课程称为“小团体私教课程”，突出在小团体训练中教练对于每一个参与者进行的有针对性的指导和辅助。

小团体私教课程是健身教练利用各种训练方法，针对练习者的身体素质，根据练习者健身目标进行编排设计，并组织实施的一种健身课程。“小团体私教”课程对参与者人数有一定限制，通常课程参加人数为 2 ～ 8 人，课程的内容多为综合训练类的课程，但随着小团体课程的开发，现在非常多的运动项目都开始出现小团体形式，比如瑜伽、普拉提、舞蹈类课程等，既保持了团体课的乐趣，又做到相对的细致和专属。由于小团体课程具有价格优势、趣味性、社交功能等特点，目前在健身行业发展非常迅速，许多健身工作室、健身俱乐部都普遍开设了这类课程。

（二）小团体课程发展背景和发展趋势

早在 2009 年，小团体私教课程在美国健身市场已经开始兴起，欧美的健身教练逐渐开始使用和推广“一对二”“一对四”以及其他“一对多”的课程。最初小团体私教课程的产生是因为知名度较高的私人健身教练会员逐渐增多，档期越来越满，甚至无法排期。同时，请私教的费用比较昂贵，也让很多会员感受到经济压力。在这种情况下，有人开始尝试使用小团体私教课程的形式来进行训练指导。通过小团体私教课程的不断改进和发展，现在已经成为时下最流行的一种健身训练方式。小团体私教课程不仅可以让健身教练更好地利用时间，会员也在不用承担高额私教费的同时享受到专业教练的训练指导。更重要的是，多人共同完成训练气氛更好，还可以促进练习者之间的相互激励，对一些喜欢交际的人来说还可以增加社交乐趣。如果夫妻或者三五好友一起参加训练，可以让人们在快节奏的生活中增加相处时间，促进感情的交流。

近几年，小团体私教课程在我国的发展也非常迅速，越来越多的健身企业感受到小团体私教课程为企业和健身教练带来了更丰厚的利润空间点。不管是大型健身俱乐部还是中小型的健身工作室，都逐步开始推广各种形式的小团体私教课程。目前国内的小团体私教课程的内容和主题越来越多，也有很多教练开发了针对性很强的主题课程，比如，针对臀部训练的“臀部轰炸”，针对核心集群训练的“腹肌撕裂”，针对提高心肺功能的“循环训练”，等等。但大多数小团体私教课程的定位是提高会员综合运动能力和健康水平，课程的设计主要是运用功能训练、循环训练和间歇训练等方法来开展。

目前，越来越多的健身项目也开始关注小团体课程的开发，比如格斗类健身课程、各种舞蹈类课程、身心类的课程都开发出了相应的小团体私教产品，广大健身人群根据自己的喜好选择参与。

私教小团体课程可以让健身企业单位空间产生更高的价值，让健身教练提高收入；练习者可以在欢快的气氛下进行训练，并不用付出高昂的教练费。小团体私教课程优势明显，与私教课程、团体课程优势互补，为练习者带来了全新的训练体验。未来必将有更多运动项目被开发成为小团体性质，小团体私教课程也会越来越趋于多样化、产品化。

二、各种健身课程类型对比

（一）小团体私教课程的优势

开展小团体私教课程的受益者不仅仅是练习者，对于健身教练和健身企业来讲也是开辟了一个新的利润增长点，它具有以下优势。

1. 对练习者的优势

作为练习者，课程的价格因素也是其考虑的因素之一，小团体课程的性价比相对较高，与团体课相比在教练全程关注和指导下效果更好。与私教课相比，价格比一对一私教课费用低，通常仅为私教课程的三分之一。

小团体私教课的设计更具趣味性，能让会员在健身中体验到健身带来的乐趣，同时提供社会交往机会与令坚持性增加。

2. 对健身教练的优势

健身教练每天的工作时间内能够服务的一对一私教会员是有限的。通过小团体私教课程将会员进行整合，教练每天可以服务更多的会员，在单位时间内得到更高的回报，提高了收入。

3. 健身企业的优势

作为健身俱乐部或健身工作室来说，在相等的时间内，付出同等的资源（包括私教和场地），小团体课程利润更高，服务与设备利用率提高了，单位时间内产生的价值也更大。小团体私教的产品化可以让健身俱乐部吸引更多的会员加入，提升老会员保留（续会）率，从而提高企业竞争力。

缺点：与私教课程相比，针对性和专属性不足。与团体课程相比，可选择的课程类型还不足。课程时间固定，不能灵活安排。

（二）其他健身课程类型优缺点

1. 私教课

优点：私教课程有利于教练根据练习者的身体状况来安排训练重点，调整各项训练内容，达到最佳的训练效果。由于私教课程可以让练习动作更加精准和有针对性，所以对于初学者和训练目标（或要求）较高的学员而言，私教课程是一个非常适合的课程形式。它具有专属性、互动性等一对一的教练服务特点。教练与练习者双方根据自己适合的时间约定训练时间，相对比较自由。

缺点：私教课程的价格相对昂贵，与多人一起训练相比缺少趣味性。

2. 团体课

优点：团体课是一个教练带领大家完成训练，主要是教练通过口令和动作示范来传达训练的要点和要求。练习过程中一个集体完成的项目，气氛好、有乐趣。课程内容的安排符合大众需求，通常比较简单而全面。且课程种类多，选择面宽。团体课针对会员免费开设。

缺点：通常参与人数多，可能会拥挤。教练不能顾及每一个学员，无法做到发现错误及时指导。课程内容尽量适合每一个人，所以针对性差。课程时间固定的，无法根据训练者的档期调整。

（三）小团体私教课程的特点

1. 小集体互动交流式训练，内容有趣更易坚持

对于有些并不太热爱运动，为了健康参加训练的人群来说，完成健身训练感觉像在完成一项“苦差事”。在小团体私教课程中，小集体共同参与有很多互动的内容，发挥团队的潜力，改变枯燥、单一的训练模式，让整个健身过程成为有气氛的、有趣的过程。也有些小团体的初级课程会将趣味性作为课程的第一目标来激发锻炼者的训练情绪。同时，有研究表明，那些参与团体健身的锻炼者更有可能坚持训练，通过团体训练的良好社交氛围，会让锻炼者更有责任心与决心，既不想错过课程，也不想在团队中落下，锻炼者会在潜意识里让自己坚持下去。

2. 有针对性的指导训练，训练效果明显

与团体课程相比，由于小团体私教课在人数上进行了控制，就保证了教练能够指导和关注到每一个训练者，针对在一堂课上的不同水平练习者，教练也会给出相应的降阶或进阶练习方式，并运用私教训练的一些方法来指导和控制整个训练过程，所以课程的针对性相对较强，同时训练的效果也会得到保障。

3. 具有社交功能的健身课程

小团体私教课程让有共同训练目的的人们聚在一起训练，以教练专业作为延伸，教练与会员互动，会员与会员互动，在训练中建立感情，可以让很多互不相识的人成为朋友，为很多爱社交的人提供了很好的平台。在生活节奏不断加快的今天，很多上班族陪伴家人或与好友聚会的时间也越来越少，目前，越来越多的健身人群开始尝试约上自己的家人或好友一同参加小团体私教课程，在健身运动的过程中交流和维系情感，把运动融入生活，令健身、交友一举两得。

4. 训练内容丰富，兼顾力量和有氧训练

在小团体私教课程中，通过训练动作的设计和集体配合，可以兼顾力量训练和有氧训练，让你不必周旋于有氧和力量器械之间。训练的顺序、次数及重复动作是由教练们针对会员身体不同状况和训练目标决定的。小团体课程中还常使用各种健身小器械，通过小器械的辅助进行全身的运动，既可以帮助练习者加速健身成果的获得，又丰富了训练的内容。

四、小团体私教课程的设计

（一）小团体私教课程设计的原则

1. 全面性原则

全面性原则要求从会员健康的各个要素去锻炼和发展，一份合格的训练计划应包括有氧运动以改善心肺功能，无氧训练来提高肌肉和骨骼的质量，柔韧性训练帮助改善关节、韧带、肌肉的柔韧度。只有全方面发展身体的各种机能，才能

更有效地达到健身的目的。

2. 超负荷原则

超负荷原则指的是身体训练时的强度要稍大于身体习惯承受的强度，让身体通过超量负荷的刺激后发展得比以前更强壮。可以通过延长运动时间、提高频率、加大阻力、加快速度等方法来增大负荷。对处于平台期的锻炼者来说，此原则很受用。

3. 渐进性原则

如果运动量超出身体的极限承受范围，就会产生过度疲劳现象或者受伤。这一点对于初学者来说极为重要。否则容易因耗能过量、血糖偏低而晕倒或发生危险。对于初学者的课程，宜设计一些自身重量训练和关节活动幅度练习，开始的两周最好以神经肌肉适应性和掌握动作要领为主。

4. 针对性原则

小团体私教课程必然没有一对一私教训练的针对性强，每个会员的身体素质与运动模式都不一样，教练对不同会员的身体机能应采取不同的锻炼方式，所以需要指导者很好地针对所有会员运用进阶（增加难度）与退阶（降低难度）技巧，使整个课程都能顺利地进行，每个会员都能以适合的强度坚持下去。

5. 恢复性原则

运动时消耗了大量的能量，锻炼后需要一段时间来恢复，拉伸或使用泡沫轴筋膜放松。建议的训练时间如下：一节课程 45 min：热身 15 min、训练 15 min、拉伸放松 15 min。相同的比例，因为热身、训练与放松都同等重要，充分的热身，能在最短的时间内给肌肉、关节、心肺足够的压力，然后全面放松，增加效率，减少受伤机会，提升运动表现。

6. 趣味性和互动性原则

趣味性和互动性是小团体私教课程的特点，教练员在设计课程时应充分注意，并提前将训练动作进行设计和加工，让课程中的互动和趣味性达到预期的效果。让练习者在愉快亢奋的状态下完成训练，提升课程效果。

7. 安全性原则

安全训练永远是最重要的。对于健身教练来说，小团体私教课程比私教的难度更大，健身教练应根据自己的水平将参加小团体课的人数控制在可控的范围内，避免出现教练关注不到或指导不及时而出现安全隐患。同时教练对课程的提前设计以及器材的摆放、布置等因素也是每个小团体私教课程教练要重视的环节。

（二）小团体私教课程对授课教练的要求

小团体私教这种训练形式很好地弥补了团体课和私教课各自的不足，但授课过程中对教练的要求也是非常高的。要求教练既能像团体课教练一样进行动作示范，又要在示范后做大量指导，尽量做到让每个练习者的动作都是标准的。同时教练还要具备很好的观察能力、控场能力、时间分配能力等。只有这样才能让小团体私教课程的训练场面安全有序，并达到预期的训练效果。对于教练而言，在一次小团体私教课中参与的练习者越多，对教练的要求就越高。一般来说，一个教练在一次小团体课中指导的极限是8个练习者，再增加训练人数，效果将会大打折扣，也将失去小团体课的意义。对于有经验的教练，每堂小团体私教课可安排6～8人同时训练。对于经验比较欠缺的新教练来说，一次小团体私教课人数不宜超过5人。

小团体私教课程教练在实施课程时应具备的能力有：

1. 观察能力

多个练习者同时进行训练，教练需在一定的时间内观察、关注每一个参加训练者，并及时发现练习者的技术问题和安全隐患。

2. 一堂课指导多人的能力

发现练习者问题后教练还需要迅速做出有针对性的指导，保证训练的安全性和有效性，通常会用运动语言提示、触感提示、道具辅助等各种方法来进行指导。一定的时间内同时指导多个训练者，这对健身教练的要求非常高，非常考验教练的能力。

3. 同一组训练时给出不同程度的练习动作的能力

一堂训练课通常会有不同程度的练习者，教练需要根据观察判断出各个练习者是否适合完成教练设计的动作，这在小团体私教课程中非常重要。通常，练习者能力强，完成起来轻松、没有挑战性，需要在所设计动作的基础上提高难度，给出一个进阶的方案。相反，练习者能力不足、完成不了所设计的动作，教练就应稍作调整，降低难度，给出一个退阶的方案。

4. 使用各种小工具和辅助小器械的能力

各种小器械在小团体私教课程中具有非常重要的地位，借助小器械可以提高训练效果，同一种器械不同的使用方法可能是退阶训练，也可以是进阶训练。这需要教练熟悉各种小器械的特性和使用方法。借助各种小器械组织训练课不仅可以提升效果，还可以让训练内容更丰富，提升练习的趣味性。

5. 根据场地环境设计练习方案的能力

每个训练场地条件都不同，有时不能完全满足训练要求，作为一名小团体私教教练，应具备根据训练目标利用现有场地资源和器材设计一堂课的能力。教练应在每堂课前根据场地、人数情况积极做好课程设计方案，准备好器材，保证课程的安全、有效和流畅。

（三）小团体私教课程中的教学提示

小团体私教课程在实施过程中必须有合理的编排和组织，只有这样才能保证课程的安全性和有效性。在课程实施中，教练准确地运用教学提示可以让课程更加有序。小团体私教课实施过程中的提示包含以下几个方面。

1. 队列提示

一堂有序的小团体课程需要教练提前进行设计，在课程中教练也要随时将设计好的队列要求告诉练习者，队列提示不足会让课程显得杂乱无章，也会存在安全隐患。教练应提示练习者以什么队形、怎样的间距完成训练。例如：大家手牵手围成一个大圆圈；两个人一个小组，等等。

2. 安全提示

训练的安全性永远是第一位的，但对于训练者，尤其是初学训练者往往会忽视很多训练中的安全隐患，包括场地、器材、练习者与练习者之间的配合等等。教练应随时提示完成训练动作时的注意事项。例如：请大家两臂打开，保持安全的训练距离；注意握紧小器械，手不要松等。

3. 教育信息提示

通过小团体课程的训练，训练者不仅能锻炼身体，还能掌握很多健身知识。一位合格的教练在组织训练课程时，还应告诉练习者为什么现在要完成这个动作，这个练习有什么好处和功效。例如：这个动作可以强化我们腹部肌群，让我们的核心更稳定等。

在组织训练的同时，始终提示动作技术的要领和要求。例如：背部挺直、膝盖与脚尖方向一致等。

4. 呼吸提示

运动中呼吸配合非常重要，一般初学者在训练时常常因为不知如何呼吸而选择憋气，这会给训练埋下安全隐患，不正确的呼吸模式也会让训练效果大打折扣，教练员应提醒练习者运用什么样的呼吸方式完成某一动作。例如：完成这个动作时可以用鼻子吸气、嘴巴呼气；请大家注意，在完成动作时不要憋气，保持呼吸。

5. 激发动机与肯定语气提示

当训练过程中出现疲劳练习者想要放弃时，教练应用积极的语言鼓励学员坚持完成训练；对完成好的动作进行表扬。例如："非常好""继续坚持""再坚持几次，你的脂肪已经在不断地燃烧了。"

6. 意象、比喻、形象化提示

为了让训练者找到对的用力和拉伸感觉，运用日常熟悉的比喻或想象进行提示会起到事半功倍的效果。例如：感觉自己的脊柱无限延伸，头顶到天花板的感觉。感觉自己的手臂像弹簧一样，落地马上弹起等。

7. 触觉提示

练习者本体感受不足，有时只用语言提示不能收到很好的效果，还可以尝试使用触觉提示。比如：要求臀大肌收紧，但练习者不知道怎样收紧臀部，这时用手指或适合的器材点压臀大肌，让练习者触发本体感受和应激反射，可以快速找到用力点，提升训练效果。

五、私教小团体课程中常用小工具（器械）介绍

小团体私教课程趣味性很强，其中对于各种小器械的使用功不可没。通过小器械的配合不仅可以使训练动作更有效，还可以减少训练中的枯燥和感官疲劳。各种小器械的交替使用让训练效果大大提升，让小团体私教课安全、有趣、有效。

常用的小工具包括：壶铃、战绳、平衡软塌、乳胶圈、波速球（BOSU）、药球、普拉提球、标志桶、敏捷梯、敏捷栏、VIPR 炮筒、泡沫轴、按摩棒、按摩球、弹力绳等。

（一）壶铃

起源于 18 世纪的俄罗斯，已有 300 余年的历史，是比较受专业人士喜欢的一种训练工具（图 5－114），很多橄榄球运动员、综合格斗运动员都把壶铃作为一种重要的训练手段。壶铃可以很好地增加肌肉力量、耐力和爆发力，还可以锻炼我们的协调性和柔韧性，包括核心区训练，尤其是对加强腰背的肌力和肌耐力有着立竿见影的效果，很多时候有着不可替代的功能。

图 5－114　壶铃

壶铃训练的功效：

（1）全身性训练。

（2）不同于哑铃训练。哑铃重心始终没有脱离掌心，壶铃的圆形把手使其重心在身体之外，拉动壶铃完成动作时，肌肉在克服负重做功时，身体还需要保持平衡，强化手臂，在加速和制约壶铃运动轨迹时，为了不让壶铃重心脱离掌控，手臂和手腕小肌群比握哑铃更加紧张用力。

（3）提高核心区稳定性。如单脚提拉、仰卧转体、单腿深蹲。

（4）提高心肺功能。

（5）增强生活中的基本活动能力，如单腿深蹲。

（6）提高脂肪燃烧效率。

（7）复合型动作使单位时间内的训练效率更高。

（二）波速球（BOSU）

波速球由健身球演变而来（图 5－115），波速球比健身球稳定，可训练和设计的动作更多，效果更好。波速球可以进行全身性锻炼，进行有趣有效的训练动作编排，

图 5－115　波速球

很多私人教练运用波速球丰富自己的课程。主要训练平衡能力，是深层肌肉训练的法宝。

波束球训练的功效：

（1）全身性训练。

（2）提高核心区稳定性（每个动作）。

（3）增强平衡能力。

（4）增强生活中的基本活动能力。如单脚站在波速球上，提高脚踝稳定性等。

（5）提高脂肪燃烧效率。

（6）复合型动作使单位时间内的训练效率更高。

（三）战绳

从美国基层的棒球队、篮球队、美式足球队，到职业的 NBA、MLB、NFL、综合格斗 MMA 等，都通过战绳（图 5－116）进行核心肌群、心肺功能及身体协调性和肌力肌耐力的训练。

战绳训练的六大项训练功效：

（1）肌肉：通过战绳训练能提高肌力和肌耐力。

（2）爆发力：瞬间快速力量的变换，提升爆发力。

（3）协调性：从左右手的交替变换中，提升整体协调性。

（4）平衡：从深蹲、跨步蹲、左右转移的变化中搭配训练，通过克服不稳定因素提升平衡能力。

图 5－116 战绳

（5）线条：是以肌耐力为主的训练，通过练习可使肌肉线条变得饱满。

（6）体能：可以消耗大量体能。

（四）VIPR 炮筒

VIPR 可以进行全身性锻炼，教练运用 VIPR 可以编排各种有趣的训练动作，既有效，又可以丰富自己的课程。VIPR 不是一个简单的复合带手柄的橡胶管，它可翻转、提拉、搬运、投掷或滚动，适合所有水平人群训练。它是活力的代名词，是兼顾力量、耐力核心训练的独特器材，给予健身俱乐部一个全新的训练概念，无论私教还是团体课程，都能使用它来进行全身锻炼。帮助练习者强身健体，达到理想的训

图 5－117 炮筒

练效果。

除了健身房以外，VIPR 还应用于军队、民防、消防部队、警察部队以及医疗康复等专业领域，日益成为风靡全球的运动项目。另外，VIPR 运动出众的减脂功效，让其成为深受会员欢迎的减重课程。

炮筒训练有以下功效：

（1）全身性训练；

（2）提高核心区稳定（每个动作）；

（3）提高心肺功能；

（4）增强生活中的基本活动能力（如单脚提 VIPR 晃动、提高脚踝稳定性等）；

（5）提高脂肪燃烧效率；

（6）复合型动作使单位时间内的训练效率更高。

（五）实心球（药球）

实心球也叫药球（图 5－118），是力量训练中历史最为悠久的方法之一。最早提及药球历史的史料可追溯到近 3000 年前的波斯摔跤运动员用沙填充的囊袋辅助训练。现代实心球是比较受专业人士喜欢的一种训练工具，很多橄榄球运动员、综合格斗运动员都把它作为一种重要的训练手段。对于小团体健身训练，实心球在很多时候有着不可替代的功能。

图 5－118　实心球（药球）

实心球训练的功效：

（1）全身性训练；

（2）增强生活中的基本活动能力；

（3）提高脂肪燃烧效率；

（4）提高核心区稳定性（如转体抛接、仰卧转体、前左右砸球等）；

（5）提高心肺功能；

（6）复合型动作使单位时间内的训练效率更高。

（六）弹力带

弹力带的尺寸一般为长 1.5 m，宽 15 cm，厚度约 3 mm（图 5－119）。多为乳胶材质，有多种不同的阻力。使用弹力带完成练习动作可以通过抗阻训练的形式，提升练习的效果。

（七）瑞士球

瑞士球多为 PVC 材质。不同尺寸的瑞士球充气后可形成直径分别为 55 cm、65 cm、75 cm 的弹性圆球（图 5－120）。瑞士球创造了一个不稳定的运动环境，为了维持身体的稳定，健身者会调动更多的深层肌肉参与运动过程，可更好地提升深层稳定肌群的力量，提升平衡能力。同时，瑞士球练习也为训练带来了很多趣味性。

图 5－119　弹力带

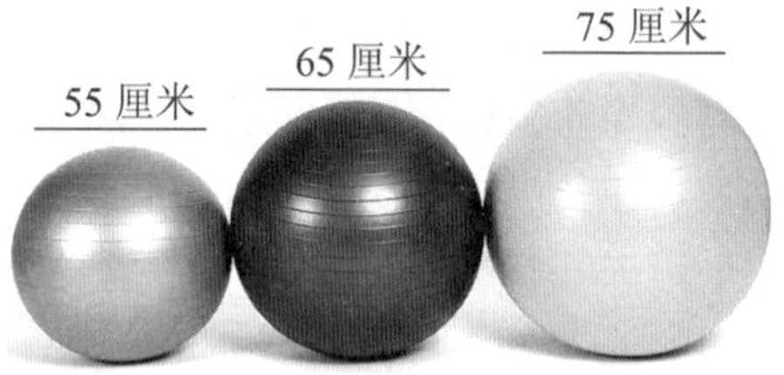

图 5－120　瑞士球

（八）泡沫轴

泡沫轴是一种 PVC 材质的圆柱体，可通过泡沫轴对全身的各部分肌肉进行放松（图 5－121）。使用泡沫轴进行自我肌筋膜放松是目前健身课程中广泛采用的方法。

图 5－121　泡沫轴

泡沫轴训练的功效：

（1）自我肌筋膜放松让肌肉恢复原有弹性。

（2）正确使用泡沫轴，可达到比拉伸更理想的效果。

（3）坚持使用泡沫轴，可逐渐消除肌肉组织粘连，改善错误体态。

【思考题】

1. 举例说明抗阻训练两个动作阶段的技术要领。
2. 举例说明 PNF 伸展练习的技术要点。
3. 简述小团体私教课的定义。
4. 小团体私教课程的特点有哪些？
5. 小团体私教课程设计的原则有哪些？
6. 常用小团体私教课程的小工具（器械）有哪些？它们的练习功效是什么？

第六章　健身计划

【本章提要】

为客户制订个性化的健身运动计划是健身教练专业能力的体现。本章首先介绍了制订运动方案的原理、健康体适能评估方法，然后分别介绍了提高肌肉力量、耐力以及增肌的抗组训练方案，改善柔韧性的伸展练习方案和提高心肺耐力的有氧运动。

第一节　健身计划概述

一、健身计划的概念

健身锻炼对增强体适能、预防疾病和促进健康等有良好作用。但是，并非所有的人从事相同的运动都有同样好的效果。对于同一种运动负荷，在运动员、一般健康者和不同程度的疾病患者中机体产生的反应差异是很大的。即使同一个体，在不同的时期、不同的机能状态下，对同一运动负荷的反应和效果也不一样。因此，不同的个体应有适合其机能需要的不同的频率或间隔、强度、时间、运动形式、持续周期等。如何科学地指导人们进行运动锻炼，使其机体最大限度地保持或提高机能水平，预防某些疾病的发生是健身教练应该掌握的重要内容。

健身计划（即运动方案）是以提高体适能、促进身心健康、预防运动缺乏症为目的，针对个人的身体状况而制订的一种科学、定量化的周期性运动锻炼方案。即根据锻炼者的健康状况、体适能水平及运动目的而确定其适当的运动频率、强度、时间及运动类型，使锻炼者进行有计划的周期性运动的指导方案。这如同临床医生根据患者的病情开出不同的药物和不同的用量处方一样，故又称运动处方。

二、健身计划的基本要素

健身计划的基本要素包括运动目的、运动频率、运动强度、运动时间、运动类型、注意事项及微调整等。其中的运动频率、运动强度、运动时间、运动类型被称为健身计划的四要素。

（一）运动目的

根据个体不同的身体情况确定目标即运动目的。运动目的具有主观和客观的双重性。主观性表现为运动意向，客观性则更多是由于健康状况，是以情绪为核心的主观意愿需要。而疾病程度等身体客观状况产生的需求，把运动作为满足机体健康需要的一种手段。

（二）运动频率

运动频率通常指每周运动的次数。运动效果是在每次运动对人体产生的良性作用的逐渐积累中显示出来的，是一个量变到质变的过程，所以要求经常锻炼，或根据不同的运动目的实施一定周期的运动计划。运动频率在制订运动方案中的作用是非常重要的。如果一次运动后，运动对机体的良性作用完全消退后再进行第二次运动，则前一次运动的效果不能被蓄积；如果一次运动后，运动对机体的良性作用还未出现（也就是前一次运动的疲劳尚未消除）就紧接着进行第二次运动，则会造成疲劳蓄积。以上两种运动间隔形式都不能取得满意效果，后一种形式如果长期持续下去还将对机体造成过度疲劳。正确设定运动频率，要根据运动目的和身体情况的不同而区别对待。

（三）运动强度

人体运动中，运动强度是指单位时间移动的距离或速度做的功。运动强度是运动计划中决定运动量的最主要因素，是肌肉单位时间内所做的功，也是运动计划四要素中最重要的一个因素，是运动计划定量化和科学性的核心问题。运动强度是否恰当，关系到锻炼的效果及锻炼者的安全。

（四）运动时间

运动时间指每次运动持续的时间，是组成运动量的重要因素。在持续的周期性运动中，运动时间乘以运动强度就是运动量。因此，运动时间依负荷强度而发生变化。负荷强度确定后，持续该强度的运动时间就成为影响锻炼效果的重要因素。运动时间过短，对机体不能产生作用，达不到应有的效果；运动时间过长，又可能超过机体的负担能力，造成疲劳积累而损害身体。因此，确定运动时间应根据运动目的及负荷强度来设定能引起机体产生最佳效果的运动时间，即必要的运动时间。

（五）运动类型

运动类型即运动的种类，是确定运动计划性质的重要因素，必须根据运动目的来选择适当的运动类型。为了达到全面身体锻炼的效果，健身运动计划应包括以下 3 种主要运动类型：有氧运动、抗阻训练和伸展练习。为了提高心肺耐力，一般选择有氧运动；为了增强肌肉力量和耐力，可采用抗阻训练；为了改善柔韧性，可进行伸展练习。

三、制订运动方案的程序和原则

（一）制订运动方案的程序

制订运动方案时，应按照一定的程序进行。首先要对客户进行身体健康状况调查与评估，然后进行健康体适能测试与评估。通过以上程序，获得为制订运动方案所必需的全面资料和信息，为运动方案制订的科学性提供依据。最后，在此基础上制订出运动方案，并在实施过程中定期进行反馈和调整。

（二）运动方案的原则

1. 因人而异的原则

要根据每一个锻炼者的具体情况，制订出符合个人身体客观条件及要求的运动方案。

2. 有效性原则

运动方案的制订和实施应使锻炼者的体适能水平和健康状况有所改善。

3. 安全性原则

按运动方案运动，应保证在安全的范围进行，若超出安全的界限，则可能发生危险。

4. 全面性原则

运动方案应遵循全面发展身心健康的原则，在运动方案的制订和实施中，应注意维持人体生理和心理的平衡，以达到全面发展身心健康的目的。

四、运动方案的实施

在运动方案的实施过程中，应注意每一次训练课的安排和运动负荷量的监控。

（一）一次训练课的安排

在运动方案的实施过程中，每一次训练课都应包括3个部分，即准备活动部分、基本部分和放松整理部分。

1. 准备活动部分

准备活动部分的主要作用是：使身体逐渐从安静状态进入工作（运动）状态，逐渐适应运动强度较大的运动训练部分，避免出现心血管、呼吸等内脏器官系统突然承受较大运动负荷而引起的意外，避免肌肉、韧带、关节等运动组织的损伤。准备活动部分常采用运动强度小的有氧运动和伸展性练习，如慢跑、步行、骑固定自行车及主要肌肉的静力性伸展练习。准备活动部分的时间一般为5 ～ 10 min。

2. 基本部分

基本部分是运动方案的主要内容，是达到运动目的的主要途径，是通过实施运动方案中的运动项目而锻炼其机能适应能力，使身体维持在相对较高机能状态下持续运动锻炼的过程，从而提高机能潜力，提高体适能。这个部分可以安排进行抗阻训练，也可以安排进行有氧运动整理活动部分或先进行抗阻训练，后进行有氧运动。

3. 整理活动部分

每一次训练课的基本部分锻炼结束后，都应安排一定内容和时间进行整理活动。通过整理活动，使身体机能由激烈的运动状态逐渐恢复到相对安静状态。其作用是使人体激烈的肌肉活动逐渐得到放松，心血管和呼吸系统紧张的机能活动逐渐缓解，减轻疲劳程度，促进体力恢复，避免出现因突然停止运动而引起的心血管系统、呼吸系统、植物性神经系统的不良症状，如头晕、恶心、重力性休克等。

整理活动的内容和准备活动的内容相似，运动应较缓和尽量使肌肉放松。最后可以进行静态伸展练习，既可改善柔韧性，又利于疲劳的恢复。整理活动的时间一般应在 5 min 以上。

（二）运动负荷量的监控

在运动方案的实施过程中，应注意对锻炼者运动负荷量的监控，根据锻炼者运动过程中和运动后的反应情况进行调节，既要保证有效性，又要保证安全性。运动负荷量的检测一般使用 3 种方法：心率监测、主观疲劳感觉、自我感觉与基础指标检查。

1. 心率检测

通常用运动停止后即刻测得的 10 s 脉搏数乘以 6 近似地作为运动时的每分钟心率。

2. 主观疲劳感觉

主观疲劳感觉（rating of perceived exertion，RPE）判定法是已被广泛运用的一种简易而有效的评价运动负荷量的方法，通常用 RPE 表示。RPE 是介于心理和生理之间的一系列的变化指标。可以说 RPE 的表现形式是心理的，但反映的却是生理机能的变化。心率结合 RPE 值测试是最常用而简易的方法。它将客观生理机能的变化与主观心理对运动的体验结合起来。

3. 自我感觉与基础指标检查

观察每次运动后疲劳的消除情况，运动负荷量适宜的标志是：睡眠好、次日晨起疲劳感完全消除、感觉轻松愉快、体力充沛、有运动兴趣和欲望。

运动后次日基础状态测定基础心率，每分钟波动不超过 3 ～4 次；呼吸频率每分钟变化范围不超过 2 ～3 次；血压变化范围在 10 mmHg 上下；体重减少在 0.5 kg 以内。如数日内脉搏、血压有明显的持续上升，或肺活量、体重等有明显的持续下降，则说明运动负荷量偏大，有疲劳积累的征兆，应及时减少运动负荷量。

第二节　健康体适能评估

在客户开始运动前，应首先对其进行健康状况的调查评估和健康体适能的测试评估。通过此程序获得的有关客户的身体健康状况和体适能水平的信息是为其制订个性化的、科学的运动方案的重要依据。

一、健康状况的调查评估

健身教练可以通过以下 4 个方面的调查来评估客户的健康状况：

(1) 是否存在被确诊的疾病；

(2) 是否存在某些疾病发生的潜在危险因素；

(3) 是否存在某些疾病症状；

(4) 是否有健康的生活方式或行为习惯。

健康状况调查与评估可以提供有价值的信息，它不仅可以帮助客户本人了解目前自身的健康状况，而且是健身教练制订以增强体适能和增进健康为目标的健身运动方案的基本依据。

健康状况问卷是要求客户进行健康体适能测试前填写的准备健身运动筛选问卷。健康状况问卷的第一部分是关于客户的个人资料和紧急情况下的某些信息，健身教练应该随时掌握这些信息，以备需要时联系客户的医生或家庭成员。第二部分包括客户的个人病史，这些信息能够有效帮助健身教练确定客户参加运动是否有危险并增大客户在没有医务监督下运动时的安全性，确定客户在开始运动前是否需要进行一次医学检查，同时能够帮助健身教练制订适当的健身运动计划以及确定对客户进行相关知识教育的具体内容。第三部分是关于已知的与安全和健康有关的行为，健身教练可以帮助客户改变这些行为，建立更加有利于健康的生活方式。第四部分是关于一些与健康生活有关的态度和看法。问卷中的问题加了编号，以方便使用，其注解位于问卷的开始部分。

二、健康体适能的测试评估方法

健康体适能测试，是确定不同个体体适能水平的工具，可以使健身教练了解不同客户的体适能水平及特殊的运动需求，是制订健身运动计划的主要依据。同时，健康体适能测试还可以反映客户运动锻炼的进度及效果，并用来激励客户进行运动锻炼。测试结果可转化为标准，作为参照。

健康体适能的测试项目种类繁多，有些特别适合成年人，有些特别适合儿童，各有特色。这些测试是经过严谨的科学验证后才公布的。较为适合健身教练应用的健康体适能测试项目及方法具有适合一般人、较容易实施的特点，包括心肺耐力、肌肉力量和耐力、柔韧性、身体成分、姿态等方面的测试与评价。

(一) 心肺耐力测试方法

心肺耐力的测试项目包括安静心率测量、3 min 台阶测试、1 mile 步行测试、12 min 耐力跑测试。

1. 安静心率测量

测量使用的器材为秒表或钟表。

用食指和中指指尖轻轻按压在桡动脉或颈动脉上，感觉到搏动即可测量

1 min。安静心率应在早晨醒后立即测量。

正常的安静心率为每分钟 60 ～ 100 次。经常进行系统运动锻炼的人，安静心率会有所下降。这是个好现象。

2. 3 min 台阶测试

3 min 台阶测试是通过测试运动后心率的恢复情况，以评价其心肺功能。测试使用的器材有 12 inch 高踏板、节拍器、秒表和钟表。

预设节拍器为每分钟 96 次，指导客户按“上、上、下、下”节拍运动 3 min，即每分钟做 24 次“上上下下”。完成运动后 5 s 内立即测量 1 min 脉搏，记下心率并与评价标准表格对照，评价其功能水平。

若运动后心率越低，其心肺功能越好。

3. 1 mile 步行测试

1 mile 步行测试的目的是测量心肺耐力（VO_{2max}）。

测试使用的器材有秒表和计算器。测试场地为测量好的 1 mile（1. 6 km）不受干扰的平坦路段。

指导客户快走 1 mile，通过终点后，记录完成时间，然后尽快测量其运动后心率，并作记录。参考对照评价标准表格对其进行评价。

以下算出的 VO_{2max}值越高，表示心肺耐力越好。

最大摄氧量公式：

VO_{2max} = 132. 583 –（0. 0769 × 体重）–（0. 3877 × 年龄）+（6. 3150 × 性别）–（3. 2649 × 时间）–（0. 1565 × 心率）

体重单位为磅；年龄单位为年；性别赋值为女性 = 0，男性 = 1；时间单位为分钟（取小数点后两位）；心率单位为次/分钟。

4. 12 min 跑测试

12 min 跑测试的目的是测量心肺耐力（VO_{2max}）。

测试使用的器材有秒表和距离标记（标杆筒）。测试场地为标准 400 m 田径场，8 等分。每段距离 50 m。

指导客户在 12 min 内跑出尽可能远的距离。以米为单位记录客户所跑完的距离：

12 min 内跑的距离越长，其心肺耐力越好。

（二）肌肉力量和耐力测试方法

肌肉力量和耐力测试项目包括握力测试、半仰卧起坐测试和俯卧撑测试。

1. 握力测试

握力测试的目的主要是用来测量前臂肌肉的力量。

测试使用的器材为握力计。

调节握力计至适宜的握距，直立，手臂下垂持握力计，指针向外，用尽全力紧握，左右手各做 3 次，每次之间可休息 30 s，取最佳成绩记录，对照评价标准表格。

测试结果数值越高，表示前臂肌肉力量越强，一般也用来表示上肢肌肉力量的强弱。

2. 半仰卧起坐测试

半仰卧起坐测试的目的是测量腹部肌肉的耐力。

测试使用的器材为垫子、颜色胶纸、节拍器和尺。

指导客户仰卧在垫子上，屈膝 90°，手臂伸直放在身体两侧，掌心向下，在中指前紧靠中指贴第一条标志胶纸。第二条标志胶纸平行贴在第一条标志胶纸前方 8 cm 处（45 岁以上），或 12 cm 处（45 岁以下）。

将节拍器设置为每分钟 40 拍。指导客户有控制地抬起肩部离开垫子，约成 30°，双手一直接触地面，并要触到前面的标志胶纸。然后，还原至仰卧姿势，中指返回触到第一条标志胶纸为一次。按节拍“起、落、起、落”，每分钟做 20 次。测试中不可停顿，跟不上节拍就停止测试。

男子完成 75 次为满分，女子完成 70 次为满分。完成次数越多，说明腹肌耐力越强。

3. 俯卧撑测试

俯卧撑测试的目的是测量上肢肌肉力量和耐力。

俯卧撑测试使用的器材为软垫子。

指导客户俯撑于地，双手分开与肩同宽，保持腰背挺直，头部、背部和臀部呈一直线，男性脚掌着地、女性屈膝，小腿抬起离开软垫子，膝部支撑在软垫子上。屈臂使身体平直下降至肩与肘处于同一水平面，然后伸直手臂将身体平直支撑起为一次，腹部不可触到地面或垫子。记录完成次数并与评价标准表格对照。俯卧撑完成次数越多，表示上肢肌肉力量和耐力越好。

（三）柔韧性测试方法

柔韧性测试项目常用的是坐位体前屈测试。

测试使用的器材为坐位体前屈测试仪和垫子。

首先让客户做热身和适度伸展运动，以免受伤。

指导客户赤足面对箱子坐在垫子上，脚后跟应顶在箱子的边缘，双脚与肩同宽，膝关节伸直。双手重叠，放于箱子上面，身体前屈，指尖慢慢向前移动。保持直膝，移至最远的位置，保持 1 s。重复动作 3 次，取最好成绩。

将箱子 26 cm 处设定为“0”点。将读数与评价标准表格对照。读数越高，表示其腰背及大腿后群肌肉的柔韧性越好。

（四）身体成分测试方法

身体成分测试使用的是皮褶测量法。

测试使用的器材为皮褶卡钳、软尺和钢笔。

测量位置为身体右侧，男性为胸部、腹部和大腿正中，女性为股四头肌、腰部和大腿正中。

以左手拇指及食指捏起客户的正确皮褶测量位置上 1 cm 处的皮褶（确定没有捏起肌肉），然后，右手持皮褶卡钳钳在正确的皮褶位置，钳入的深度约是捏起皮褶高度的一半。右手在钳住皮褶后可稍放开 2 s，使读数稳定后，记录该读数。

每个位置重复测量两次，若两次读数差距不超过 2 cm，取其平均值作为该位置的正确读数。若多于 2 cm，需再测量。

3 个位置的皮褶厚度测定后，取其总和，对照评价标准表格，对应性别、年龄，可得出体脂百分比，评价其是否适中。

（五）姿态评估方法

身体姿态是身体各个部分所处的位置，它反映了身体各部分组织结构间的力学关系。所以，姿态是评价生长发育水平的一项重要内容。正常的姿态不仅表现出健康的精神面貌，给人以优美的感觉，更重要的是它使身体各部分的空间位置处于最佳的省力状态，从而减轻肌肉韧带的紧张，减轻疲劳，并且有利于运动能力的发挥。不正确的姿态会额外增加肌肉韧带的负担，还会影响骨骼的发育，影响循环、呼吸、消化的正常功能。

姿态可分为静态姿态和动态姿态。静态姿态是指人体在相对静止状态下，身体各部位所处的某一相对位置；动态姿态是指人体在运动过程中身体各部位的位置。一般情况下，身体姿态的评价主要是静态姿态的评价，着重检查直立姿态。

静止姿态的评价可以以一条通过身体重心的垂直于地面的假想线，可称其为中轴线，作为参照来检查。理想的姿态是身体各个部分能够平衡、均匀地分布在这条直线上，这时身体各部分所承受的压力降到最低程度。相反，不正确的姿态是某些部分偏离正常位置并影响到其他部分的位置变化，从而使身体中的某些组织不断承受额外的压力，最终会导致这些组织出现伤痛。

通过站姿的侧面和后面，我们可以观察身体的头部、颈椎、腰椎、骨盆、踝关节的位置和结构关系。侧面重点检查头部的位置是否处于正中位；颈椎的曲度是否正常；是否含胸、圆肩、驼背；腰椎的曲度、骨盆的位置是否正常，腰曲是否过弯或过直；骨盆是否前倾或后倾。后面重点检查头部是否处于正中位；肩部是否水平、是否耸肩或塌肩；胸腰椎是否呈一条直线，是否存在脊柱侧弯；骨盆是否呈水平位；腿部是否呈一直线。

另外，要对胸廓形状、腿的形状、足的形状进行检查。

第三节　抗阻训练方案

一、训练原则

身体活动要达到健身目的，必须达到一定的运动强度和运动量才能收到良好的效果，要进行科学的身体锻炼，不能盲目地去运动。因此，在进行抗阻训练时必须遵循以下基本原则。

（一）超负荷原则

超负荷原则是运动训练的基本原则，是指对于运动量的要求要超出平时所适应的负荷，这样训练才有效果。这是一种为了提高肌力和肌肉耐力所实施的超过自身平时最大能力的训练，肌肉系统功能训练力量、耐力的超负荷是通过在抗阻训练中增加重复次数、减少每组之间的休息时间、增加重量、增加练习组数、增加训练频率等方法实现的。

（二）特殊性原则

不同的身体活动具有不同的效果，运动者期望获得什么样的运动效果，就应进行能产生那种效果的运动。因此在运动方案中，不同的需求要采用不同的运动内容。例如，要增加胸肌、肱三头肌的力量，就要采取卧推练习，而不是坐姿划船练习。高强度的抗阻训练可增强肌肉力量和肌肉的体积；如果要获得最大的肌力就必须对抗最大的阻力；而要提高肌肉耐力则要采取低阻力、多次数的抗阻训练才能明显提高，但肌肉力量和体积却不会有多大改变。

（三）渐进性原则

实施运动方案要逐步增加运动量，从而使运动方案能够安全而有效地进行。在抗阻训练中，如果一时突然给予肌肉过大的负荷，就容易造成伤害事故。所以应采取渐进的方法增加强度、次数和组数。身体适应能力随着渐进的负荷而增加，肌肉力量、耐力和肌肉体积也随之增加。

二、抗阻训练方案的制订依据与内容

（一）抗阻训练方案的制订依据

选择正确的锻炼手段和确定适当的运动负荷，是制订抗阻训练运动方案的关键。为了定制出个性化的抗阻训练运动方案，必须以健康状况的调查评估和健康体适能的测试评估获得的客户信息为依据，另外还要了解客户目前的抗阻训练技术经验和训练水平。一种确定客户训练经验与水平的简单方式是询问其参加训练的持续时间。对于以前没有训练经历的客户来说，参加训练少于 3 个月的属于初学者水平；3 ～ 12 个月的属于中级水平；超过 1 年持续训练的就属于高级水平。

制订抗阻训练运动方案的具体内容之前，要明确客户的锻炼目的。首先要明确客户需要重点增强锻炼哪些肌群，然后明确需要发展的是肌肉力量还是肌肉耐力，或是增加肌肉体积。

（二）抗阻训练方案的内容

抗阻训练运动方案的内容较为复杂，主要包括运动频率、运动时间、运动的选择、动作顺序、负荷和重复次数、完成组数、组间休息、训练方法等要点。

1. 运动时间

一般来说，运动时间也取决于客户的训练水平，但作为一般健身者来说，一次抗阻训练的时间一般不超过 60 min。

2. 运动频率

运动频率受客户的抗阻训练水平、其他运动以及日常生活和工作的时间安排的影响。

健身教练应该主要以客户的抗阻训练水平来确定其运动频率。训练水平差的客户需要较多的休息时间，这就降低了训练频率。相反，训练水平较高的客户需要的休息时间较少，所以每周可以安排多次运动。但是，如果客户还有其他运动，而且总运动量很高，这种情况下就应该减小抗阻训练的频率。

为了使客户获得充分的休息，应该在相同肌群的训练中间至少安排一天的休息日。还可以根据客户的训练水平做出更详细的指导。一般来说，初级者的训练频率通常是每周 2 ～ 3 次；中级者的训练频率通常是每周 3 ～ 4 次；高级者的训练频率通常是每周 4 ～ 5 次。

初级者每周 2 ～ 3 次的训练应合理地平均分配。例如：可安排周一、周四训练或周一、周三和周五训练。

中、高级者可以接受每周 3 次以上训练的运动频率，但不能每天都训练同一组肌肉群，这时就需要健身教练为其制订分化训练计划。例如：每周练 4 天可以这样安排：周一和周四训练上身肌肉，周二和周五训练下身肌肉。

3. 运动的选择

运动的选择就是为客户选择抗阻训练计划中的练习项目，这主要取决于客户的个人情况。所选择的练习动作应针对客户的特殊需要，排除不适当的运动。一般性的运动选择原则如下：

（1）健身教练应该在特殊性原则指导下选择动作，为了训练某些特定的肌群，应该选择这些肌群的针对性练习。

（2）应该考虑客户的时间问题。这个因素不仅影响练习项目的数量，还影响练习的方式。例如，单臂哑铃弯举练习所用时间长于双臂哑铃弯举所用的时间。

（3）对于没有抗阻训练经验的客户先安排其进行器械练习。因为器械练习较自由重量练习（杠铃、哑铃练习）在训练技术方面较为简单，同时也较为安全。

（4）对于存在身体结构问题或某些关节柔韧性较差的客户，选择运动项目更应慎重。例如，对于肩关节柔韧性非常差的客户，就不应让其进行直立推举哑铃的练习，否则容易造成腰部压力过大而受伤。

（5）可根据客户的具体身体状况和需要为其选择基本练习、辅助练习、结构练习和功能性练习。

（6）对初级者可选择每个肌群采用一个动作的方法，以基础肌肉锻炼为主；而对中级者和高级者则可选择每个肌群采用两个或两个以上动作的方法，并均衡锻炼基础肌肉和非基础肌肉。

4. 运动顺序

运动顺序是指在一次抗阻训练中将练习动作排成一个特定的序列。运动顺序应该使前一次运动引起的疲劳对下一项运动的影响最小。在抗阻训练中，安排运动顺序的方法很多，但是大部分可归纳为以下几个重要的方法：

（1）一般先进行基本练习、多关节练习，然后是辅助练习、单关节练习；或先进行大肌肉群的练习，然后进行小肌肉群的练习。如进行预先疲劳训练法，则先进行单关节练习，然后进行多关节练习。

（2）“推”和“拉”运动的交替进行。

（3）上肢练习和下肢练习交替进行。

（4）多关节练习、单关节练习与交替推拉练习相结合。通常先进行下肢的运动，然后是上肢的运动。

（5）循环训练。

5. 负荷强度和重复次数

研究证明，高负荷（最大或接近最大用力）和低重复次数的训练可使力量得到有效增大，而低负荷和高重复的训练可使肌肉耐力获得良好的发展。在某种程度上，肌肉力量和耐力在每种情况下都可以得到发展，关键是哪种负荷方案更有利于其专门的神经肌肉类型。以发展肌肉力量为主的抗阻训练应采用 1 ～ 6 RM 的强度；以发展肌肉体积为主的抗阻训练采用 6 ～ 12 RM 的强度；以发展肌肉耐力为主的采用小于或等于 12 RM 的强度。对于初学者水平的客户，开始阶段采用 12 ～ 15 RM 的强度较为合适。由于老年人（50 ～ 60 岁或更老的人）在抗阻训练中可能会发生骨骼肌损伤，一般可采用 10 ～ 15 RM 的强度。这里应该指出，RM 代表该负荷可能举起的最高重复次数，而不是指负荷本身的绝对值，同为 8 RM，对体适能不同的人，承受的绝对负荷值就可能不同。因此，采用 RM 作为负荷指标，就可能使抗阻训练更加适应运动计划个性化的需要。

6. 组间休息

客户的抗阻训练目标决定了组间休息时间。肌肉耐力训练，组间休息通常是 30 s 或更少。肌肉体积训练，组间休息通常是 30 ～ 90 s。肌肉力量训练，组间休息较长，尤其是下肢或全身性运动，长达 2 ～ 5 min。

7. 组数

每次训练课要完成的组数与每次训练课需要的时间有紧密联系。组数的安排不像运动次数的安排那样直接受到主要抗阻训练目标的影响，但组数也与训练目标有关。尽管研究显示，只进行一组训练就能使肌肉增粗并提高，但是中级者和高级者可能需要增加组数来获得进一步提高。初学者一般不能进行多组训练，开始训练的几个月可以采用单组训练，随着训练水平的提高，可逐渐增加组数。发展肌肉力量与体积一般以3 ～6 组为宜，发展肌肉耐力一般以2 ～3 组为宜。需要说明的是以上的组数安排不包括热身组。

8. 训练方法的变化

为了帮助客户不断提高肌肉的力量、耐力或增大肌肉体积，降低过度负荷的危险，减少厌烦感并维持训练强度，需要在运动计划中应用多样化原则。可以通过周期性改变频率、负荷、训练量或休息时间来改变抗阻训练运动计划，使训练具有多样化。下面重点介绍一些常用方法。

（1）基本练习法

首先通过测试确定个人10 RM 的重量，然后完成3 组训练，每组10 次，每组练习的重量依据10 RM 的百分比来确定。例如：

第一组，10 次，50% ×10 RM；

第二组，10 次，75% ×10 RM；

第三组，10 次，100% ×10 RM。

（2）金字塔练习法

先确定个人1 RM 的重量，然后依据这个重量的百分比来确定以下每组练习的重量。随着每组逐渐加重，每组次数逐渐减少。例如：

第一组，12 次，50% ×1 RM；

第二组，8 次，65% ×1 RM；

第三组，6 次或至力竭，75% ×1 RM。

（3）递减重量练习法

同金字塔练习法相反，随着每组逐渐减重，每组次数逐渐增加。例如：

第一组，6 ～8 次或至力竭，约100% ×10 RM；

第二组，9 ～12 次或至力竭，约80% ×10 RM；

第三组，13 ～15 次或至力竭，约50% ×10 RM；

第四组，16 ～18 次或至力竭，约20% ×10 RM。

（4）强迫次数练习法

当练习者做某一练习时，已完成一定的次数，无力继续完成全程规范动作时，健身教练可帮助其通过动作的“顶点”继续完成1 ～2 次动作，使肌肉得到最大限度的锻炼。

（5）退让练习法

当练习者正常练习至疲劳后，健身教练可帮助其完成向心收缩动作，然后由其自己完成离心收缩动作。

（6）调整运动负荷量

为了避免客户出现对某个运动计划的不适应或过度疲劳的现象，可周期性地调整运动负荷量。运动负荷量的调整主要是改变多关节练习的负荷量。例如：如果客户每周锻炼3天，可以将这3天分别安排为“大负荷量日”“小负荷量日”和“中负荷量日”。如果客户每周锻炼4天，可以采用“大负荷日”与“小负荷日”交替的方法。

（7）改变练习动作

为了使客户保持对健身运动的兴趣，提高锻炼效果，可每4～8周改变练习动作，甚至可以在每次锻炼课都改变一些练习动作。

第四节　伸展练习方案

一、训练原则

超负荷原则、特殊性原则、渐进性原则同样适用于改善柔韧性的伸展练习。

（一）超负荷原则

伸展练习必须达到一定的运动强度和运动量才能收到良好的效果，因此超负荷原则也是伸展练习的基本原则。对伸展练习运动量的要求同样要超出平时所适应的负荷，从而使柔韧性获得改善。

（二）特殊性原则

特殊性原则也适用于伸展练习。由于柔韧性具有关节的特殊性，因此要改善某一关节的柔韧性就要伸展与其相关的特定的肌肉。例如，改善肩关节的柔韧性与改善膝关节的柔韧性所要伸展的肌肉是完全不同的。另外，由于每个部位肌肉的功能具有特殊性，因此其伸展方法也具有特殊性。例如，伸展肱三头肌与伸展肱二头肌的方法是完全不同的。

（三）渐进性原则

改善柔韧性要逐步增加运动量，从而使运动方案能够安全而有效。在改善柔韧性的练习中，如果突然给予肌肉过大的负荷，就容易造成锻炼者受伤。所以应采取渐进的方法使身体适应能力随着渐进的负荷而增加。

二、伸展练习计划的制订依据与内容

（一）伸展练习方案的制订依据

制订改善柔韧性的伸展练习方案的主要依据，是柔韧性测试的评估结果。身体各部位柔韧性基本正常者，可以保持和提高柔韧性为目的，进行全身各部位的柔韧性练习。如果客户存在柔韧性较差，出现身体姿态和结构性问题时，应将柔韧性较差部位作为锻炼目标的重点。

（二）伸展练习方案的内容

1. 运动形式

根据近期训练目的正确选择运动形式，即手段有法，是取得锻炼效果的

关键。

对于一般健身锻炼者来说，如果关节本身没有活动障碍，影响柔韧性好坏的主要问题在于肌肉的伸展性。锻炼应以静力性伸展练习为主，可让客户主动完成，也可帮助其被动完成。如客户有特殊需要，也可进行 PNF 练习。

2. 运动负荷

（1）静力性伸展练习的运动负荷

静力性伸展练习的运动负荷包括强度、持续时间、组数、间隔时间和运动频率五个方面。

①强度。不论是进行主动伸展练习，还是被动伸展练习，都应逐渐加大动作幅度或逐渐加大给予的助力。让客户感到目标肌肉受到的牵拉或略感不适，即为适合的负荷强度。没有牵拉的感觉，达不到锻炼效果；但也不能使负荷强度大到引起疼痛的程度。

②持续时间。锻炼初期，当练习部位出现牵拉感觉时，停留 10 ～ 15 s，以后逐渐延长持续时间，几周后可以增加到每次停留时间为 20 ～ 30 s，一般不超过 30 s。

③组数。重复 3 ～ 5 组。根据客户感觉，逐渐增大牵拉的程度。

④间隔时间。稍事放松，待牵拉感觉缓解后，即开始下一次练习。

⑤运动频率。柔韧性练习最好每天锻炼 1 次，如果时间不允许，至少隔天 1 次。否则不易收到和保持锻炼效果。

（2）PNF 练习的运动负荷

PNF 练习的运动负荷同样包括强度、持续时间、组数、间隔时间和运动频率五个方面。

①强度。每次练习前，先让客户做静力性的等长收缩对抗，然后被动伸展客户目标肌肉至感到牵拉或略感不适。

②持续时间。肌肉静力性收缩持续 6 s，放松 6 s，被动伸展 15 ～ 30 s。

③组数。可重复 3 ～ 5 组。

④间隔时间。间隔时间短暂。

⑤运动频率。每周 3 ～ 4 次，最好达到 7 次。

3. 注意事项

（1）开始进行伸展练习之前，应先进行慢跑等热身活动，以提高锻炼效果并预防受伤。

（2）避免进行冲击性伸展练习，以防止在伸展练习过程中发生运动损伤。

（3）伸展练习应从大关节开始至小关节。

（4）进行被动伸展练习时，一定要避免用力过大，要及时与客户交流，了解客户的感觉。

（5）伸展练习可以在准备活动、整理活动中进行。

（6）一般客户如无特殊的竞技运动需要，要避免进行某些竞技运动专项的柔韧性训练，以避免受伤。

（7）进行静力性伸展练习时，应保持呼吸顺畅。

（8）进行 PNF 练习时，应注意关节角度的极限，在静力性等长收缩阶段，要保持呼吸，并注意原动肌和对抗肌的配合。

第五节　有氧运动方案

一、训练原则

（一）超负荷原则

有氧运动的超负荷原则是指要达到一定的锻炼效果，锻炼者所做的运动必须达到某个基本阈值，亦即运动量的最低要求要超出平常所习惯的负荷。由此可推断，通过运动增强和提高了的生理功能是可逆的，它可在降低负荷或中断锻炼后又复下降。

运动负荷的改变包括运动强度、持续时间和运动频率，三者综合作用的结果就是达到提高心肺系统功能所需的工作量或能量消耗。

（二）特殊性原则

运动锻炼的特殊性原则是指运动效果与参与运动的组织器官的形态机能变化之间的对应性。例如，以有氧运动（如慢跑）作为主要运动方式的人，他的肌肉力量不会有多大变化；同样，只进行抗阻训练的人，他的心肺耐力水平也不会有较大的提高。另外，一种有氧运动方式与另一种有氧运动方式不一定能取得相同的锻炼结果。例如，一个经常进行长跑锻炼并达到较高水平的人，却不一定适应自行车运动并表现出同样较高的水平。

（三）渐进性原则

人体内脏器官系统的功能活动有一定的惰性，因此在制订有氧运动方案时，一定要遵循渐进性原则。要针对锻炼者的身体情况和锻炼目标，运动量要由小到大，锻炼负荷应逐渐地提高。如果突然进行一次大强度、长时间的锻炼，则可能导致身体机能失调，使身体受到伤害。

二、有氧运动方案的制订依据与内容

（一）有氧运动方案的制订依据

有氧运动方案制订的依据同样来自于之前进行的健康状况调查评估和健康体适能测试评估中有关客户健康状况（特别是心血管系统的健康状况）的信息及心肺耐力的测试结果。有氧运动计划中的各个要素的确定都要适合客户目前的身体健康状况和心肺耐力水平。

制订有氧运动方案前，还应明确客户的运动目的。一般来说，客户进行有氧运动的目的主要有以下两个方面：一是为了提高或保持心肺耐力水平；二是为了消耗多余的脂肪，达到减肥的目的或维持合理体重。

（二）有氧运动方案的内容

1. 运动频率

对于体适能水平较低的初级者来说，开始训练的时候，每周训练的次数应该少一些，最好平均分配，可每隔 1 天运动 1 次，每周 3 次；当训练水平提高时，可增加训练频率，一般每周 3 ～ 5 次。

2. 运动强度

运动强度是设计运动计划中最重要，也是最困难的部分，需要适当的监测以确定运动强度是否适当。理论上，每个人在开始健身前都应该进行一次全面的远动试验，但这并不现实。另外，从安全角度考虑，多数人也并不适合一开始就做运动试验。

有氧训练的阈值取决于客户开始的体适能水平，对于健康成人来说，这个阈值是 50% ～ 85% HRR（心率储备）。每个人的情况有所不同，有的人可能感觉 50% HRR 的强度就已经很剧烈了，但是有些人可能感觉 85% HRR 的强度都很轻松。如果运动强度太大，可能导致过度训练和损伤。如果强度太低，生理刺激可能不足以达到机能的提高，而且难以达到训练目的。比较明智的办法就是开始选择较为保守的强度，然后逐渐增加强度，而不是开始就采用太大强度，导致过度训练的危险，并且可能坚持不下去。

在运动中所应达到和保持的心率为靶心率（THR）。靶心率的测定可直接测定，也可间接测定。作为健身教练至少应该掌握两种间接测定法。

（1）心率储备测定法

心率储备是指最大心率与静息心率之间的差额。若个体的最大心率为 200 次/分钟，安静心率为 60 次/分钟，那么个体的心率储备就是 140 次/分钟。心率储备的百分比与 VO_{2max} 的百分比是相当的，如 60% 的心率储备就相当于 60% 的 VO_{2max}。

用心率储备测定运动强度的具体方法如下：

用最大心率减去静息心率得到心率储备值；

计算 60% 和 80% 的心率储备值。

用此计算结果加上静息心率就是靶心率范围值。

例如：一个 40 岁的男子，测得其最大心率为 175 次/分钟，安静心率为 75 次/分钟：要用储备心率确定其运动的靶心率。计算如下：

心率储备：175 次/分钟 − 75 次/分钟 = 100 次/分钟

心率储备 × 60% = 100 次/分钟 × 60% = 60 次/分钟

心率储备 ×80% =100 次/分钟 ×80% =80 次/分钟

靶心率：60 次/分钟 +75 次/分钟 =135 次/分钟，相当于 60% VO_{2max} 的运动强度；

靶心率：80 次/分钟 +75 次/分钟 =155 次/分钟，相当于 80% VO_{2max} 的运动强度；

因此，该男子在运动中的靶心率范围值为 135 ～ 155 次/分钟。

（2）最大心率百分比测定法：

这是另一种间接测定运动靶心率的方法，即采用个体最大心率的百分比（% HRmax）。此方法的优点就是方便简单，而且经过验证也比较可靠。

由于% HRmax 与% VO_{2max} 呈线性关系，因此可以用% HRmax 来估算运动中的代谢负荷。运动的适宜强度通常是 70% ～ 80% HRmax，相当于 55% ～ 75% VO_{2max}。这种方法计算出来的运动强度要比用心率储备测定法中的运动强度（60% ～ 80% VO_{2max}）相对保守。

以上这两种间接测定运动强度的方法都可以运用在运动健身计划中，两种方法之间的差异不是很重要。但因为对于任何一个预算方程式而言都存在预算误差，这两种方法测定的运动强度在运动健身计划中也仅作参考。

（3）阈值

前面提到，引起心肺功能提高的运动刺激强度会因活动水平和年龄而不同，其变化范围为 50% ～ 85% VO_{2max}。但对于大多数人来说，运动强度的阈值范围如下：

60% ～ 80% VO_{2max}；

60% ～ 80% HRR；

70% ～ 85% HRmax。

这个阈值的下限主要是针对那些年老和长期静坐的人群，上限是针对那些身体机能较好的年轻人群。但对于那些有身体疾病和健康状况不良的人群则有必要采用低于下限的运动强度（即低于 60% VO_{2max}）；而对于那些经常积极锻炼而且体力充沛的人群则可以采用高于上限的运动强度（即高于 80% VO_{2max}）。介于中间的运动强度（即 70% VO_{2max}，70% HRR，80% HRmax）是一个平均锻炼强度，主要适用于那些处于亚健康状态的人群。

（4）主观疲劳感觉量表

主观疲劳感觉量表是以自己的感觉来评估运动强度的方法，是冈纳 · 博格（Gunnar Borg）在 1962 年研制的。通常，运动中的自觉强度以 6 ～ 20 的数字来代表，其中 12 ～ 14 表示有些吃力，它相当于 60% ～ 80% VO_{2max}，一般运动最适当的范围是在 11 ～ 15 之间。如果不知道最高心率以及感觉靶心率太高或太低时，就可以使用主观疲劳感觉量表来设定运动强度（表 6 -1）。此外，当人们在运动中习惯了靶心率强度的运动感觉时，就不必再在运动中通过频繁测量脉搏来确定自己的运动强度了。

3. 运动持续时间

运动持续时间取决于客户的目标、现有的训练水平和运动强度。有氧运动强度越大，需要的摄氧量就越大，能够维持的运动时间就越少。

低强度的活动每次必须超过较长时间（30 min 以上），如果进行高强度的训练，也需持续 20 min 或更长。由于相对较低的强度和较长的运动持续时间的训练对多数人来说更容易完成，以及高强度活动与潜在的危险问题和检查有关。所以，可让不是为了参加运动竞赛训练的客户采用长时间中等强度的活动。

表 6–1　主观疲劳感觉量表

强度	感觉描述
6	非常非常轻松
7	
8	非常轻松
9	
10	比较轻松
11	
12	有点累
13	
14	累
15	
16	非常累
17	
18	非常非常累
19	

4. 运动形式

最好的运动就是客户所喜欢的并能长期有规律坚持的运动。现在大部分俱乐部都拥有多种心肺耐力训练器械及一些有氧集体课程，选择一项客户喜欢的运动将会帮助他们完成训练计划。

5. 有氧运动的训练方法

提高心肺耐力的有氧运动训练方法有持续训练、间歇训练、交叉训练、循环训练等。

（1）持续训练法

持续训练法是指强度较低、持续时间较长且不间歇地进行训练的方法。指使用一种运动方式时，一旦达到了指定运动强度，就一直坚持下去，直到不能够将心率维持在计划范围才停止。开始 4 ～6 min 为准备活动，之后至少有 20 min 以上运动强度应保持在 THR 之内，最后 5 min 左右为整理活动，降低运动强度，使心率逐渐恢复。持续训练法由于运动强度易控制，适合于所有人群。

（2）间歇训练法

间歇训练法是大强度和小强度运动的交替。如 3 min 高强度活动（锻炼时心率可超过 THR 高限的 10%）与 3 min 小强度活动交替进行。

（3）交叉训练法

交叉训练是一种结合集中有氧运动形式的训练。它有两种方式：①每个训练阶段采用不用的运动形式，在一周内循环两种或更多运动；②在一次训练中采用几种不同的运动形式。

（4）循环训练法

循环训练是将抗阻练习和有氧训练相结合的训练方式。将短时间的有氧训练放在抗阻训练之间。各练习之间只有短暂休息或无间歇。目的是将心率增加到THR范围之内，以达到心肺耐力与肌肉耐力的同步提高。

【案例分析】

1. 基本资料

姓名：刘某　性别：男　年龄：19岁　职业：在校大学生

身高：176 cm　体重：53 kg

2. 健康检查

脉搏：96 bpm　血压：118/75 mmHg

心电检查显示有轻微早搏；脊柱腰段有轻微向右侧弯曲。

3. 体适能检查

肺活量：3400 mL　台阶测试评定指数为57.6　握力测试：右手67 kg；左手63 kg

坐位体前屈：19.2 cm　俯卧撑：28个/min

刘某的健康检查分析如表6－2所示。

表6－2　刘某健康检查分析表

健康评估分析	1. BMI体重：体质指数（BMI）＝体重（kg）÷身高^2，他的BMI＝53/（1.76^2）＝17.1＜18.7（kg/m^2），应增重1.6 kg。当BMI指数为12～18时属过低，18.5～23.9时属正常，25～29属过重。 2. 脉搏：正常心率每分钟60～100 mmhg静态心率。大量研究表明：正常的静态心率范围应50～90 bpm。 （虽然美国心脏病协会（American Heart Association）将正常的静态心率定为60～100 bpm，但绝大多数心脏病专家不认可这一设定，认为60～100 bpm的静态心率过高，50～90 bpm的范围更为合适。静态心率超过100 bpm时，被称为心跳过速（Tachycardia）；静态心率低于60 bpm时，被称为心跳过缓（Bradycardia）。 刘某的静态脉搏为96 bpm，大于90bpm，排除其他影响因素，按照静态心率指数范围属偏高，应加强运动，提高心肺功能。 3. 高血压：正常收缩压90～140 mmhg，舒张压60～90 mmhg，他的收缩压在118 mmhg，舒张压在75 mmhg属正常范围，适合做一定强度的运动。 4. 心电图检查有轻微早搏，存在一定风险，应控制在安全范围内，严格监控靶心率强度，进行运动时以低强度运动方式为宜，不应做高强度、太激烈的健身活动，适合做有氧低水平的运动以及严格控制靶心率。

续上表

健康评估分析	5. 患者脊柱侧弯，轻微向右侧弯曲，排除先天性可能，因患者长期保持坐姿、站姿不良形成。轻微弯曲，畸形并不明显，即使轻微畸形，亦无结构变化，容易矫正。需进行姿态矫正，做康复治疗改善，增强脊柱肌肉力量，增强凸侧骶棘肌、腹肌、腰大肌、腰方肌的肌力，调整两侧肌力平衡，锻炼背部肌肉。 6. 肺活量台阶测试评定指数良好，适当加强心肺功能锻炼，做有氧运动训练，提高心肺功能，如游泳、慢跑、快走等运动。 7. 握力测试：右手测试良好，左手应加强上肢肌肉群的力量锻炼。 8. 坐位体前屈指数良好，主要锻炼躯干、腰、髋等部位，提高身体柔韧性。 9. 患者俯卧撑指数测评偏弱，加强肌肉群肱三头肌的锻炼，同时要锻炼三角肌前束、前锯肌和喙肱肌及身体的其他部位，其主要提高上肢、胸部、腰背和腹部的肌肉力量
运动处方设计	1. 运动的目的：增加体重、增肌。增强上肢肱三头肌、胸部三角肌、背阔、前锯肌肌肉力量，纠正脊柱的生理弯度，改善肌肉力量平衡，放松腰大肌、腰方肌的肌力。 2. 运动形式：徒手或器械抗阻训练。 3. 运动强度：8 ～ 12。 4. 持续时间：30 ～ 60 min。 5. 运动频率：一周 3 ～ 5 次 6. 注意事项：注意早搏，训练心率频率，运动强度控制在低中水平比较安全，控制心率，低刺激运动方式少量、多次进行。运动的过程最好佩戴心率表，随时调控心脏的情况，注意心脏过速。腰椎牵引过程避免过度训练，出现头晕、恶心、心慌、胸闷等症状应立即停止，及时进行处理。 7. 运动形式：做矫正体操（不对称爬行）、进行有氧运动（跑步、步行、游泳）、进行上肢功率及四肢运动训练（如自行车训练）。抗阻练习：借助单杠牵引、猫伸展式练习、泡沫轴放松
康复与恢复	1. 调息。 2. 拉伸。 （1）坐姿脊柱扭转： 通过扭转的体式，可以给脊柱内部创造更多的空间，放松连接在脊柱的神经。 从坐立开始，弯曲左膝盖到右膝盖下方，弯曲右膝盖到左膝盖外侧。 右手在身后撑地，吸气；左手往上延展，呼气；往左侧扭转，手肘抵住右膝盖外侧，看右边。

续上表

康复与恢复	（2）蝗虫式： 加强和放松背部的肌肉，有效改善脊柱侧弯。趴下来，双手在身体两侧，掌心朝上，下巴点地；吸气，下巴离地，胸腔离地；呼气，双腿往上抬高，保持伸直，看上方。一组做两次，每组停留 15 s。 3. 按摩。 第一步，患者双手抓住头顶上方的床板边缘或床头（或由助手握住患者两侧腋下），按摩者双手分别握住患者两小腿的下部，缓缓用力做对抗牵引 2 ～3 min。 第二步，患者站立。按摩者站在脊椎凸出的一侧，一手按住侧凸的胸廓；另一手则扳住对侧肩部。两手相互对抗用力，持续片刻后放松休息。反复做 5 ～7 次。 第三步，患者俯卧。按摩者在患者的脊椎两侧肌肉处用手掌来回摩擦 3 ～5 次，然后用四指或掌根做由下而上的揉法，反复几遍。 第四步，揉两侧臀部，反复几遍。用手搓、点揉两侧肾俞、环跳、委中、承山等穴各 10 ～15 s 4. 膳食建议： 建议患者增加体重，需要使热量的摄入量大于消耗量。增加肌肉力量。进行紧凑的、高强度的、主要由各种类型的俯卧撑、引体向上或深蹲等复合动作组成的力量训练。 （1）每天摄入的热量比消耗的热量多 500 ～ 1000 kcal（2039 ～ 4186 kJ）。 （2）保证饮食营养均衡。蛋白质摄入量达到每磅（约 0. 45 kg）体重 1 ～1. 5 g（以理想体重计算），剩余的热量分别来自碳水化合物和以不饱和脂肪为主的脂肪，二者各占一半。 （3）每天吃 5 ～6 餐，每隔 2. 5 ～3. 5 h 一餐，吃足量的水果、蔬菜、坚果、种子、肉类、鱼类和奶制品。 （4）训练后加餐： 这是很重要的一餐，在训练结束后，需要尽快补充： 30 ～50 g 精益、完全蛋白质，如乳清、鸡蛋、禽畜肉或者鱼肉。 30 ～50 g 血糖生成指数高的碳水化合物。

附：健康状况问卷

请准确回答每个问题，使所有的信息都真实可靠。您所有的个人资料都将保密。

问卷编码注解：

EL = 紧急状况下的信息，必须随时备用。

MC = 需要进行医学排除——没有医生的许可下不能进行运动。

SEP = 需要准备特殊紧急处理程序——此人不能独自进行锻炼，并保证他（她）的锻炼同伴知道在紧急状况下应如何去做。

RF = 冠心病危险因数。

SLA = 有可能需要限制活动或进行特殊类型的活动。

第一部分　个人信息

1. 姓名______________　身份证号码：______________________________
2. 性别：男（RF）女
3. 出生年月（RF）：______________
4. 通信地址：____________________　联系电话：____________________
5. 紧急情况下要联系的医生、地址和电话：____________________________
6. 紧急情况下要联系的家属及其电话：________________________________
7. 每周用于工作的时间（小时）：
   不到 20　20 ～ 40　41 ～ 60　超过 60
8. 在工作时超过 25% 的时间在做（SLA）：
   伏案工作　搬运物品　站立　步行　驾驶

第二部分　个人病史

9. 以下亲属若有人在 50 岁以前死于心脏疾患，请画出（RF）：
   父亲　母亲　兄弟　姐妹　祖父母
10. 最近一次医学体检的日期：________________________
    最后一次体适能测试的日期：______________________
11. 若做过以下部位手术，请画出：
    背部（SLA）　心脏（MC）　肾脏（SLA）　眼睛（SAL）
    关节（SLA）　颈部（SLA）　耳部（SLA）　疝气（SLA）
    肺部（SLA）　其他______________________

12. 若有已确诊或正在接受治疗的以下疾病，请画出；

酒精中毒（SLA） 糖尿病（SEP） 肾脏疾患（MC）
镰状细胞贫血（SEP） 其他原因的贫血（SEP） 肺气肿（SEP）
精神疾病（SEP） 癫痫（SEP） 颈部劳损（SLA）
哮喘（SEP） 眼睛疾患（SLA） 肥胖（RF）
腰部劳损（SLA） 痛风（SAL） 静脉炎（MC）
出血倾向（SEP） 听力缺失（SLA） 关节伤病（SLA）
慢性支气管炎（SEP） 心脏疾患（MC） 中风（MC）
癌症（SEP） 高血压（RF） 甲状腺疾患（SEP）
肝硬化（MC） 低血糖症（SEP） 溃疡（SEP）
震荡伤（MC） 高血脂症（RF） 先天缺陷（SEP）
感染性单核细胞增多症（MC） 其他＿＿＿＿＿

13. 在6个月内若服用过以下药物，请画出：

血液稀释剂（MC） 癫痫药物（SEP）
硝酸甘油（抗心绞痛药）（MC） 糖尿病药物（SEP）
心律失常药物（MC） 洋地黄类（MC） 高血压药物（MC）
利尿剂（MC） 胰岛素（MC） 其他＿＿＿＿＿

14. 下述现象如果经常发生就必须引起医学重视。若存在，请画出代表其发生频率的数字：

5 = 非常频繁　4 = 相当频繁　3 = 有时候　2 = 不常见　1 = 几乎没有

（1）咯血（MC）
1 2 3 4 5
（2）腹痛（MC）
1 2 3 4 5
（3）腰背痛（MC）
1 2 3 4 5
（4）腿痛（MC）
1 2 3 4 5
（5）肩臂痛（MC）
1 2 3 4 5
（6）胸痛（RF MC）
1 2 3 4 5
（7）关节肿胀（MC）
1 2 3 4 5
（8）虚弱感（MC）
1 2 3 4 5
（9）晕眩（MC）
1 2 3 4 5
（10）轻微活动即感气急（MC）
1 2 3 4 5
（11）心悸或心跳过快（MC）
1 2 3 4 5
（12）一般性活动却引起严重疲劳（MC）
1 2 3 4 5

第三部分　与健康有关的行为

15. 你吸烟吗（RF）？

是　　否

16. 如果你吸烟的话，指出每天吸烟的数量：

40 支以上　　20 ～ 39 支　　10 ～ 19 支　　1 ～ 9 支

17. 你经常运动吗？

是　　否

18. 你每周有几天进行累计 30 min 以上的中等强度运动？

0　1　2　3　4　5　6　7　天/星期

19. 你每周一般有几天进行 20 min 以上的剧烈运动？

0　1　2　3　4　5　6　7　天/星期

20. 你能轻快地步行 6.5 km 而不至于疲劳吗？

是　　否

21. 你能以适中的步伐持续慢跑 5 km 而不至于产生不适的感觉吗？

是　　否

22. 现在的体重________ kg，一年前的体重__________ kg，21 岁时的体重________ kg。

第四部分　与健康有关的态度

23. 有一些行为特征与心血管疾病的发生有关，画出你认为符合的数字（RF）：

6 = 非常同意　　5 = 一般性同意　　4 = 有一点同意

3 = 有一点反对　　2 = 一般性反对　　1 = 强烈反对

我是一个没有耐心、有时会失去理智、难以驾驭的人：

1　2　3　4　5　6

24. 列举出本问卷中没有包括，但你认为会使你在体适能测试和健身运动计划的执行过程中出现问题的所有事情：____________________________________

____

【思考题】

1. 运动方案的基本要素有哪些？
2. 心肺耐力测试包含哪些项目？
3. 抗阻训练方案的内容有哪些？
4. 有氧运动方案的内容有哪些？

第七章 常见运动损伤的预防与处理

【本章提要】

本章简要介绍了常见运动损伤的分类、原因和预防原则以及运动损伤的急救方法和处理方法。

第一节 运动损伤概述

体育运动过程中发生的各种损伤，称为运动损伤。某些运动损伤的发生与运动项目、所采用的不当动作密切相关。对运动健身过程中损伤的发生原因、治疗方法、康复方法、预防措施有一定的了解，对于防止损伤发生，加快损伤修复和康复，改进训练方法和技术动作，促进锻炼者身心健康水平的提高具有重要意义。

一、运动损伤的分类

运动损伤的分类方法较多，常用的有以下几种。

1. 按损伤组织的种类分类

如肌肉肌腱损伤、韧带损伤、关节软骨损伤、骨折、关节脱位、内脏损伤、脑震荡、神经损伤等。

2. 按有无创口与外界相通分类

（1）开放性损伤

伤部皮肤或黏膜破裂，创口与外界相通，有组织液渗出或血液自创口流出，成为开放性损伤，如擦伤、刺伤等。

（2）闭合性损伤

伤部皮肤或黏膜完整，无创口与外界相通，损伤后的出血积聚在组织内，成为闭合性损伤，如关节韧带扭伤、肌肉拉伤、内脏破裂等。

3. 按发病的缓急分类

（1）急性损伤

瞬间遭受直接或间接暴力而造成的损伤称为急性损伤，其发病急、病程短，症状骤起。

（2）慢性损伤

因局部长期负担过度，由反复微细损伤积累而成的损伤称为慢性损伤，其发病缓慢，症状渐起，病程较长。此外，还可因急性损伤处理不当或过早运动而转变为慢性损伤。

二、运动损伤的原因

（1）思想上不够重视

运动损伤的发生，常与健身教练和锻炼者对预防运动损伤的意义认识不足以及缺乏预防知识有关。他们多存在着某些片面认识，不重视运动安全，思想上麻痹大意，在运动健身过程中没有积极采取各种有效的预防措施。发生运动损伤后，若不认真分析原因，吸取教训，会导致运动损伤时有发生。

（2）缺乏充分的准备活动

准备活动的目的是提高中枢神经系统的兴奋性，增强各器官系统的代谢水平，使人体从相对静止状态过渡到活动状态。据国内有关调查资料分析，缺乏准备活动或准备活动不合理，是造成运动损伤的主要原因。

（3）技术上的错误

技术动作的错误，违反了人体结构功能的特点及运动时的力学原理而造成损伤，这是初参加运动健身的人或学习新动作时发生损伤的主要原因。例如，进行卧推练习，双手握距过宽，使得肩部压力过大，当上肢和肩部力量不足时，使得肩部在进行卧推练习时发生损伤。

（4）运动负荷过大

安排运动负荷时，不遵守循序渐进、系统性和个别对待的原则，没有充分考虑到锻炼者的生理特点，运动负荷超过了锻炼者可以承受的生理负荷量，尤其是局部负荷过大，引起损伤。

（5）身体功能和心理状态不良

在睡眠或休息不好、患病受伤或伤病初愈阶段以及疲劳时，肌肉力量、动作的准确性和身体的协调性都会下降，警觉性和注意力减退，反应较迟钝，此时参加剧烈运动和练习较难的动作，就可能发生损伤。

（6）场地设备的缺点

运动场地不平，杠铃片或哑铃随意摆放在地面；器械维护不良或年久失修，表面不光滑或有裂痕；器械安装不牢固或安放位置不妥当；器械的结构不符合锻炼者的个体特点；缺乏必要的防护用具（如护腕、护踝、护腰等）；运动时的服装和鞋袜不符合运动卫生要求等。

（7）不良气象的影响

气温过高易引起疲劳和中暑，导致肌肉僵硬、身体协调性降低而引起肌肉韧带损伤；潮湿高温易引起大量出汗，发生肌肉痉挛或虚脱；光线不足，能见度差，影响视力，使兴奋性降低和反应迟钝而导致受伤。

三、运动损伤的预防原则

运动损伤的种类虽然很多，但健身教练只要遵循一定的预防原则，即可避免或减少运动损伤的发生。

（1）积极进行预防运动损伤的宣传教育工作

健身教练应当对锻炼者进行经常性和针对性的宣传教育，普及预防运动损伤的知识，使安全运动的观念深入锻炼者内心。

（2）遵守体育锻炼系统性和循序渐进的一般原则

对于不同性别、年龄、健康状况的锻炼者，都要区别对待。如果不加区别地给予同样的运动量与强度，身体素质较差的锻炼者难免受伤。

（3）注重拉伸练习

拉伸练习是有目的地将肌肉和软组织在运动前、中、后进行拉伸，使被拉伸的肌肉或软组织得到充分的放松，这有利于肌肉的疲劳恢复，防止肌肉的拉伤，保持肌肉的弹性，避免造成运动技术的僵硬和变形。准备活动时的拉伸练习能降低肌肉和软组织的内部黏性，增加弹性，提高肌肉温度，预防运动中的肌肉拉伤，主要采用主动性的拉伸训练；训练后的拉伸练习则是放松僵硬疲劳的肌肉，加速肌肉内部代谢产物的排出，减少肌肉的酸痛，尽快恢复体能，主要采用静力拉伸。

（4）加强运动中的保护与帮助

为避免可能发生的损伤，健身教练应当加强对锻炼者的保护，特点是在做某些大负荷或不稳定状态下的动作时，同时也应当教会锻炼者基本的自我保护方法。

（5）加强预防运动损伤的功能锻炼

加强易伤部位和相对较弱部位的训练，提高它们的功能，是预防运动损伤的一种积极手段。例如，为了预防腰部损伤，应加强核心肌群的力量训练，并增强其力量和控制能力。

（6）重视小肌群训练

人体的肌肉分为大小肌群，小肌群一般起固定关节的作用。一般的力量练习往往注重大肌群而忽略小肌群的练习，造成肌肉力量的不均衡，增加了运动时受伤的概率。小肌群的练习多采用小重量的哑铃、弹力带等。

（7）创造锻炼的安全环境

健身器材、设备、场地等在锻炼前都应进行严格的安全检查，例如，将杠铃片安装上杠铃杆后是否锁死，器械插销是否完全插入力量练习器插孔中，女性的项链、耳环等锐利物品在锻炼时是否暂时摘除等。

第二节　常见运动损伤的急救

一、急救的意义、原则和注意事项

急救是对意外或突然发生的伤害事故进行紧急的临时性处理。其目的是保护伤员的生命安全，避免再度受伤，减轻伤员痛苦，预防并发症，并为伤员的转运和进一步治疗创造条件。无论何种急性损伤，做好现场急救都是十分重要的。

急救时必须抓住主要矛盾，救命在先，做好休克的防治。骨折、关节脱位、严重软组织损伤或合并其他器官损伤时，伤员常因出血、疼痛而发生休克。在现场急救时，要注意预防休克。若发生休克，必须优先抢救。其次，急救必须分秒必争，力求迅速、准确、有效，做到快救、快送医院处理。

救护人员的态度要和蔼可亲，语言亲切、婉转；要有高度的责任感；要保持镇静，切不可惊慌失措或顾此失彼，即使出现危急情况也应镇静地进行有条不紊的抢救工作；急救技术要力求熟练敏捷。经急救处理后，应陪伴伤员到医院，并向医生介绍发病情况和急救经过。

二、运动损伤的急救方法

（一）急救包扎法

包扎有固定夹板或敷料，限制伤肢活动，避免加重伤情；保护创口，预防或减少感染；支持伤肢，使之保持舒适的位置，减轻疼痛和压迫止血，防止或减轻肿胀等多种作用。包扎时，动作要柔和、熟练，包扎的松紧度应适中，过紧会妨碍血液循环，过松则起不到包扎的作用；绷带包扎要从伤部远端开始。包扎结束时，绷带末端要用胶布黏合固定或将绷带末端留下一段，纵形剪开，缚结固定，但缚结不要在伤口处。

1. 绷带包扎法

要根据包扎部位的形态特点，采用不同的包扎方法。

（1）环形包扎法

用于包扎肢体粗细均匀的部位，如手腕、小腿下部和额部等，也是其他包扎法的开始或结束时使用的包扎法。包扎时，先张开绷带，把带头斜放在伤肢上并用拇指压住，将绷带绕肢体一圈后，再将带头的一个小角反折，然后继续绕圈包扎，每圈都盖住第一圈，包扎 3 ～ 4 圈即可。

（2）螺旋形包扎法

用于包扎肢体粗细相差不大的部位，如上臂、大腿下部等。包扎时先做 2 ～ 3 圈环形包扎，然后将绷带向上斜形缠绕，每圈都盖住前一圈的 1/2 ～ 1/3。

（3）反折螺旋形包扎法

用于包扎肢体粗细相差较大的部位，如前臂、小腿、大腿等。包扎时，先做 2 ～ 3 圈环形包扎后，用左拇指压住绷带上缘，将绷带向下反折，向后绕并拉紧绷带，每圈反折一次，后一圈压住前一圈的 1/2 ～ 1/3，反折处不要在创口或骨突上。

（4）“8”字形包扎法

多用于包扎肘、膝、踝等关节处。方法有二：一是先在关节处做几圈环形包扎后，将绷带斜形环绕，一圈在关节上方缠绕，一圈在关节下方缠绕，两圈在关节凹面相交，反复进行，逐渐离开关节，每圈压住前一圈的 1/2 ～ 1/3，最后在关节上方或下方做环形包扎结束。二是先在关节下方做几圈环形包扎后，将绷带由下而上，再由上而下地来回做“8”字形缠绕，使相交处逐渐靠拢关节，最后做环形包扎结束。

2. 前臂悬挂法

分大、小悬臂带两种。

（1）大悬臂带

常用于除锁骨和肱骨骨折以外的其他上肢损伤。将三角巾的顶角置于伤肢的肘后，以一定角度拉向健康侧肩上，伤肢屈肘 90° 角。前臂放在三角巾的中央，再将三角巾的另一底角向上翻折并包住前臂，两底角在颈后打结。最后拉直顶角并向前折回，用胶布粘贴固定。

（2）小悬臂带

常用于肱骨或锁骨骨折。先将三角巾折叠成 4 横指宽的宽带，也可用宽绷带或软布袋代替。将宽带的中间置于前臂的下 1/3 处，屈肘 90° 角，宽带两端在颈后打结。

（二）止血法

据研究，健康成人平均每千克体重约有血液 75 mL，总血量可达 4000 ～ 5000 mL。若急性大出血达到全身总血量的 20%，即可出现面色苍白、头晕乏力、口渴等急性贫血的症状；若出血量超过全身血量的 30%，即可能危及生命。因此，对外出血的伤员，尤其是大动脉的出血，必须立即止血；对疑有内脏或颅内出血的伤员，应尽快送医院处理。这里主要介绍外出血的几种止血方法。

1. 绷带加压包扎法

用数层无菌敷料覆盖创口，再用绷带加压包扎，以压住出血的血管而达到止血效果，同时抬高伤肢。它适用于小动脉、小静脉和毛细血管出血的止血。

2. 指压法

在动脉行走中最容易被压住的部位称为压迫点。指压法的要领是在出血部位的上方，在相应的压迫点上用拇指或其余 4 指把该动脉管压迫在邻近的骨面上，以阻断血液的来源而达到止血的效果。这是动脉出血时的一种临时止血法，所加压力必须持续到可以结扎管或用止血钳夹住血管为止。常用的压迫止血法有：

（1）颞浅动脉压迫止血法

一手扶伤员的头并将其固定，用另一手拇指在耳屏前上方一指宽处摸到搏动后，将该动脉压迫在颞骨上。它适用于同侧前额部或颞部出血的止血。

（2）额部动脉压迫止血法

在下额角前约 1.5 cm 处摸到搏动后，用拇指将该动脉压迫在下颌骨上。它适用于同侧面部出血的止血。

（3）锁骨下动脉压迫止血法

在锁骨上窝内 1/3 处摸到搏动后，用拇指把该血管压迫在第一肋骨上。它适用于肩部及上臂出血的止血。

（4）肱动脉压迫止血法

将伤臂稍外展、外旋，在肱二头肌内缘中点处摸到搏动后，用拇指或食、中、环 3 指将该动脉压迫在肱骨上。它适用于前臂及手部出血的止血。

（5）指动脉压迫止血法

伤员仰卧，患腿稍微外展、外旋。在腹股沟中点稍下方摸到搏动后，用双手拇指重叠（或掌根）把该动脉压迫在耻骨上。它适用于大腿和小腿出血的止血。

（6）胫前、胫后动脉压迫止血法

在踝关节背侧，于胫骨远端摸到搏动后，把该动脉压迫在胫骨上；在内踝后方，将胫后动脉压迫在胫骨上。它适用于足部出血的止血。

（三）关节脱位的临时急救

关节脱位是指骨关节在直接或间接暴力作用下，失去正常的链接位置，一般分为全脱位和半脱位两类。脱位的征象与骨折较为相似，如疼痛、肿胀及皮下瘀血、功能丧失、畸形。X 线检查等可以确定脱位的具体情况。对于上肢脱位，通常采用的方法是大悬臂带固定，对于下肢脱位则无须固定，迅速送医院即可。

（四）骨折固定法

骨或骨小梁连续性发生破坏，称为骨折。骨折患者的典型表现是伤口出现局部变形，肢体等出现异常运动，移动肢体时可听到骨擦音，因此，伤口剧痛，局部肿胀、瘀血，伤后出现运动障碍。对于骨折者或怀疑是骨折者均应现场按骨折处理。出现骨折后尽可能少搬动患者，如需搬动必须动作谨慎、轻柔、稳妥，以不曾加患者痛苦为原则。疑脊椎骨折必须用木板床水平搬动，千万不能进行头、躯体、脚的不平移动。注意保暖及防止现场休克。有创口则应包扎及止血。患者骨折端应妥善地简单固定。一般用木板、木棍等，所选用材料要长于骨折处上下关节，做超关节固定。固定的松紧要合适，不能太紧或太松。固定时可紧贴皮肤垫上棉花、毛巾等松软物，外以固定材料固定，以细布条捆扎。经上述急救后即送医院进行伤口处理。

（五）人工呼吸和胸外心脏按压法

呼吸停止和心脏停止，可能单独或同时发生。呼吸停止后则全身缺氧，随即可引起心跳停止；心跳停止后，血流即停止，可迅速引起重要脏器（如脑）缺血。引起呼吸、心跳骤停的原因较多，较常见的有心脏疾病、严重创伤、大出血等。

心跳呼吸骤停救护围绕 A、B、C 三大要素进行，A 代表 air-way，表示保持呼吸道通畅，即心跳、呼吸骤停病员口腔内若有异物，在进行人工呼吸和胸外心脏按压之前，要及时清除口腔异物：B 代表 breath，表示重建呼吸：C 代表 circulation，表示重建循环。心跳停止而呼吸尚未停止的伤员，应立即进行人工呼吸并注意心脏工作情况，进行胸外心脏按压并注意维护呼吸道通畅；呼吸和心跳都停止的患者，应同时进行人工呼吸和胸外心脏按压，最好由两人配合进行，一人做人工呼吸，一人做胸外心脏按压，两者操作频率之比为 1∶4。呼吸、心跳骤停的抢救，必须做到行动迅速，争分夺秒，才可能挽救患者生命。人工呼吸和胸外心脏按压，对于抢救生命、促使病员复苏意义重大。因此，健身教练掌握人工呼吸和胸外心脏按压法是非常必要的。

1. 人工呼吸

肺位于具有一定弹性的胸廓内，当胸廓扩大时，肺也随着扩张，于是肺的容积增大，外界空气进入肺内，即为吸气；当胸廓缩小时，肺也随之回缩，肺内气体排出体外，即为呼气。对呼吸停止的人，可根据以上原理用人工被动扩张与缩小胸廓的方法，使空气重新进出肺部，以实现气体交换，称为人工呼吸法。人工呼吸方法较多，最有效的是口对口吹气法。

（1）口对口吹气法

伤员仰卧，头部置于极度后仰位，打开口腔并盖上一层纱布。救护者一手托起患者下颌，掌根部轻压环状软骨，使其间接压迫食道，以防吹入的空气进入胃内；另一手捏住患者鼻孔，深吸一口气后，对准患者口部吹入。吹气完后，立即松开捏住鼻孔的手。如此反复进行，每分钟吹气 16 ～ 18 次。

（2）注意事项

施行人工呼吸前，应迅速消除患者口腔、鼻腔内的假牙、分泌物或呕吐物，松开衣领、裤袋和胸腹部衣物。开始时，吹气的气量和压力宜稍大些，吹气 10 ～ 20 次后应逐渐减少，以维持上胸部轻度升起为宜。牙关紧闭者，可采用口对鼻吹气法，救护者一手闭住患者口部，以口对鼻进行吹气，其他操作与口对口吹气法相同。

2. 胸外心脏按压法

心脏位于胸腔纵膈的前下部，前邻胸骨下半段，后卫脊柱，其左右移动受到限制。胸廓具有一定的弹性，按压胸骨体下半段，可间接压迫心脏，使心脏内的血液排出；放松按压时，胸廓恢复原状，胸内压下降，静脉血则回流至心脏。因此，反复按压和放松胸骨，即可恢复血液循环。

（1）操作方法

患者仰卧在木板或平地上。救护者双手手掌重叠，以掌根部放在患者胸骨体的下半段，肘关节伸直，借助于自身体重和肩臂肌的力量，弹性用力下压，使胸骨体下半段和相连的肋软骨下陷 3 ～ 4 cm，随后立即将手放松（掌根不离开患者皮肤），如此反复进行。成人每分钟按压 60 ～ 80 次；小儿用单手掌根按压，每分钟按压 100 次左右。

（2）注意事项

救护者只能用掌根压迫患者胸骨体下半段，不可将手平放，手指要向上稍翘与肋骨离开一定距离；按压方向应垂直对准脊柱；按压应弹性用力，用力不可太轻或太大，太轻不能起到间接压迫心脏的作用，太猛会引起肋骨骨折；在就地进行抢救的同时，要迅速请医生来处理。

（3）按压有效的表现

摸到颈动脉或股动脉搏动，上肢收缩压在 60 mmHg 以上，口唇、指甲床的颜色比按压前红润，有的患者呼吸逐渐恢复，原来已散大的瞳孔也随着缩小而趋恢复。若出现以上表现，说明按压有效，应坚持操作到患者出现自动心跳为止；如果没有出现上述表现，则说明按压无效，应改进操作方法和寻找其他原因，但在专业医务人员到场前，不可轻易放弃现场抢救。

第三节　常见运动损伤的处理方法

伤后及时采取正确的处理方法，是减轻炎症反应，促进修复的重要手段。

一、中药疗法

中药治疗跌打损伤，有着独特、系统的治疗法则和丰富多样的治疗方法，具有内外兼治、价廉简便、疗效显著的特点。中医治疗创伤时有各种外治和内治方剂，前者有各种外敷药、外搽药、渗透药、膏药和熏洗药，后者有各种丸剂、散剂、丹剂、酒剂和汤剂。

二、冷热疗法

冷热疗法是运用低或高于人体温度的物理因子刺激，进行治疗的一种物理疗法。

（一）冷敷法

冷敷能降低局部组织温度，使血管收缩，减轻局部充血，抑制神经的感觉，具有止血、镇痛、防止或减轻肿胀的作用。常用于急性闭合性软组织损伤的早期，伤后立即使用，冷敷后应加压包扎并抬高伤肢。冷敷时一般使用冰袋或冷冻气雾剂。冰袋或使用冰块装入塑料袋内作伤部冷敷约 20 min；若用冷冻气雾剂作局部喷布冷敷时（面部不宜使用），喷射出的细流应与皮肤垂直，瓶口距皮肤 20 ～ 30 cm，每次约 10 s，不可喷射过多，以防发生冻伤。如条件限制，也可用冷水毛巾置于伤部（夏季除外），2 ～ 3 min 更换一次。

（二）热疗

热疗包括热敷、红外线照射等，它能扩张局部血管，增强血液和淋巴循环，提高组织的新陈代谢，解除肌肉痉挛，加速瘀血和渗出液的吸收，促进损伤组织的修复，具有消肿、解痉、减少粘连和促进愈合的作用，常用于急性闭合性软组织损伤的中、后期和慢性损伤的治疗。热敷时一般采用热水袋或热毛巾，每天 1 ～ 2 次，每次 20 ～ 30 min。毛巾无热感时要立即更换，热敷的温度要适当，以防烫伤。

三、按摩疗法

按摩是治疗软组织损伤的重要方法，不仅疗效显著，而且经济、简便、易懂、易学、易于推广，只要使用方法得当，不会产生副作用。对于按摩手法的基本要求是均匀、持久、柔和、深透。

四、保持支持带的应用

软组织损伤是指皮肤、肌肉筋膜、肌腱腱鞘、韧带、关节囊、滑囊、血管、神经等组织的损伤。根据伤部皮肤和黏膜是否完整，分为开放性损伤和闭合性损伤两类。

（一）开放性软组织损伤

1. 撕裂伤

皮肤撕裂伤多发生于头部，尤以额部和面部较多见，如篮球运动中眉弓部被他人肘部碰撞，引起眉际皮肤撕裂。若撕裂伤口小，经止血、消毒处理后，可用创口贴黏合；伤口较大则需缝合，必要时要使用抗菌素治疗。

2. 刺伤和切伤

其处理方法基本上与撕裂伤相同。凡被不洁物致伤且创口小而深时，应注射破伤风抗毒素。

3. 擦伤

擦伤因皮肤受到外力摩擦所致，皮肤被擦破出血或有组织液渗出。创口浅、面积小的擦伤，可用生理盐水或凉开水洗净创口。创口周围也可用 75% 酒精棉球自内向外呈环形消毒，创口上涂擦碘伏，创口一般不用酒精直接涂擦，因为酒精对伤口刺激性太强。但面部擦伤最好不用紫药水涂抹：关节附近的擦伤也不宜使用暴露疗法，以免皮肤干裂而影响关节运动。

（二）闭合性软组织损伤

闭合性软组织急性损伤在运动损伤中最为常见，健身教练必须掌握其处理方法，尤其是早期处理方法。

1. 早期

指伤后 24 ～48 h 内。此期病理变化的主要特点是组织撕裂或断裂后，出现血肿和水肿，发生反应性炎症。临床上表现为损伤局部的红、肿、热、痛和功能障碍。因此，该期的处理原则是制动、止血、镇痛、防肿及减轻炎症。处理方法可根据具体情况选用一种或数种并用。冷敷、加压包扎并抬高伤肢，这种方法应在伤后立刻使用，有制动、止血、止痛及防止或减轻肿胀的作用。冷敷一般使用冰袋，而后用适当厚度的棉花或海绵置于伤部，立即用绷带稍加压力进行包扎。24 h 后拆除包扎固定，根据伤情再作进一步处理。

外服新伤药：使用此法常可达到消肿、止痛和减轻炎症的效果。此外，若伤后疼痛较剧烈，可服用止痛剂。如局部红肿显著，可同时服用清热、止痛、活血、化瘀的中药。

2. 中期

指受伤 24 ～48 h 以后。此期病理变化和修复过程的主要特点是肉芽组织已经形成，凝块正在被吸收，坏死组织逐渐被清除，组织正在修复。临床上，急性炎症已逐渐消退，但仍有瘀血和肿胀。因此，该期的处理原则主要是改善局部的血液和淋巴循环，促进组织的新陈代谢，加速瘀血和渗出液的吸收及坏死组织的清除，促进再生修复，防止粘连形成。治疗方法有按摩、针灸、外贴活血膏或外敷活血、化瘀、生新的中草药等，可选用几种方法进行综合治疗。热疗和按摩在中期的治疗中极为重要，但是，按摩手法应从轻到重，从损伤周围到损伤局部，损伤局部的前几次按摩必须较轻。

3. 晚期

指损伤组织已基本修复，但可能有瘢痕和粘连形成。临床上，肿胀和压痛已经消失，但功能尚未完全恢复，锻炼时仍感到微痛、酸胀和无力，个别严重者出现伤部僵硬或运动功能受限等。因此，该期的处理原则是恢复和增强肌肉、关节的功能。若有瘢痕和粘连，应设法软化或分离，以促进功能的恢复。治疗方法以按摩、理疗和功能锻炼为主，配合支持带固定及中草药的熏洗等。

第四节　常见运动损伤的处理原则

一、肌肉拉伤

肌肉拉伤是肌肉、肌腱或其周围软组织受到过度牵引而引起的损伤。常见于缝匠肌、腓肠肌、股四头肌、髋关节屈肌、髋关节内收肌、背肌、三角肌和肩袖肌群等。

（一）原因

牵拉力量过大，如准备活动不充分、用力过猛；协调性差，导致主动肌和对抗肌的同时用力。

（二）症状与体征

1. 一级（轻度）

局部疼痛，力量有轻微下降，局部轻微肿胀、瘀血和压痛。

2. 二级（中级）

除有上述症状外，程度上严重一些，肌肉力量明显下降。

3. 三级（重度）

肌肉功能丧失，在肌肉上能触摸到凹陷。

（三）处理原则

轻中度肌肉拉伤可按照闭合性软组织损伤处理，怀疑有肌肉、肌腱完全断裂者，应在局部加压包扎，固定患肢，立即送医院，必要时还要接受手术治疗。

预防方面：锻炼者应当注意加强对抗肌群的力量和柔韧训练，使屈肌和伸肌的力量及伸展性达到相对平衡，这是防止肌肉拉伤的有效措施。同时还要做好充分的准备活动，合理安排运动量，纠正动作和技术上的缺点。

二、肩袖损伤

肩袖损伤指肩袖肌腱或合并肩峰下滑囊的损伤性炎症病变。

（一）病因

主要是由于肩关节的反复旋转或超常范围的活动，引起肩袖肌腱和肩缝下滑囊受到肱骨头与肩峰或喙肩韧带的不断挤压、摩擦和牵扯所致。

（二）症状及诊断

主要症状：疼痛，多在肩关节的外侧，有很多患者夜间加重，肩关节活动受限，局部有微肿。患肢上举做反弓投掷姿势时出现肩痛，上臂抗阻外展痛以及内旋转痛。

2. 处理原则

急性期活血化瘀止痛，慢性期舒经通络。

三、中暑的急救处理与预防

由于热环境而引起的疾病称为中暑，俗称热病。

（一）现场急救

首先将病人搬到阴凉通风的地方平卧（头部不要垫高），解开衣领，同时用浸湿的冷毛巾敷在头部，并快速扇风。轻者一般经过上述处理会逐渐好转，再服一些人丹或十滴水。重者，除上述降温方法外，还可用冰块或冰棒敷其头部、腋下和大腿腹股沟处，同时用井水或凉水反复擦身、扇风进行降温，严重者应立即送医院救治。

（二）一般处理

对一般中暑病人应改善环境，给予含盐饮料以及口服人丹、十滴水、藿香正气丸。对重症中暑病人应采取以下措施：

（1）物理降温：可在头部、腋下、腹股沟等处安放冰袋，并用 50% 酒精擦浴。

（2）药物降温：氯丙嗪、非那根各 25 mg，加生理盐水 500 mL，静脉滴注。1 ～ 2 h 滴完，3 h 后可重复使用。如效果不好，可加用 10 mL 地塞米松。

（3）补充水分和电解质：每日摄入水量需达 3000 mL。

（4）有循环衰竭时，应早期加用毛地黄药物。

（5）有脑水肿时，及时应用脱水剂。重要的是加强宣传，大力提倡以预防为主的方针，避免发生中暑。

（三）中暑的预防

1. 预防中暑的 4 个指数

（1）气温指数

研究表明，盛夏的气温每升高 1 ℃，都可能对体弱者或老年人产生不良影响，因而气温的高低本身就有警示作用。比如 33 ℃时，人就会有热的感觉，这是防暑降温的起始温度。35 ℃时，人体赖以散热的辐射、对流、传导形式逐渐减弱或停止，蒸发（出汗）便是最重要乃至唯一的散热方式。因此，此时应及时补足水分及钾、钠、镁等电解质。37 ℃，一级警报！此温度下人可能因大量出汗而出现脱水或电解质紊乱。38 ～ 39 ℃，二至三级警报！一些人，特别是体质较弱者的心会不堪重负，可能出现意外，这时应该进行物理降温和药物防护。医学专家认为，当气温升高到 38 ℃，或虽然气温是 35 ℃ ，但湿度过大时，便是可能发生中暑及心脑血管意外的天气。在这种天气状况下，人的皮肤血流量会增加 3 倍以上，心输出量增加 50% ～ 70%，因而可能使心衰的发生率增加 1 倍，使心脏病的死亡率增加 1.5 倍。

（2）中暑指数

电台或电视台在进行气象预报时，同时报告中暑指数。中暑指数分 5 级，到了第 4 或第 5 级，即“易中暑”或“极易中暑”时，人们就该采取相应措施以防中暑了。

（3）疾病风险指数

电台或电视台在进行气象预报时，常报告疾病风险指数。疾病风险也分为 5 级：少、偏少、一般、偏多、多。疾病包括呼吸道感染、哮喘、脑溢血、脑梗死、高血压、冠心病、心肌梗死等常见病。当听到这些疾病的风险指数是“偏多”或“多”时，应倍加防范。

（4）室内调节最佳温度

室内温度调节是抵御酷暑高温的重要措施。日本医学专家研究发现，最适宜的室内空调温度是可穿西装、打领带仍很舒适，平均温度为 24.4 ℃；上着短袖衬衣，下着薄面料裙、裤的女子，适宜温度为 27.8 ℃，男女平均有 2 ～ 3 ℃的差别。总的来说，最适宜的空调温度为 27 ～ 28 ℃，不应低于 24 ℃。此外，室内温度还应随室外温度的变化进行调整，以室内外温差小于 5 ℃为宜。

2. 预防中暑的方法

（1）训练与适应

适当的耐热训练和渐进性的运动量可提高热耐受能力。一是进行有意识的体育锻炼，如初夏时节每天早晚进行散步、跑步等项目约 1 h，使人体出汗；二是初夏时不急于开空调，炎热时启用空调温度应保持在 26 ℃，不宜太冷。

（2）补充水分

运动时应该有规律、有计划地补充水分。例如，在运动开始之前 2 ～ 3 h 就饮用 500 ～ 600 mL，运动前 10 ～ 20 min 时饮用 200 ～ 300 mL，剧烈运动时每 15 ～ 20 min 补充 150 ～ 300 mL，剧烈运动后更应依体重下降程度补充水分。

（3）补充电解质

在水中加入少量食盐或含氯、钾、钠成分的食物，如柳橙、番茄、香蕉与乳制品，350 mL 的柳橙或番茄汁的电解质含量相当于 3000 mL 汗水的电解质含量。盐水调制法：1000 mL 水放入 1/2 茶匙食盐与水调和，每次喝半杯，一天喝 3 ～ 4 次。

（4）冰袋冷敷降温

可到医院购买医用冰袋或自制冰袋。自制冰袋的方法是：准备一些湿的绒布把冰块包裹起来，再用一个干净塑料袋套上放入冰箱，冷冻后即可在盛夏外出活动或坐车时用冰袋擦擦脸或胳膊，起到防暑降温的效果。

（5）温水洗浴

夏天酷热解暑时千万不要用冷水洗浴，皮肤遇冷水会收缩表皮血管而影响散热，浴后会感觉更热。可用藿香正气水、风油精等药品擦拭，蒸发吸热。

（6）喝西瓜皮粥

夏季上火食欲不振，喝西瓜皮粥可以降热解暑，提高免疫力。具体做法：西瓜皮削去外表硬皮，切成粒，与粳米同煮。先用旺火煮沸，再转用小火煮成粥状，放入白糖即可。

（7）穿着适当衣物

穿浅色、通透性好、重量轻的衣物。

【思考题】

1. 运动损伤如何分类？
2. 运动损伤的原因是什么？
3. 运动损伤的急救方法有哪些？
4. 运动损伤常见的处理方法有哪些？
5. 中暑的急救处理和预防方法有哪些？

第八章　体重控制

【本章提要】

体重控制是健康生活方式的重要内容，同时也是健身指导中最常见的问题。本章介绍了体重控制的原理与方法。健身教练应重点了解肥胖和过瘦的原因，掌握科学、有效的减肥和增肌增重方法。

第一节　体重与身体成分

一、体重

（一）体重及标准体重的概念

体重是人体各部分（骨骼、骨骼肌、关节、韧带、脂肪组织等）的总重量，即以重量为单位的人体各组织成分的总和。体重是反映人体充实程度的整体指标，可以间接地反映人体的营养状况。体重过轻可作为营养不良或患有疾病的重要特征；体重过重则表现为不同程度的肥胖。

标准体重是以身高为基准的体重，最早于 1978 年由世界卫生组织推荐，常用来作为评价肥胖的标准。

标准体重（kg）=［身高（cm）－100］×0.9 或标准重（kg）=［身高（m）－100］^{2} ×22。我国成年人标准体重参考计算方法如表 8－1 所示。

表 8－1　我国成人标准体重参考计算方法

身高（cm）	年龄	性别	标准体重（kg）
<165	18 岁以上	女	身高（cm）－110
<165	18 岁以上	男	身高（cm）－105
>165	小于 30 岁	女	身高（cm）－102.5
>165	小于 31 岁	男	身高（cm）－100
>165	30 ～ 50 岁	女	身高（cm）－107.5
>165	30 ～ 50 岁	男	身高（cm）－105

（二）体重指数及其划分

体重指数（body mass index，BMI）的计算公式是体重（kg）除以身高（m）的平方，可用来评价人的体重是否正常。1998 年世界卫生组织制定了肥胖的诊断标准，将 BMI 大于 25（kg/m^2）定为超重，大于 30（kg/m^2）定为肥胖。然而，此标准是基于欧洲人群的标准，不太适用于亚太地区。亚洲人较低的 BMI 下便出现代谢性疾病，而且脂肪更易堆积在腹部。世界卫生组织亚太区办事处、国际肥胖研究协会以及国际肥胖专家组于 2002 年 2 月联合发布了《亚太地区肥胖的重新定义和处理》，将 BMI > 23（kg/m^2）和 25（kg/m^2）分别定为超重和肥胖。有学者认为此标准适用于成年人，而不适用于儿童。国内有学者提出用 BMI 男生 >18 和女生 >17.5 来判定 6 ～ 12 岁儿童少年是否肥胖。

二、身体成分

（一）身体成分的概念

身体成分是指组成人体的各组织、器官的总成分。根据各个成分的生理功效，常把体重分为体脂重（脂肪重）和去脂重（瘦体重）。身体成分常以体脂百分数来表示。

$$体脂百分比 = 体脂重/体重 \times 100\%$$

（二）身体成分估算方法及其划分

身体各组成成分的数量及其分布，不但影响体质的强弱，脂肪数量的增加和分布还会对人体的健康产生不利的影响。因此，身体成分被认为是与健康相关的体质评定指标，用它可以监测营养状况和体液平衡状况，评价生长发育等，在临床和基础研究中具有重要价值，越来越受到人们的重视。身体成分评估在减肥、健身和运动员控制体重等方面也都有十分重要的意义。

目前测量评估身体成分的方法有：人体测量法（如皮褶厚度法、围度法、核磁共振法、CT 法、双光能分析法、近红外线测试法）、身体密度法（水下称重法、空气置换法）、生物电阻抗分析法、生化方法等。下面对于健身场馆常用的测量方法做简单介绍。

1. 皮褶厚度法

人体脂肪分布有一定的规律，通常 2/3 存在于皮下，1/3 存在于身体内部脏器周围，皮下脂肪厚度与体脂总量有着一定的比例关系，因此，皮褶厚度的测量不仅可以反映体脂分布情况，也可以从不同部位的皮褶推算出体脂总量。然而皮褶厚度反映体脂总量的程度会受到年龄、性别、总脂肪量及测量部位和技术的影响。一般情况下，同龄的女性皮下脂肪要多于男性。皮褶厚度法是一种简单易行的测量方法，但测量人员要经过专业的培训，否则会出现较大的测量误差。测量时取身体的右侧部位，躯干有肩胛骨、胸部、腹部和髂前上棘等部位；四肢有肱三头肌和大腿等部位。女性常测量的部位有肱三头肌、髂前上棘和大腿部位的皮褶厚度；男性常测量胸部、腹部和大腿部位的皮褶厚度。

2. 生物电阻抗分析法

1985 年 Lukaski H. C. 等第一次应用生物电阻抗技术测定人体体脂成分。这种方法的基本原理是利用非脂肪组织比脂肪组织有更高的电荷容量，更易于导电，电流传导速度快，表示身体所含脂肪少，因此用测量电流通过身体脂肪和非脂肪组织时的差别来估算身体成分，测量时在腕部和踝部放置体表电极，使用无痛电流，测定身体对电流的阻抗，从而间接估算出体脂重、去脂体重以及身体含水量。该法方便快捷，易被接受，但生物电阻抗法测得的体脂含量准确性仍需深入研究，目前改进方法集中在对回归方程的修订上，现已有适用于中国人的身体成分估算公式，而且开始使用分段阻抗测量技术，即上肢、下肢和躯干分别测量。从理论上讲，分段阻抗测量要优于全身阻抗测量法，尤其对于身体成分分布不均匀的人群（胖、瘦、高、矮等）更是如此。

3. 体脂的划分标准

体脂的划分标准如表 8－2 所示。

表 8－2　体脂的划分标准

体脂分类	体脂含量（%）	
	男	女
极限体脂	3 ～ 5	11 ～ 14
标准	12 ～ 18	16 ～ 25
肥胖	19 ～ 24	26 ～ 31
痴肥	>25	>32

注：此标准适合成年人。

（三）体重、身体成分控制的意义

人体健康需要合理的体重和身体成分比例，体重过轻或过重以及身体成分比例失调都会对人体健康造成危害。体脂量过多，会造成肥胖，不仅给生活、工作带来不便，而且严重影响健康。大量流行病学研究表明：成年肥胖，尤其是腹部脂肪积累过多的肥胖与胰岛素抵抗、高血脂、高血压、心血管疾病、脑出血意外、糖尿病、脂肪肝以及某些肿瘤有重要的发病学关系。儿童肥胖方面也面临许多问题，如影响神经网络的发育、智力水平降低、反应迟钝；生长素分泌水平降低，影响正常生长发育；心肺功能降低、肢体行动困难等。由于肥胖能增加相关疾病的发病率和死亡率，缩短人类寿命，所以肥胖已成为当前面临的重要的公共健康问题。体脂过少也会危害人体健康，如长期节食、营养不良、厌食症及其他疾病造成体脂过少时，人体会出现代谢紊乱、身体功能失调，严重者可导致死亡。

第二节 能量平衡与体重控制

一、能量

能量是人体生存和从事一切活动的基础。机体的一切生命活动，如细胞的生长繁殖、组织更新、营养物质的运输、代谢废物的排泄、心脏跳动、神经传导等，都需要能量。人体的热能来源于食物，食物在体内经酶的作用进行生物氧化释放出能量。

（一）能量单位

营养学上所用的能量单位常以“千卡”（kcal）表示，相当于1000 g水升高1 ℃（由15 ℃升高到16 ℃）所需要的能量。在物理学上，能量的法定计量单位是焦耳（J），也可以用“千焦耳”（kJ）、“兆焦耳”（MJ）作为能量计量单位。它们的换算公式是：1 千焦耳（kJ）= 0. 239 kcal，1 兆焦耳（MJ）= 239 kcal，1 kcal = 4. 184 kJ，1000 kcal = 4. 184 MJ。

（二）能量物质

营养素中的碳水化合物、脂肪和蛋白质，在体内氧化分解产热，是人体的能量来源，故称为能量物质。它们在体内的氧化过程和体外的燃烧有类似之处，但由于在体内的最终产物不同，所以释放的能量与体外有所不同。糖和脂肪在体内与体外的最终产物都是二氧化碳和水，而蛋白质在体内不能完全氧化成二氧化碳和水，尚余含氮有机物（尿素、肌杆等）排出体外，这部分物质还可产热，所以蛋白质产热比体外少。此外，3 种能源物质的消化率不同，也影响它们在体内的产热量。每克碳水化合物、脂肪、蛋白质在体内氧化的生理有效热量分别为4. 0kcal、9. 0kcal 和 4. 0kcal。

二、能量平衡

所谓能量平衡即机体消耗和摄入的能量趋于相等。能量平衡也是评价营养状况的重要指标。当能量的摄入量与消耗量相等时，人体的体重保持恒定；能量摄入量大于消耗量时，体重就会增加；能量摄入量小于消耗量时，体重则会减轻。后两种情况往往有损于身体健康。少年儿童因处于生长发育期，能量的摄入应大于消耗，才能保其正常的生长发育。

（一）能量的消耗

人体的能量消耗包括以下几个主要部分：基础代谢（basal metabolism）的消耗、运动的生热效应（the thermic effect of exercise，TEE）、食物的生热效应（the thermic effect of food，TEF）和机体生长发育所需的能量。成年人的能量消耗为前 3 项，第 4 项适用于儿童、少年和孕妇，也包括长期患病引起机体大量消耗后处于康复期的人群。

1. 基础代谢及其影响因素

（1）基础代谢

基础代谢是维持人体基本生命活动的能量。即在无任何体力和紧张思维活动、全身肌肉松弛、消化处于静止状态的情况下，用以维持体温和人体必要的生理功能（呼吸、循环、排泄、腺体分泌、神经活动和肌肉紧张度等）所需的能量。基础代谢的测定应在清晨、空腹、静卧及清醒状态下进行，而且室温要保持在 18 ～25 ℃之间。研究结果表明，人体基础代谢的高低虽与体重有关，但并不成比例关系，而是与体表面积成正比。所以，单位时间内人体每平方米体表面积所消耗的基础代谢量被称为基础代谢率（basal metabolism rate，BMR）。

1985 年，世界卫生组织提出以安静代谢率（resting metabolism rate，RMR）代替基础代谢率。安静代谢率是测定维持人体正常功能和体内稳态，再加上交感神经系统活动所需消耗的能量。测量安静代谢率时，要求受试者仰卧或静坐于安静舒适的环境中，全身处于休息状态，距离上次就餐或剧烈活动至少数小时。这种状态比较接近于人的休息状态。RMR 稍高于 BMR，但两者差别很小。目前，采用 RMR 更为普遍。

（2）基础代谢率的估算

由于测量之前准备工作多、具体操作烦琐，RMR 往往需通过一些公式来推算。RMR 与身体体积成正比例关系，随年龄的增加而减小。Harris-Benedict 公式是一种较为简单常用的估算基础代谢率的公式：

男子：

$$RMR = 88.362 + (4.799 \times 身高) + (13.397 \times 体重) - (5.677 \times 年龄)$$

女子：

$$RMR = 447.593 + (3.098 \times 身高) + (9.247 \times 体重) - (4.33 \times 年龄)$$

RMR 单位：$kcal \cdot day^{-1}$，身高单位：cm，体重单位：kg，年龄单位：岁。

如果已经测到个体的瘦体重，那么就可以用下述公式推算 RMR。因为肌肉的新陈代谢率在男女之间并无差异，因此用该公式可不考虑性别。

$$RMR\ (kcal \cdot day^{-1}) = 370 + 21.6 \times 瘦体重\ (kg)$$

（3）影响因素

基础代谢受体表面积与体型、年龄和性别、内分泌以及气温等因素的影响。

①体表面积与体型。基础代谢随着体表面积的增大而增大。体表面积大者，向外环境中散热较快，基础代谢亦较强。同体重瘦高的人较矮胖的人体面积相对较大，其基础代谢亦较高。

②年龄和性别。婴幼儿生长发育快，基础代谢旺盛，随着年龄的增长，基础代谢逐渐下降。成年后基础代谢率每隔 10 年约降低 2%。一般成年人比儿童基础

代谢率低，老年人又低于成人。女性的 RMR 比男性低 5% ～ 10%，即使相同的身高体重也是如此。

③内分泌。许多腺体分泌的激素都可对细胞代谢起调节作用。

④气温。炎热地带的居民基础代谢较低，一般热带居民基础代谢率约比温带同类居民低 10%；严寒地区居民基础代谢率约比温带地区同类居民高 10%。

2. 运动的生热效应

TEE 代表从事体力活动所需要的能量消耗。其在人体总能量消耗中占主要部分，在所有引起能量消耗的组成部分中，TEE 的变异较大，即最容易发生改变。TEE 与体力活动的强度、持续时间以及工作的熟悉程度有关。体力活动的强度越大，持续时间越长，工作越不熟练，能量消耗就越多。

3. 食物的生热效应

TEF 是指进餐后数小时内发生的超过 RMR 的能量消耗。TEF 是人体由于摄食引起的一种额外的能量消耗，是食物消化、转运、代谢和储存过程中能量消耗的结果。不同食物的 TEF 各有差异，糖类的 TEF 相当于糖类本身所产生热能的 5% ～6%，脂肪的 TEF 为 4% ～ 5%，蛋白质的 TEF 为 30%。膳食的 TEF 与膳食结构有关，一般的混合膳食约为 10%，高糖膳食约为 8%，高蛋白质膳食约为 15%。TEF 在进食后 2 h 左右达到高峰，3 ～4 h 后恢复正常。

4. 生长发育的能量消耗

处在生长发育阶段的儿童和少年一天的能量消耗还应包括生长发育所需要的能量。新生儿按每千克体重计算时，比成人相对多消耗 2 ～ 3 倍的能量。3 ～ 6 个月的婴儿，摄入的能量中有 15% ～ 23% 被机体用于生长发育的需要而被留在体内。研究表明，每增加 1 g 新组织约需要 20 kJ（4. 78 kcal）的能量。孕妇特别是在怀孕后期也要考虑这部分的能量消耗。

5. 影响能量消耗的其他因素

精神紧张及应激状态可使人的能量消耗增加，在较高应激状态时，基础代谢可提高 25%。寒冷可使能量消耗增加 2% ～ 5%，高温条件下（30 ～ 40 ℃）能量消耗也增加，从 30 ℃到 40 ℃，每升高 1 ℃约增加 0. 5% 的能量消耗。但在热带已适应者，其基础代谢比寒带人低。机体发热时，代谢升高。体温到 39 ℃时，基础代谢可增加 28%。

6. 能量消耗的估算

在基础代谢率算出后，用以下标准估算每日活动所需热量。计算所得的值为维持当前体重所需能量的粗略估计值。

（1）低强度

对一个只需要很少的身体活动（大多数时间坐着工作）进行工作或休闲（例如不进行有规律的体育活动）的人，按 RMR ×1. 4 计算。

（2）中低强度

对工作时更多的时间是走或站立以及从事有规律（至少每周 3 天）的中低强度的体育活动的人，按 RMR ×1.6 计算。

（3）中高强度

对于需要高强度体力活动的工作（如搬运工等），或从事有规律（至少每周 4 天）的中高强度的体育活动的人，按 RMR ×1.8 计算。

例如，计算一位 50 岁的男性办公室工作人员的每日能量消耗。其身高为 182.9 cm，体重为 97.7 kg，每周 3 次快速地步行 3000 m，其他时间基本不活动。

$$RMR = 88.362 + (4.799 \times 182.9) + (13.397 \times 97.7) - (5.677 \times 50) = 1991\ kcal$$

由于他进行有规律的中等强度运动，故每日能量消耗 = RMR ×1.6 = 3186 kcal

（二）能量的摄入

人体能量来源是食物中的糖类、脂肪和蛋白质，这 3 种产热营养素在人体的代谢中既各有特殊生理功能，又互相影响。糖类与脂肪间可互相转化，二者对于蛋白的消耗也有替代作用。在选择食物时，应考虑到各营养素之间的平衡，根据我国居民的习惯，一般成年人膳食中糖类、蛋白质和脂肪供能各占总能量的 60% ～70%、10% ～15% 和 20% ～25%。人体能量的需要量因受身体活动强度、年龄、性别、生理特点等因素影响而有所不同，一般成人能量摄入量和消耗量保持平衡，就能维持各种正常的生理活动和身体健康。

（三）能量不平衡的危害

在一定时期内机体的能量收支不平衡，首先反映在体重的变化上，然后可发展到降低身体机能，影响健康，引起疾病，缩短寿命。因此能量平衡有很重要的意义。

1. 热量过多的危害

摄入热量过多，其多余部分在体内转变为脂肪，脂肪过多形成肥胖。肥胖对健康不利，因为身体肥胖，不但有大量脂肪积聚在皮下，而且还有许多脂肪沉积在一些内脏上，如果大量脂肪沉积在肝脏上，使之变成脂肪肝，肝脏的许多重要生理功能就会受到影响；腹腔、肠系膜大网膜和胸腔上堆积脂肪，可使膈肌活动受限，胸腔容积变小，也会妨碍呼吸和气体交换；如果心包上的脂肪增多，也能压迫心脏，影响血液回流，使人容易产生疲劳，不能承受较重的体力活动，并常感到头痛、头晕、心悸、腹胀等；肥胖还往往引起体内脂类代谢紊乱，造成血脂过高，易发生动脉粥样硬化，所以，许多疾病都与肥胖有关。研究报道，肥胖者得冠心病的概率比体瘦者多 5 倍，高血压比正常人多 2 ～3 倍。肥胖还易并发糖尿病、胆结石、胰腺炎和痛风症等。

2. 热量过少的危害

当热量摄入不足时，体内贮存的脂肪和糖原，甚至体内的蛋白质也被动用来分担供能，使体重减轻，瘦体重也减轻，导致肌力减弱，工作效率下降。长期能量摄入不足，影响蛋白质的吸收和利用，会加重体内蛋白质的缺乏，引起蛋白质营养不良症。其临床表现为基础代谢降低、消瘦、贫血、精神萎靡、皮肤干燥、肌肉软弱、体温降低、抵抗力下降、健康水平下降并易患感染性疾病等。

造成饮食不平衡的原因有两个：饮食和运动。就个体而言，可能是摄入热量过多或不足，也可能是缺乏运动或运动过度。此外，某些疾病也可使热量代谢失去平衡。为了避免热量摄入过多或过少对人体造成的危害，要注意保持热量的收支平衡，积极参加体育锻炼。

三、体重控制

（一）保持体重不变的原则

基本原则是“热量平衡”。在实践中应按照“量入为出”和“量出为入”的原则来安排饮食量（能量摄入量）和体力活动量（能量消耗）。

（二）减体重

减体重计划应符合能量消耗大于能量摄入的原则。采用的方法有：控制饮食（减少能量的摄入）、增加运动（增加能量消耗）、控制饮食和运动相结合。

饮食方面应注意平衡膳食，减少能量摄入，选择热量低、营养素含量全面的食品。严格限制高热量、高脂肪、高糖类食品的摄入。控制零食的摄入，特别是控制睡觉前以及非饥饿状态进食。注意合理安排进食时间。

运动方面应注意运动量循序渐进，以消耗大量能量的运动为主，但要避免过度疲劳。

（三）增体重

增加体重，应从运动、饮食和睡眠等方面采取相应措施，不仅增加摄食量，也要增加运动量，要使机体热量摄入量大于机体消耗的热量，使人体蛋白质代谢为正氮平衡。

系统的肌肉力量练习能够促进骨骼肌蛋白的合成，使肌肉重量增多，体积增大。

配合运动训练，应及时调整饮食，每天进食 4 ～ 5 餐，食物选择以易消化吸收、高蛋白、相对高热量为原则，用循序渐进的方式逐步增加各种营养物质的摄入量，饮食量应使机体处于热量正平衡。应控制油脂类食品的摄取，减少患冠心病等疾病的风险，补充适量的维生素和矿物质，保证充足的睡眠。

第三节 减 肥

一、肥胖的原因

这里主要讨论单纯性肥胖的原因。虽然，肥胖基本上是由于体内能量代谢不平衡，能量的摄入超过能量的消耗以致体内脂肪蓄积过多造成的，但与遗传（即个人生理代谢特点）、生活方式（活动量、饮食结构）、环境、心理、文化等多因素相关。即肥胖是一种多因素引起的复杂疾病，不应只用单因素来解释。

（一）遗传因素

研究表明，单纯性肥胖具有遗传倾向，肥胖者的基因可能存在多种变化或缺陷。基因筛选的研究发现，肥胖相关基因位于 2、10、11、20 号染色体上，由一个相对庞大的基因组控制，但尚未能够在患者中发现共有的“肥胖基因”。

在对双胞胎、领养子女家庭和家系的调查中发现，肥胖具有一定的家族聚集性。如双亲均肥胖者，子女中有 70% ～ 80% 的人表现为肥胖。双亲之一（特别是母亲）为肥胖者，子女中有 40% 的人较胖。双亲都瘦的，其子女中仅 10% 的人为肥胖。人群的种族、性别和年龄差异对致肥胖因子的易感性不同。研究表明，遗传因素对肥胖形成的作用约占 20% ～ 40% 。遗传因素可以表现在很多方面，如有的是体内缺乏分解脂肪的酶，使脂肪合成占优势；有的人小肠较长，使食物消化吸收充分，摄入较多热能，这些人虽食量不大，但易发胖；遗传还影响人的性格，如是否爱运动，易激动；代谢特点（如基础代谢率的高低）等，都会影响能量消耗。

但遗传变异进程是非常缓慢的，而 20 世纪后期，肥胖发生率的全球性快速增长提示：肥胖可能不是遗传基因发生显著变化引起的，而主要是人类生活方式、生活环境转变造成的。

（二）生活方式

1. 体力活动减少

随着现代交通工具的日渐完善，职业性体力劳动和家务劳动量减轻，人们处于静态生活的时间增加。大多数肥胖者不爱劳动；坐着看电视或玩手机是许多人在业余时间的主要休闲消遣方式，成为发生肥胖的主要原因之一。另外，某些人因肢体伤残或患某些疾病而使体力活动减少；某些运动员在停止经常性锻炼后未能及时相应地减少其能量摄入，都可能导致多余的能量以脂肪的形式储存起来。

经常进行体力活动或运动，不仅可增加能量消耗，而且可使身体的代谢率增加，有利于维持机体的能量平衡，还可以增强心血管、呼吸系统的功能。因为高强度剧烈运动不易坚持较长时间，而且在短时间的高强度运动中，主要以消耗体内糖类（肌糖原、肝糖原等）提供的能量为主，而不是首先消耗脂肪。在进行中、低等强度体力活动时，人体更多动员体内脂肪分解以提供能量。由于中、低强度的体力活动可坚持的时间长、被氧化的脂肪总量比高强度剧烈运动多。因此，应强调多进行有氧的中、低强度体力活动，如走路、慢跑、蹬自行车、打羽毛球等。另外，经常参加锻炼者比不经常锻炼者的静息代谢率高；在进行同等能量消耗的运动时，前者能更多地动员和利用体内储存的脂肪，更有利于预防超重和肥胖。

俗话说："病从口入"，病源于生活方式。肥胖也是如此。因此，若要控制肥胖，应从改变生活方式入手。

2. 进食过量

从流行病学调查中发现，经济发达国家和地区的肥胖患病率远远高于不发达国家和地区。其原因之一是发达国家和地区食物供应丰富，人们消费高蛋白质、高脂肪食物的量大增，能量总摄入很容易超过总消耗。如在我国的大中城市，目前人们越来越多地摄入富含高能量的动物性脂肪和蛋白质，摄入的谷物类食物减少，对富含膳食纤维和微量营养素的新鲜蔬菜和水果的摄入量也偏低。与我国传统的膳食模式相比，目前的膳食模式（含较多的非营养素密集性食物），更容易引起肥胖。不良饮食习惯也会造成肥胖：如不吃早餐常导致午餐、晚餐甚至一日总摄入量增加；三餐食物能量分配及间隔时间不合理，晚上吃得过多而运动较少；摄入过多的快餐食品。快餐食品往往富含脂肪和能量且营养素构成单调，经常食用不仅易致肥胖，并有引起某些营养素缺乏的可能。肥胖者的进食速度一般较快，使大脑来不及处理传入摄食中枢的信号而不能做出相应调节，饱足感未出现就已摄入过量食物。此外，经常性的暴饮暴食、夜间加餐、吃零食等不良进食习惯，也是肥胖的主要原因。

（三）环境因素

经济发展和现代化生活方式对进食模式有很大影响。在中国，随着家庭成员减少、收入增加和购买力提高，食品生产、加工、运输及储藏技术有所改善，可选择的食物品种更丰富。家庭收入增加，在外就餐和购买现成的加工、快餐食品的情况增多，其中不少食品的脂肪含量过高。特别是有些人经常参加"宴会"和"聚餐"，常过量进食。有的人遇到不顺心的事常以进食消愁等。

政策、新闻媒体、文化传统以及科教宣传等，对膳食选择和体力活动都会产生很大影响。如电视广告对儿童饮食模式的影响很大，广告主要宣传高脂肪、高能量和高盐的方便食品或快餐食品，会造成对儿童饮食行为的误导。

（四）其他

除上述引起肥胖的原因外，还有如下因素。

1. 年龄

肥胖的发生率随年龄的增长而增长，这与年龄增长代谢率降低有关，也与随年龄增长活动量减少、能量消耗减少以及性腺功能减退有关。

2. 性别

雌激素有促进脂肪合成的作用，故女性较男性脂肪多，特别是产妇和长期服用雌激素避孕药的妇女更易发胖。此外，女性脂肪细胞较男性多，活动量一般较少，也是引起肥胖的原因。

3. 精神、心理因素

人的精神和心理情绪对食欲与消化吸收机能都有影响。如情绪好，食欲旺盛，消化吸收就好，也容易使人摄入过多热量而致肥胖，正所谓“心宽体胖”。

二、肥胖的危害

肥胖不仅使人行动不便，影响美观，而且可引起人体生理、生化及病理等一系列变化，使人工作能力降低，容易发生多种慢性疾病，甚至影响人的寿命。

（一）肥胖与死亡率

美国癌症协会的资料显示：BMI 与死亡率之间关系密切。BMI 在 22 ～25 之间，男女的死亡率最低；低于 22 或高于 25，其死亡率都增加；BMI 为 30 时，死亡率明显增加；接近 40 时，死亡率上升得更显著；而低于 20 时，死亡率也增加。有调查表明，没有一个百岁以上的老人是肥胖者，而且几乎所有的研究都发现，中心性肥胖比全身性肥胖具有更高的疾病和死亡危险，即脂肪分布是比肥胖本身对死亡率和相关疾病罹患率更重要的危险因素。

（二）肥胖与相关疾病

肥胖与许多慢性疾病有关，控制好体重是减少慢性疾病发病率和病死率的一个关键因素。

1. 2 型糖尿病

肥胖和腹部脂肪蓄积是发生 2 型糖尿病的重要危险因素。对我国 24 万人的数据分析显示：BMI＞24 者，2 型糖尿病患病率是 BMI 为 24 者的 2 倍；BMI≥28 者是 BMI 为 24 者的 3 倍。男性和女性腰围分别为≥85 cm 和≥80 cm 时，2 型糖尿病患病率分别为腰围正常者的 2 ～2. 5 倍。中心性肥胖比全身性肥胖患糖尿病的危险性更大，肥胖持续时间越长，发生 2 型糖尿病的危险性越大；儿童、青少年开始患肥胖、18 岁后体重持续增加和腹部脂肪堆积者，发生 2 型糖尿病的危险更大。代谢综合征与胰岛素抵抗密切相关，肥胖、腰围超标和缺少体力活动是促进胰岛素抵抗进展的重要因素。

2. 高血压

对我国 24 万人的数据分析显示，BMI＞24 者，高血压患病率是 BMI 为 24 者的 2. 5 倍；BM1≥28 者，高血压患病率是 BMI 为 24 者的 3. 3 倍。男性腰围≥85 cm，女性腰围≥80 cm，其高血压患病率是腰围正常者的 2. 3 倍。而且，随着 BMI 的增加，收缩压和舒张压也随之升高。肥胖持续时间越长（尤其是女性），发生高血压的危险性越大。高血压经减重治疗后，血压也随体重的下降而降低。肥胖引发高血压的机制可能与胰岛素抵抗、代谢综合征有关。

3. 冠心病和其他动脉粥样硬化性疾病

研究表明，肥胖是促进动脉粥样硬化的重要因素之一：BMI 增高是冠心病发病率的独立危险因素，冠心病（如急性心肌梗塞、冠心病猝死和其他冠心病死亡）发病率随 BMI 的上升而增高。高血压、糖尿病和血脂异常都是冠心病和其他动脉粥样硬化性疾病的重要危险因素，而肥胖导致这些危险因素聚集，大大促进了动脉粥样硬化的形成。BMI > 24 和 BMI≥28 的个体，有 2 个及以上危险因素聚集者的动脉粥样硬化的患病率分别是 BMI 为 24 者的 2. 2 倍和 2. 8 倍。腰围超标的危险因素聚集者是腰围正常者的 2. 1 倍。

4. 血脂异常

有资料显示：BMI > 24 者，血脂异常（甘油三酯≥200 mg/100 mL）检出率是 BMI 为 24 者的 2. 5 倍；BMI≥28 者的检出率是 BMI 为 24 者的 3 倍；腰围超标者，高甘油三酯血症的检出率为腰围正常者的 2. 5 倍。BMI > 24 者和 BMI≥28 者的高密度脂蛋白胆固醇降低（ < 35 mg/100 mL）的检出率分别为 BMI 在 24 以下者的 1. 8 倍和 2. 1 倍。腰围超标者，高密度脂蛋白胆固醇降低的检出率为腰围正常者的 1. 8 倍。

5. 脑卒中

我国脑卒中的发病率较高。研究表明：肥胖者缺血型脑卒中发病的相对危险度为 2. 2，脑动脉粥样硬化是其病理基础。它的发病危险因素与冠心病很相似，肥胖导致的危险因素聚集是导致缺血型脑卒中罹患率增高的原因之一。

6. 阻塞性睡眠呼吸暂停综合征

肥胖引起的睡眠呼吸暂停，是由于颈、胸、腹和横膈部位的脂肪堆积过多，胸壁运动受阻，使卧位时上呼吸道变窄、气流不畅而造成的呼吸困难。因血液二氧化碳浓度过高、血氧过低可抑制呼吸中枢，引起暂时窒息。如伴有严重呼吸道疾病，则容易产生肺动脉高压、心脏扩大和心力衰竭等。

7. 某些癌症

与内分泌有关的癌症，如女性绝经后的乳腺癌、子宫内膜癌、卵巢癌、宫颈癌；男性的前列腺癌及某些消化系统癌症（如结肠直肠癌、胆囊癌、胰腺癌和肝癌）的发病率与肥胖存在正相关。究竟是促进体重增长的膳食成分（如脂肪），还是肥胖本身与癌症的关系更密切，还有待进一步研究。

8. 胆结石和脂肪肝

肥胖者胆结石的患病率是非肥胖者的 4 倍，中心性肥胖者的危险性更大。肥胖者的胆汁中胆固醇过饱和、胆囊活动减少，可能是胆结石的成因。

肥胖是非酒精性脂肪肝的危险因素之一，有报道，BMI≥24 者，脂肪肝高达 41. 5%；而非超重者，脂肪肝检出率为 11. 3%；肥胖合并血糖耐量异常或糖尿病患者的脂肪肝更严重。另外，重度肥胖者肝纤维化、炎症和肝硬化的发病率也高。

9. 内分泌及代谢紊乱

脂肪细胞不仅储存脂肪，还具有内分泌功能，同时也是许多激素作用的靶器官。肥胖者血浆胰岛素水平明显高于正常，并存在胰岛素抵抗；体力活动能通过减轻体重而提高机体对胰岛素的敏感性。肥胖者血循环中的性激素平衡被打破，如腹部脂肪过多的女性常有排卵异常、雄激素分泌过多的症状，并伴有生殖功能障碍。有些中度肥胖女性易罹患多囊卵巢综合征。

10. 骨关节病和痛风

临床上常观察到肥胖者中膝关节疼痛和负重关节的骨关节病较多。肥胖者痛风的发生率较高与高尿酸血症直接相关。痛风性关节炎是在关节内由于尿酸盐形成的痛风石引起反复发作的急性炎症。但体重增加与尿酸水平上升的关系还不太清楚，可能与肥胖引起的代谢变化（内源性核酸分解代谢产生嘌呤并合成尿酸较多）和饮食因素（含嘌呤较高的动物性食品）有关。

三、减肥的方法

目前，世界各国减肥的方法很多，如饮食减肥法、药物减肥法、气功、针灸、按摩减肥法、手术减肥法等，人们可以根据具体情况合理选用。以下主要介绍饮食、运动和药物减肥法。

（一）饮食减肥法

饮食减肥法是所有减肥法的基础，其基本内容是：限制膳食热量、调整膳食结构与改变膳食习惯。

1. 限制膳食热量

原理：减少热量摄入，造成机体能量平衡，迫使身体消耗体内脂肪。一般低能量膳食：女性每天摄入 1000 ～ 1200 kcal，或比原来摄入的能量低 300 ～ 500 kcal。减重速度以每周不超过 0.5 kg 为宜，速度过快不仅影响正常生理机能，有损健康，且减重的质量不好，即所减重量中的非脂肪细胞成分（如蛋白质与水）较多，减肥的效果也不易巩固。低能量膳食期间，为了避免因食物减少引起维生素和矿物质不足，应适量摄入含维生素 A、B2、B6、C 和锌、铁、钙等微量营养素补充剂。可按照推荐每日营养素摄入量设计添加混合营养素补充剂。

总之，每天摄入热量以不少于 1000 ～ 2000 kcal 为宜，避免极低能量膳食（即每天少于 800 ～ 900 kcal），如有需要，应在医务监督下进行。

2. 调整膳食结构

减肥膳食结构的基本原则是：在低能量膳食基础上，摄入低脂肪、适量优质蛋、含复杂糖类（如谷类）和较高比重新鲜蔬菜、水果的膳食。即在满足人体各种营养素需要并使之平衡的基础上，减少总热量的摄入，让身体中的部分脂肪氧化以供机体能量消耗。

减肥膳食结构中，蛋白质、脂肪、糖类占总热量的百分比分别为 15% ～ 20% 、20% ～ 25% 、60% ～ 65% 。蛋白质的供给量每天不少于 1. 5 g/kg 体重。

减少能量摄入应以减少脂肪为主。血脂异常者应限制摄入富含饱和脂肪酸和胆固醇的食物（如肥肉、内脏、蛋黄）。

摄入适量优质蛋白质，在能量负平衡时非常重要，它可提高机体免疫能力；减少人类组织中的蛋白质被动员作为能量；与谷类等植物蛋白质的氨基酸起互补作用，提高植物蛋白质的营养价值。

不吃或少吃谷类主食的观点和做法是错误的。谷类中的淀粉是复杂的糖类，可防止进餐后血糖骤升，对维持血糖水平有好处。谷类食物还富含膳食纤维，对降低血糖、预防癌症有一定的好处。减少总能量摄入时，也要相应减少谷类主食量，但不减少其在食物总量中的比例。

蔬菜、水果的体积大而能量密度较低，又富含人体必需的维生素和矿物质，以蔬菜和水果替代部分其他食物，能增加饱腹感而不会摄入过多能量。

改变饮食习惯：

进食要有规律，可少食多餐，增加进食次数：一日可进食 4 ～6 次，但总热量须在限度以内。避免少餐多吃，这可减少餐后胰岛素的分泌和提取合成。此外可使胃容积较小，减少饥饿感。

放慢进餐速度、细嚼慢咽，可减少进食量。进餐速度过快易造成多吃。切忌暴饮暴食或漏餐。

不要进餐后即睡或静坐不动。进餐后如适当活动，可使食物特殊动力作用的热能消耗比平时增加 2 倍。

应少摄入盐，因钠在体内会增加水滞留。

少吃刺激食欲的食物，如辛辣食物。

但是，有研究发现，辣椒素能促进脂肪分解代谢，同时，辣食中的可溶性纤维是一种良好的淀粉阻滞剂，而纤维吸水膨胀，体积增大，使胃有饱满感。

少饮酒，酒精是高热量食物，1 g 酒精产生 7 kcal 热量。

少吃油炸、油腻食物和过多零食，此类食物往往是高热量的非营养素密集性食物。

尽量采用煮、煨、炖、烤和微波加热的烹饪方法，用少量油炒菜。

减少含糖饮料摄入，养成饮用白开水和茶水的习惯。

饮食减肥需要较长时间，并且要持之以恒，达到理想体重后，需继续注意控制几个月，否则调整好的饮食习惯很难养成，很容易恢复原状，体重就随之回升，前功尽弃。

饮食减肥法是所有减肥法的基础，而只是控制饮食，不结合增加体力活动或不采取其他措施，减肥的程度和持续效果就不易达到让人满意的程度。一般超重或轻度肥胖者，饮食减肥与运动减肥结合使用，是最常用、最科学有效的方法；重度、中度肥胖者采用此减肥方法时，还需要配合多种其他方法才能奏效。

（二）运动减肥法

运动增加能量消耗，是造成机体热能负平衡的另一种手段。实践证明，目前国际公认最安全可靠、反弹也小的减肥方法是：运动减肥与饮食减肥的有机结合。

除了增加能量消耗，运动还作用于神经内分泌系统，有益于脂肪代谢的调节，促进脂肪分解，减少脂肪合成。在运动时，肾上腺激素分泌增加，脂解激酶释放增加，加强甘油三酯的水解过程。运动还使胰岛素分泌减少，抑制体脂合成，促进体脂分解。能促进血游离脂肪酸、葡萄糖的利用，一方面使脂肪细胞释放大量游离脂肪酸，细胞缩小；另一方面，消耗多余葡萄糖，使之不转为脂肪，减少异生脂肪的聚积。但并不是任何运动的减肥效果都好，符合以下条件成效才大。

1. 有氧运动

提倡动力型的有氧运动，并有大肌肉群参与的中、低强度运动。中等强度相当于运动中心率达 100 ～ 120 次/min；低强度相当于心率为 80 ～ 100 次/min。中等强度运动消耗的能量，男、女每分钟分别为 4. 8 ～ 7. 0 kcal 和 3. 3 ～ 5. 1 kcal，低强度消耗能量每分钟分别是 1. 9 ～ 4. 6 kcal 和 1. 4 ～ 3. 2 kcal。

2. 经常运动或活动

经常运动或活动，使神经、内分泌系统及酶的活性等生理、生化过程发生系列适应性变化，使骨骼肌氧化脂肪酸和酮体的能力增强，有利于消耗体脂。

“没时间”常成为人们不参加运动的理由，并把增加活动看成是一种“负担”，应该转变观念，把运动或活动作为提高身体素质、保证健康的必要条件。创造更多的活动机会，并把增加活动的意识融于日常生活中；适当改变日常生活习惯，尽量选择较多活动以替代较省力的条件。例如，在城市，鼓励人们在 1 km 距离内用步行替代坐车；短途出行骑自行车；提前一站下车而后步行到目的地；步行上下 5 层以内的楼梯以替代乘电梯，等等。

3. 注意事项

（1）每天安排运动。运动的量和时间应按减肥目标计算，对于需要削减的能量，一般采取增加运动和控制饮食相结合的方法，其中 50% 由运动减肥法解决，其余 50% 采用饮食减肥法。

（2）运动量的安排。应根据减肥者的体能、年龄和兴趣等进行，以某一项运动为主，再配合其他运动。

（3）增加运动量和提高强度应循序渐进。尤其是有心、肺疾病或近亲中有严重心血管病史者。剧烈活动前进行充分的热身和伸展运动，逐渐增加肌肉收缩、放松速度，能改善心肌供氧、增加心脏的适应性；运动后的放松活动，使体温渐渐回落，逐渐降低肌张力，可防止急、慢性肌肉关节损伤；避免负荷过量，过量负荷会使免疫功能降低。

（4）如出现以下症状，应立即停止运动：①心跳异常，如心率比平时运动时明显加快；②严重气短；③暂时性失明或失语；④运动中感到头晕、恶心，意识紊乱。

（三）药物减肥法

药物减肥法适用于肥胖而致疾病危险性增加的患者，不以美容为目的，低危肥胖者应首选饮食和运动疗法。

1. 适应症

（1）食欲旺盛，餐前饥饿难忍，每餐进食量较多。

（2）合并高血糖、高血压、血脂异常和脂肪肝。

（3）合并负重关节疼痛。

（4）肥胖引起呼吸困难或有阻塞性睡眠呼吸暂停综合征。

（5）BMI≥24 者有上述并发症，或 BMI≥28 者不论有无并发症，经过 3 ～6 个月单纯性控制饮食和增加活动量，仍不能减重 5%，甚至体重仍有上升趋势，可考虑用药物辅助治疗。

2. 药物种类

减肥药物可分以下几类：食欲抑制药、阻止消化吸收类药、能量消耗增强药、影响脂类代谢药。

（1）抑制食欲药

西布曲明是最常用的抑制食欲的减肥药之一，其主要作用为抑制中枢对 5－羟色胺和去甲肾上腺素的再摄取，以增加饱腹感。它的副作用：可能引起口干、失眠、乏力、便秘、月经紊乱、心率增快和血压升高。老人，尤其是老年性高血压或糖尿病患者慎用。因便秘可诱发眼底出血、心肌梗塞。高血压、冠心病、充血性心力衰竭、心律不齐或中风患者禁用。血压偏高者，在有效降压后方可使用；但有效减重后有助于降血压。

（2）膨胀充填剂

膨胀充填剂不含热量，因主要成分是膳食纤维而不被消化吸收利用。食入后在胃肠中膨胀，使人产生饱满感，降低食欲，从而减少能量摄入，这类药物有甲基纤维素等。

（3）阻止消化吸收的减肥药

这类药可选择性地影响某热源物质的吸收利用，有利于机体能量负平衡而减重。如奥利司他就是此类常用减肥药，它对肠道胰脂肪酶有选择性抑制作用，使摄入脂肪的 1/3 不被吸收而达到减肥目的。常用剂量为进餐前一次口服 120 mg，3 ～6 个月可减重 7 ～10 kg。

副作用：排便急，有时因为肛门排气带出脂便而污染内裤，如减少膳食脂肪，以上症状可缓解。患者出现以上症状是减少脂肪摄入的“信号”。使用较长时间后，上述症状可减轻。因仅 3% 的奥利司他从肠道吸收，几乎无心血管甚至全身副作用。

3. 注意事项

药物减肥法不是减肥的主要方法，只宜作为饮食、运动减肥等方法的辅助；患者应遵医嘱服药；医生根据患者的肥胖程度、并发症及各种危险因素程度制订合理的治疗方案，并对患者定期随访，检查和监测血压、心率和各相关指标，观察疗效，防止不良反应。如随访食欲抑制药使用者，起初至少每 2 ～4 周 1 次，3 个月以后可每月 1 次。

总之，对肥胖的治疗要注意以下两点：

（1）单方面节食有害无益，应保持健康的体重指数，低脂肪，适量食盐，水、蔬菜、水果、膳食纤维丰富，热能安全和膳食营养平衡。

（2）首选的减肥方法是低能量营养平衡的膳食和有氧运动的结合，减肥速度在每周 500 g 以内为宜；有氧运动形式可结合自己的兴趣及日常生活习惯，保证足够长的运动时间和频率，每周不少于 3 ～4 次，运动最好选择冲击性小的项目，如步行、慢跑、骑车、游泳，以免受伤害。

第四节　增　重

一、过瘦的原因

根据消瘦的原因，通常分为单纯性消瘦和继发性消瘦两类。单纯性消瘦又包括体质性消瘦和外源性消瘦。以下主要探讨的是外源性消瘦。

（一）单纯性消瘦

1. 体质性消瘦

主要为非渐进性消瘦，具有一定的遗传性。

2. 外源性消瘦

通常受饮食、生活习惯和心理等各方面因素的影响。食物摄入量不足、偏食、厌食、漏餐、生活不规律和缺乏锻炼等饮食生活习惯以及工作压力大、精神紧张和过度疲劳等心理因素都是导致外源性消瘦的原因。

（1）饮食失调

在某些情况下，个人的饮食方式将会对健康产生不利的影响。这种状况如果得不到纠正，将可能使健康水平严重下降，甚至造成死亡。在临床上称为进食障碍，包括神经性厌食、偏食、食物摄入量不足的饮食失调等。饮食失调是指亚临床的不健康饮食方式，常常是进食障碍的先兆。

关于饮食失调和进食障碍，并没有单一的机制可以解释其发病原因。一般认为，遗传和生物力学的、心理学的以及社会文化方面的因素都可能引起这种疾患的发生。据调查，在经济状况较好的青年女性和某些强调体型的优秀女运动员当中，这种疾患的发生率较高。目前有假设认为，追求苗条的社会压力引发了年轻女性的不健康饮食方式；而关于女子运动员为获得成功的压力，加上某些项目对体重的特殊要求，综合起来形成了饮食失调的原因。据报道，超过60%的女子体操运动员都表现出某种类型的饮食失调症状。

（2）缺乏锻炼

随着社会的进步、科技的发展和生产方式的变革，身体直接参与的劳动越来越少，又没有专门的体育活动，身体的肌肉就得不到刺激和锻炼，导致肌肉不发达甚至萎缩。瘦体重又是身体的主要成分，瘦体重过轻直接导致体重过轻。

（3）不规律的生活方式

不规律的饮食、作息时间对身体伤害很大。根据一些资料表明，很多人的睡眠远远不足6个小时，身体一直处于透支状态。睡眠是人体体力恢复的重要措施，也是促进肌肉生产的“生长激素”的分泌异常活跃时期。没有睡眠保证，身体很难得到恢复。

（二）继发性消瘦

由各类疾病所引起的消瘦我们称之为继发性消瘦。胃肠道疾病如胃炎、胃下垂、胃及十二指肠溃疡，代谢性疾病如甲亢、糖尿病，慢性消耗性疾病如肺结核、肝病等，都可能引起消瘦。另外，胆囊切除术等腹腔手术术后也可能导致消瘦。

二、过瘦的危害

过瘦与肥胖一样，都是亚健康的一种。人体内的肌肉、脂肪含量过低，体重指数BMI小于18.5即为消瘦。消瘦者不仅容易疲倦、体力差，而且抵抗力低、免疫力差、耐寒抗病能力弱，易患多种疾病。

（1）消瘦的儿童、少年则有营养不良和智力发育的问题。因为儿童和少年正处于生长发育时期，需要的热量及营养物质都较高，过瘦的儿童和少年会出现热量短缺，蛋白质、矿物质及维生素等缺乏的现象。

（2）消瘦的青年人常伴有肠胃疾病。

（3）消瘦的中老年人易患骨质疏松。

（4）消瘦的女性易出现月经紊乱、闭经及骨质疏松。

（5）消瘦的人群容易出现便秘现象。由于食物及液体摄入量过少，使肠道缺少应有的刺激，造成便秘。

三、增重的方法

目前增重的方法主要有：饮食增重法、药物增重法、运动增重法。以下主要介绍饮食增重法和运动增重法。

（一）饮食增重法

饮食失调造成了一部分人体重过轻，所以又有一部分人在为增加自己的体重而操心。对于他们，很重要的一个策略就是应尽可能地使瘦体重增加，而不要造成脂肪的堆积。另外，当一个人的体重持续下降或增加体重非常困难时，应接受医学检查来排除潜在疾患的可能。

1. 增加热量

摄入的能量必须保持大于消耗的能量才能增加体重。当人体摄入的热量大于消耗的热量时，才能有多余的热量用于肌肉生长。经研究表明，体重无变化时，摄入和消耗的热量是相等的，此时在饮食量和消耗量不变的基础上，额外增加摄入 3500 kcal 热量，便可增重 500 g 左右。科学健康的增重方式是：将额外增加的 3500 kcal 热量分配到 1 周内摄取，即每天额外增加热量摄取 500 kcal，每周的体重增加数控制在 500 g 左右。

2. 进餐频率

少量多餐的进餐方式有助于改善血糖和胰岛素的调节张力，改善体内氮的滞留，提高机体自我调控的能力。研究表明，每天以少量多次原则进餐 5 次或 5 次以上者的体重高于每天进餐 3 次或 3 次以下者，而且皮褶厚度前者低于后者。

3. 调整膳食组成

摄入热量的分配必须科学。人体摄入的热量来自蛋白质、糖类和脂肪这 3 种营养素，它们都可以产生热量，但不能相互代替，否则对健康不利。如糖类过多而脂肪过少，会加重胃肠负担；如脂肪过多而糖类过少，则可能引起肥胖症、心脑血管疾病；如蛋白质过少，会使生长发育受抑、机体抵抗力降低。所以它们的摄入必须有一个科学的比例：人体摄入热量的 55% ～ 65% 应来自于糖类，15% ～ 20% 来自于蛋白质，其他来自于脂肪。

（二）运动增重法

系统的肌肉力量练习，能够促进骨骼肌蛋白质的合成，使肌肉重量增加，体积增大。

1. 抗阻训练

美国运动医学协会 1998 年建议将抗阻训练纳入完整体适能计划。系统的抗阻训练，能够促进骨骼肌蛋白质的合成，使肌肉体积增大，重量增加。对于初练者，练习的强度和运动量要循序渐进，开始训练时，使用负荷要较轻，次数频率也要较少。随着身体运动状况的调整和适应，及时增加肌肉抗阻训练。增重客户每周尽量达到 2 ～ 3 次抗阻训练，每次训练选择主要肌肉群进行抗阻训练，负荷强度为 8 ～ 10 RM，既有利于局部肌肉塑造，又有利于瘦体重的增加。

2. 心肺耐力训练

长期规律的心肺耐力训练可以提高机体的有氧适能的水平。有氧适能的提高就会使肺的通气能力、血液的载氧能力、心脏泵血能力、动脉血管对血液的再分配能力及肌肉利用氧的能力提高。适当的心肺耐力训练对抗阻训练有非常大的促进作用，对瘦体重增加非常有必要。但也要注意，持续时间不可过长，一般控制在 30 min 以内较为合适。

【思考题】

1. 简述身体成分的概念及测量方法。
2. 肥胖的原因和危害有哪些?
3. 科学的减肥方法有哪些?
4. 身体过瘦的原因和危害是什么?
5. 科学的增重方法有哪些?

第九章　特殊人群的健身指导

【本章提要】

如何为具有特殊身体情况的客户制订针对性的运动处方，指导其进行安全的运动锻炼是健身教练工作的重要内容。本章的主要内容有：冠心病、高血压、中风、哮喘病、糖尿病、骨质疏松的病理病因、症状、运动益处、运动处方和危机处理；女性、儿童少年、老年人的生理特点、运动的益处及运动处方。

第一节　心血管系统与呼吸系统疾病患者的健身指导

一、冠心病

（一）病理病因及症状

1. 病理病因

冠心病是冠状动脉粥样硬化性心脏病的简称。由于冠状动脉粥样硬化狭窄，血流量减少，致使心肌缺血、缺氧。

2. 症状

心绞痛是冠心病的主要临床症状，但是，不同人的心绞痛发作表现不一，多数人形容其为“胸部压迫感”“闷胀感”，部分患者感觉向双侧肩部、背部、颈部、咽喉部放射。冠心病有 5 型“憋闷感”，分别有如下临床症状。

（1）心肌梗塞型

心肌梗塞发生前 1 周左右常有前驱症状，如静息和轻微体力活动时发作的心绞痛，伴有明显的不适和疲惫。梗塞时表现为持续性剧烈压迫感、闷塞感，甚至刀割样疼痛，位于胸骨后，常波及整个前胸，以左侧为重。部分患者可延及左臂尺侧向下放射，引起左侧腕部、手掌和手指麻刺感；部分患者可放射至上肢、肩部、颈部、下颌，以左侧为主。有时候表现为上腹部疼痛，容易与腹部疾病混淆。伴有低热、烦躁不安、多汗和冷汗、恶心、呕吐、心悸、头晕、极度乏力、呼吸困难、濒死感，持续 30 min 以上，常达数小时。

（2）心绞痛型

心绞痛型表现为胸骨后的压榨感、闷胀感，伴随明显的焦虑，持续 3 ～ 5 min，常发散到左侧臂部、肩部、下颌、咽喉部、背部，也可放射到右臂。有时可累及这些部位而不影响胸骨后区。用力、情绪激动、受寒、饱餐等增加心肌耗氧情况下发作的心绞痛称为劳力性心绞痛。有时候心绞痛不典型，可表现为气紧、晕厥、虚弱、嗳气，尤其是老年人。根据发作的频率和严重程度分为稳定型和不稳定型心绞痛。

（3）心力衰竭和心律失常型

部分患者原有心绞痛发作，以后由于病变广泛，心肌广泛纤维化，心绞痛逐渐减少到消失，却出现心力衰竭的表现，如气紧、水肿、乏力等，还有各种心律失常，表现为心悸，还有部分患者从来没有心绞痛，而直接表现为心力衰竭和心律失常。

（4）猝死型

猝死型主要是由于缺血造成心肌细胞电生理活动异常，而发生严重心律失常，常常在急性症状出现以后 6 min 内发生心脏骤停。

（5）无症状性心肌缺血型（隐性冠心病）

无症状性心肌缺血型的症状表现为有广泛的冠状动脉阻塞却没有感到过心绞痛，甚至有些患者在心肌梗塞时也没感到心绞痛。部分患者在发生了心脏性猝死，常规体检时发现心肌梗塞后才被发现。部分患者由于心电图有缺血表现，发生了心律失常，或因为运动试验阳性而做冠脉造影才发现。

（二）运动的好处

体育锻炼可以改善冠状动脉的神经调节功能，预防血管发生痉挛；改善冠状动脉的血液循环，缓解心肌缺血，提高心脏功能，预防心绞痛发作。体育锻炼还有利于降低血脂，因而有利于冠心病的防治。

（三）运动处方

冠心病的运动方式包括有氧运动、抗阻力训练、伸展练习和医疗体操等。

1. 有氧运动

有氧训练是冠心病运动处方中的主要部分。常用的有氧运动有步行、慢跑、游泳、骑功率自行车、登山等。理想的有氧训练为 50% ～ 85% HR_{max}，一般每次 15 ～ 40 min，每周 3 ～ 4 次。和高强度运动相比，低强度的运动需要较长的运动时间以达到减脂的效果。中、低强度运动的主要优点是并发症较少，而高强度运动的优点是训练所花的时间较少。运动训练有可能要达到一定的阈值才产生效应。一般认为每周的总运动负荷约相当于步行或慢跑 20 mile 时，训练作用最大，疾病的发作和死亡率最低，超过这个运动负荷并不增加运动效应。

2. 抗阻力训练

强度一般为一次最大抗阻重量的 40% ～ 50%，重复 8 ～ 10 次/组，5 组左右为一循环。每组运动之间休息 30 s。一次训练重复 2 个循环。每周训练 2 ～ 3 次。在逐步适应后可按 5% 的增重逐渐增加运动负荷。训练应以大肌肉群为主。

3. 注意事项

（1）选择适当的运动，既能达到训练效果，又容易坚持。

（2）只在感觉良好时运动。感冒或发热时要在症状和体征消失两天以上才能恢复运动。

（3）调整运动处方。患者要根据个人能力，定期检查和修正运动处方，避免过度训练。药物治疗改变时，要调整运动方案。参加训练前应进行身体检查。

（4）警惕症状。运动时如发现下列症状应停止运动，及时就医：上身不适（包括胸、臂、颈或下颌，表现为酸痛、烧灼感、紧缩感或胀痛）、无力、气短、骨关节不适（关节痛或背痛）。

（5）注意周围环境因素对运动反应的影响。包括：寒冷和炎热气候要相对降低运动量和运动强度；穿宽松、舒适、透气的衣服和鞋袜；上坡时要减慢速度；饭后不做剧烈运动。

（四）危急处理

急性心肌梗塞是一种十分危急、病死率极高的病症。一旦发病，急救处理是否及时和妥当，对急性心肌梗塞转归十分重要。急救处理的第一步就是现场应急处理，这往往比医院急救还要重要。凡是疑有急性心肌梗塞者，应就地休息，争分夺秒抢救，切忌让患者行走或搬动患者，立即平卧或半卧位，绝对休息，有条件者可高流量吸氧，含服硝酸甘油，及时与急救站和附近医院联系。

就地抢救时应做到下列几项：

（1）镇静、止痛、稳定患者情绪，保证患者安静休息。

（2）吸氧。

（3）含服硝酸甘油。

（4）抗休克或预防休克。

（5）充分利用条件进行心电图监护，发现心律失常应及时处理。

经过上述处理后，患者心绞痛得到控制，心率、心律及血压基本稳定后，可由专人陪送，乘急救车送往医院，在送往过程中尽量避免过多搬动患者。

二、高血压

高血压病是世界上最流行的心血管疾病之一，全球约有 10 亿高血压患者。中国最新的相关数据表明，34 ～74 岁的中国成年人高血压患病率为 27.2%，全国约有 1.3 亿高血压患者。高血压的患病率随年龄的增长而增长，且男性多余女性。美国约有 5000 万高血压患者。高血压是造成美国每年 70 万例中风和 20 万人因中风而死亡的主要原因，同时也是导致每年 100 万例心脏病发作，以及 50 万人由心脏病发作而死亡的主要原因。

（一）病理病因及症状

1. 病理病因

在神经信号、激素和其他生理因素的共同作用下，通过影响血管壁的扩张和收缩来控制多少血液流向体内的各部位，这种血流量会给动脉壁造成一定的压力；施加在血管壁上的压力随血流量、血流速率和动脉壁相对弹性的变化而变化。血压还受到体内压力感受器的影响，压力感受器以负反馈的形式调节血压，避免血压波动幅度过大，当血压调节机制不能正常工作时，其可能结果就是发生高血压。

2. 症状

高血压可分为原发性和继发性两大类。原发性高血压是以血压升高为主要临床表现，伴有或不伴有多种心血管危险因素的综合征，约占所有高血压患者的 95%。在某些疾病中（肾病、内分泌疾病、动脉炎症及狭窄、脑部病变），高血压只是其临床症状之一，称继发性高血压或症状性高血压。高血压病分三期，各期患者血压均高于正常水平，但第一期临床无心、脑、肾的异常表现；有左室肥大、眼底动脉狭窄、蛋白尿其中一项者即为第二期；第三期血压稳定性增高，同时出现内脏器官的病理改变（眼底、心脏、肾、脑血管改变）。

高血压的症状因人而异。早期可能无症状或症状不明显，仅仅会在劳累、精神紧张、情绪波动后发生血压升高的现象，并在休息后恢复正常。随着病程延长，血压明显持续升高，逐渐会出现各种症状，此时被称为缓进型高血压病。缓进型高血压病常见的临床症状有头痛、头晕、注意力不集中、记忆力减退、肢体麻木、夜尿增多、心悸、胸闷、乏力等。部分症状不是由高血压直接引起的，而因高级神经功能失调所致。

（二）运动的益处

运动不仅可以预防高血压，对于已经患有高血压病的人群也具有降低血压的作用，因此，运动是高血压病重要的辅助治疗手段。研究表明，规律地保持 40% ～ 70% 低强度的有氧锻炼，可以降低高血压患者的收缩压大约 11 mmHg，舒张压大约 9 mmHg。而仅仅降低 2 mmHg 收缩压就可以降低 6% 中风引起的死亡，4% 的心脏疾病。适当的运动，结合药物治疗可以大大降低高血压患者的死亡率。

美国运动医学协会对于锻炼与高血压的观点是：把耐力性锻炼作为减低高血压患者血压升高的非药物性治疗手段。为达到有效的锻炼，建议与那些想提高和维持心肺能力健康的人群采用同样的方式。

（三）运动处方

1. 运动方式

主要运动形式应是有大肌肉群参与的有氧运动。运动过程中略感气喘，又不至于上气不接下气；稍微出汗，又不至于大汗淋漓；感到全身舒展，但不觉得肢体疲劳。这类运动主要有步行、慢跑、骑功率自行车、椭圆运动机训练、游泳、太极拳、太极剑、太极扇等。多种活动形式的存在使训练者在技能和兴趣等方面增加了选择性，因此，他们长期坚持运动的可能性也将有所增加。

对于力量训练对血压的影响，多数研究表明，渐进性抗阻运动对降低成年人安静时的收缩压和舒张压均有效果。由于静力运动能很快地降低迷走神经张力，升高外周血管阻力，使得血压和心率迅速上升，所以一般情况下静力运动在血压未能很好控制以前，应加以限制。力量训练应该把重点放在将增加肌肉力量转变为增加肌肉耐力练习上，使有氧运动成为运动的主要代谢方式。

2. 运动时间及频率

大多数研究表明，每天 20 ～ 30 min 的运动是引起心血管功能改善的适宜量，而且运动时间的长短与运动强度成反比。强度大，持续时间可以相应缩短；强度小，时间应延长。每次有氧运动持续时间为 30 ～ 60 min。每周 3 ～ 7 次。有研究发现，每周 7 次的锻炼比每周 3 次锻炼的降压效果更为明显。运动的降压效应至少在运动 1 ～ 2 周后才能出现，5 周左右血压达到稳定状态，运动治疗则应长期坚持。

3. 运动强度

40% ～ 70% VO_{2max} 或者 HRR 运动强度的降血压效果，可能优于或与更大强度运动的降压效果相同，并可防止运动中血压升高幅度过大。因此，高血压患者应采用中低强度的健身运动，这一点对于老年高血压和肥胖高血压患者有特别重要的意义。

运动强度也可用主观疲劳感觉来判断，一般以 8 ～ 13 为宜，即感觉很轻松、有点累或稍累，这相当于运动时心率为最大心率的 50% ～ 60%。

4. 注意事项

（1）如果安静时收缩压大于 180 mmHg 或舒张压大于 110 mmHg，应暂停健身运动，服药使血压小于 180/110 mmHg 后，方可参加健身运动。在运动过程中，收缩压大于 200 mmHg 或舒张压大于 110 mmHg 时要终止运动。

（2）在运动健身时，动作要柔和、平稳，要有意识地放松全身肌肉，勿紧张用力，避免憋气等动作，在血压没有得到控制或对运动还不适应时的动作，头的位置不要低于心脏水平，以免头部充血发生意外。不要做弯腰低头动作。

（3）运动以中小强度为宜，在运动中要逐渐增加运动量和运动强度。对高血压患者，运动的时间比强度更重要。要高度重视准备活动，突然的大强度运动，可导致血压爆发式增高而导致危险。

（4）对于血压明显升高的患者（血压≥160/100 mmHg），采用药物治疗后应在其治疗方案中加入耐力运动。健身运动可在药物治疗的基础上进一步降低血压，进而减少服药量并降低高血压并发症的发生率。

（5）指导患者从地面位置站起时要慢，因为当他们开始服用降压药时，更加易受低血压或直立性低血压的影响。

（6）运动中，特别是运动后，应对机体的反应继续保持警惕。对高血压患者而言，在运动过程中和运动刚结束时更容易引起心血管意外，如心绞痛、心肌梗塞或中风等。

（四）危急处理

高血压危象是一种极其危急的症候，常在不良诱因影响下，血压骤然升到200/120 mmHg以上，出现心、脑、肾的急性损害危急症候。患者感到突然头痛、头晕、视物不清或失明、恶心、呕吐、心慌、气短、面色苍白或潮红、两手抖动、烦躁不安，严重的可出现暂时性瘫痪、失语、心绞痛、尿混浊，更严重的则出现抽搐或昏迷症状。

遇到上述状况，不要在患者面前惊慌失措，要让患者安静休息，头部抬高，取半卧位，尽量避光，并尽快送患者到医院救治。在去医院的路上，行车尽量平稳，以免因过度颠簸而造成脑溢血。注意保持昏迷者呼吸道通畅，让其侧卧，将下颌拉前，以利呼吸。

三、哮喘病患者的健身指导

哮喘是世界公认的医学难题，治疗在于减少病情突发的严重性和频率。用适当的治疗，让患者可以过正常的生活。不接受治疗的哮喘会导致肺部的损害，甚至死亡。适当的锻炼，结合药物和控制诱因可以有效地管理哮喘。未被处理的哮喘是危险的，那些没有寻求适当治疗方法的人是不适合参加任何锻炼方案的。

（一）病理机制及诱因

哮喘病因仍未明确。目前认为遗传因素和环境因素是两个主要原因。研究表明，在近亲中有哮喘史者更容易发病，患者体内存在某些与哮喘相关的基因，与气道高反应性、参与过敏反应调节的IgE抗体有关。环境中各种粉尘、气体、微生物、某些食物、药物和运动以及气候变化都可以引起哮喘发作。

3个最普通的哮喘诱因是过敏原、刺激物和锻炼，其他包括感染、情绪和压力。1个以上的诱因会导致哮喘症状的出现。

1. 刺激物

二手烟、污染、香水和冷空气都会诱使支气管痉挛。

2. 过敏原

虽然过敏原是频率性的侵袭者，但不是所有哮喘患者有过敏诱因。最普通的过敏原是食物、花粉、灰尘、霉菌和宠物。

3. 锻炼

锻炼引起的哮喘并发症称为EIA（exercise-induced asthma）。在中到高强度的锻炼中，呼吸率的增加使不够暖与潮的气体进入肺部，进而导致肺部的支气管痉挛。

4. 其他诱因

感冒和鼻窦感染等疾病会加重哮喘症状。

（二）症状

与哮喘相关的症状有咳嗽、喘息、呼吸困难、胸闷、咳痰等。典型的表现是发作性伴有哮喘音的呼气性呼吸困难。严重者可被迫采取坐位或呈端坐呼吸，干咳或咯大量白色泡沫痰，甚至出现紫绀等。哮喘症状可在数分钟内发作，经数小时至数天，用支气管扩张药或自行缓解。早期或轻症的患者多数以发作性咳嗽和胸闷为主要表现。

（三）运动的益处

规律的锻炼给哮喘患者带来的益处同非哮喘患者是一样的，包括增强身体素质，降低经历哮喘的恐惧和体型的改善。哮喘患者普遍较少参与运动，一项研究表明，哮喘患者被阻碍参与规律性的锻炼方案是因为他们担心会在锻炼中遭受突发性的哮喘，并且他们还缺乏如何正确锻炼的指导。但结合适当的药物和锻炼方案，哮喘患者可以改善呼吸功能，减轻呼吸困难，改善缺氧状况；提高全身耐力，减轻身体疲劳，恢复日常生活活动能力，提高生活质量。

（四）运动处方

1. 运动方式与强度

运动措施主要针对非发作期患者，重点解决神经紧张和呼吸肌疲劳、全身疲劳的问题。原则上，支气管哮喘患者无论是儿童、少年或成年人都能参加与其年龄相适应的各种类型的体育活动，尤其是有益健康的非竞技型体育活动。

通常支气管哮喘的运动目标是改善呼吸功能和体力状况。运动方式采用有氧运动、抗阻力训练、柔韧性训练、协调性训练和放松练习。有氧运动强度以中等为宜，推荐65% ～75% VO_{2max}强度；抗阻力训练以12 ～20 RM 较合适。在一次训练课中，热身、有氧运动、抗阻力训练、柔韧性练习、放松整理的时间分配为10、20、10、10、10 分钟。每周3 ～5 次，长期坚持可明显增强体力，改善呼吸功能。

腹式呼吸、用鼻吸气、缩唇呼吸等呼吸再训练对支气管哮喘患者也很有效。研究表明，呼吸再训练可减少支气管扩张剂的使用，防止病情恶化，改善生活质量。有研究显示，哮喘儿童也能很好耐受有氧训练和无氧训练交替的较高强度的训练计划，且明显改善了有氧和无氧耐力，但对呼吸功能指标影响较小，在训练中应加入无氧训练的成分。

2. 运动的注意事项

（1）在锻炼前，准备活动要充分，尤其是需做数分钟的呼吸准备练习。

（2）不要用口呼吸，养成用鼻呼吸的习惯，并逐渐形成“吸短呼长”（吸与呼的时间之比约为1∶2）、“呼吸轻缓”（平稳）的呼吸模式。

（3）宽衣松带，确保呼吸时胸腹轻松自由地起伏。

（4）最好不要单身一人进行活动，注意随身携带哮喘喷雾器。

（5）避免在寒冷天气和污染的环境中进行锻炼。

（6）特别注意对呼吸肌的锻炼，如主动地开怀大笑，经常地进行吹起飘落的气球、吹灭点着的蜡烛和吹动桌上的乒乓球等锻炼。

（五）危机处理

当哮喘突然发作时，要切记的是千万不要背送患者去医院急救。背送哮喘发作患者这一不当的急救转移行为在一定程度上加速了患者的病情。哮喘发作时，患者全身极度缺氧，呼吸肌最大限度地工作，吸入更多的氧气和更多地排除肺内残余气体，以缓解体内重要器官缺氧，这是一种代偿方式。如果背送患者，正好压迫患者的胸腹部，限制了胸腹式呼吸，加重了全身缺氧，无疑是雪上加霜，严重时可致使患者呼吸衰竭，呼吸心跳停止。

哮喘发作时，应减轻患者的心理压力，取坐位或半卧位，解开领扣，松开裤带，避免胸腹受压和不必要的搬动。清除口鼻分泌物，保持呼吸道通畅。如果老年患者或原有心脏病史，可能是心源性哮喘，应立即舌下含服消心痛或硝酸甘油片 1 ～ 2 片。如果是支气管哮喘，应尽快脱离过敏原，有气管扩张气雾剂应立即让患者吸入 2 ～ 3 次。一旦呼吸心跳停止，应尽早进行人工心肺复苏，为进一步治疗争取时间。哮喘严重时，需肌注或静脉给药，同时吸氧，多数经治疗后病情均能缓解，或病情稳定后在医务人员护送下，用担架或靠背椅保持患者坐位，安全转送医院。

四、中风

（一）病理病因及症状

1. 病理病因

中风的病理基础主要是脑动脉的粥样硬化和脂肪透明变性、纤维素样坏死，其他有发育畸形、动脉瘤、炎症、淀粉样沉淀和动脉分层等。第二类为继发于脑外的病变，从心脏或颅外循环脱落的栓子堵塞脑动脉而致病。第三类原因为血液成分，血流动力学或灌流压的异常。上述病理过程导致局部脑血流不足以维持脑功能和脑细胞存活时，发生缺血性中风（脑梗塞），导致脑内或蛛网膜下腔内血管破裂时，发生出血性中风。

2. 症状

（1）突然口眼歪斜，口角流涎，说话不清，吐字困难，失语或语不达意，吞咽困难，一侧肢体乏力或活动不灵活，走路不稳或突然跌倒。这是由于脑血管供血不足，运动神经功能障碍引起的。

（2）突然出现剧烈的头痛、头晕，甚至恶心呕吐，或头痛头晕的形式和感觉与以往不同，程度加重，或由间断变成持续性。这些征兆表示血压有波动，或脑功能障碍，是脑出血或蛛网膜下腔出血的预兆。

（3）面、舌、唇或肢体麻木，也有的表现为眼前发蒙或一时看不清东西、耳鸣或听力改变，这是由于脑血管供血不足而影响到脑的感觉功能。

（4）意识障碍，表现为精神萎靡不振，老想睡觉或整天昏昏沉沉，性格也一反常态，突然变得沉默寡言，表情淡漠，行动迟缓或多语易躁，也有的出现短暂的意识丧失，这也和脑缺血有关。

（5）全身疲乏无力、出虚汗、低热、胸闷、心悸或突然打嗝等，这是植物神经功能障碍的表现。

（二）运动的益处

脑中风后的开始数周，神经功能恢复最快，然后转为慢慢恢复。据统计，3个月内的恢复情况，前2周几乎占一半，6个月内仍可有持续稳定的恢复。卒中后6～12个月内功能恢复明显减慢，以后恢复则更少。因此，早期开始正式的康复十分必要。但近年在实践中发现，即使是慢性脑卒中期，只要经过合理的康复措施，如强制诱导训练，仍然有一定的恢复潜力。康复训练后3个月，54%～80%的患者能独立步行。但上肢功能完全恢复者仅15%，最终45%～75%的患者获得不同程度的日常生活的能力。

（三）运动康复

脑中风的康复阶段分为三个阶段：急性期康复阶段，指发病2～4周内，主要以被动和低强度的体育康复训练为主；恢复康复阶段，指发病3月内早期恢复阶段，此时是实施各种康复措施的重要阶段；恢复后期或后遗症期康复阶段，主要是长期维持性康复阶段。近来有研究发现，强制性诱导运动训练对此期患者改善功能仍有很大帮助。

健身教练所接触到的脑中风患者都是处于恢复期康复阶段和后遗症期康复阶段，所以运动处方也都是为这个阶段所设计的。

1. 步行训练

早期可在减重器下和泳池中强化步行训练，利用下肢支具辅助步行训练，促进恢复步行，增加步行速度和功能使用。

2. 协调性训练

在偏瘫功能恢复较好时，可利用各种器械和日常生活器具、体育活动进行协调性和全身肌肉耐力训练，如划船器练习、椭圆机练习、固定自行车练习及跑台练习等。

3. 偏瘫上肢训练

可利用神经肌肉促通技术，进行辅助或自助上肢运动模式，训练上臂的稳定性、协调性和灵活性。手臂的灵巧、精细功能训练要结合作业治疗进行。上肢功能训练是日常生活活动的必要前提和条件。

4. 强制性诱导训练

强制性诱导训练是指限制患者受损较轻肢体或健肢，诱导患者集中、大量、强化使用患侧，避免习得性废用的产生。训练量为每天至少练习 6 h，或清醒时间的 90%，连续 10 ～ 15 天；主要训练内容包括运动功能性训练，即在实际生活环境中应用患肢。这种方法要求患者每周进行 3 天，每次半小时的集中强制性诱导运动训练，其余时间自行训练，持续 10 周，同时每周限制受损较轻或健肢时间 5 天，每天 5 小时。研究表明，效果依然显著，可明显改善患者的日常生活自理和生活质量。因此，脑中风康复训练的效果可能依赖于训练时间和强度。

5. 防治膝关节过伸的训练

可采用正确的体位摆放、伸髋练习、跪位行走、腘绳肌力量训练和应用支具并在步态中矫正训练来改善膝关节的过伸。

6. 康复锻炼的注意事项

（1）每学一个动作，务必了解其具体内容、功能和正确做法，每练一个动作，务必做到姿势正确并把意念集中在这个动作正在锻炼的主要身体部位上。

（2）切勿锻炼过度。锻炼过度往往导致疲劳过度。这不仅不能达到超量补偿，甚至会影响康复进程。

（3）每锻炼某一部位肌肉，就应该使该肌肉连续多次受到所需要的一定强度的刺激，并要它完成一定量的工作负荷，来促使人体的组织和力量为适应这种强度的刺激和负荷而发展起来。再者，在人体的组织和力量已发展到能完全适应某种刺激强度和胜任该工作负荷后，就必须再逐步适当增大刺激强度和负荷量。

（4）避免在康复锻炼中偏重多练某些部位，而忽视锻炼其他部位，要全面兼顾各关节、肌肉及各种不同功能。

（5）想产生良好的锻炼效果，必须规律锻炼，锻炼部位只有接受重复性刺激，才能产生锻炼效果。

（四）危急处理

不可随意推动和翻转患者，减少光和声的刺激。患者平卧位，不宜加垫枕头。需及时解开患者的衣领，用纱布包住患者并把其舌头拉出来，并及时消除其口腔黏液、分泌物和呕吐物，使呼吸道通畅，把冰块或冷毛巾放置于患者前额，以利止血和降低颅内压。

第二节　代谢性疾病患者的健身指导

一、糖尿病患者的健身指导

糖尿病是由于胰岛素分泌减少或功能减退，或二者兼有而引起的一组代谢性疾病。2004 年，中国医学会糖尿病分会对糖尿病进行了病因分类，糖尿病主要分为 1 型糖尿病和 2 型糖尿病。糖尿病的诊断标准如下。

正常人空腹血糖：<6.1 mmol/L（110 mg/dl）

糖尿病患者：空腹血糖≥7.0 mmol/L（126 mg/dl）。

糖尿病患者糖耐量试验（OGTT）：2 小时血糖≥11.1 mmol/L（200 mg/dl）。

糖尿病患者糖调节受损：空腹血糖受损（IFG）6.1 ～ 7.0 mmol/L（110 ～ 125 mg/dl）。

糖尿病患者糖耐量受损（IGT）：OGTT 2 小时血糖 7.8 ～ 11.1 mmol/L（140 ～ 200 mg/dl）。

（一）糖尿病的病变特点及患者的体适能现状

（1）1 型糖尿病多在青少年时期发病，为胰岛素或细胞自身免疫损伤所致。胰岛素分泌缺乏和酮症酸中毒高发是 1 型糖尿病的基本特点，1 型糖尿病占糖尿病患病率的 5% 左右。

（2）2 型糖尿病多在成年发病，近年来患病率快速攀升，已占我国总人口的 4% 以上，成为不可忽视的公共健康问题。2 型糖尿病的发生虽与遗传有一定关系，但其发病与生活方式关系密切（如缺乏体力活动、饮食过饱、过甜及过于油腻等），属于生活方式疾病。2 型糖尿病也与肥胖有关，但主要与身体脂肪在躯干部位分布过多有关，而不在于身体脂肪的总量。2 型糖尿病患者常伴有高胰岛素血症、脂代谢紊乱，并表现为胰岛素敏感性下降和胰岛素抵抗。2 型糖尿病占糖尿病患病率的 90% ～ 95% 。

糖尿病患者体适能状态包括心肺耐力、身体成分、肌肉力量和耐力等，通常低于正常人群，这与其患病前后机体的代谢紊乱有密切关系。

（二）运动处方

运动疗法是治疗糖尿病患者的主要方法之一。运动可有效降低血糖，即便在胰岛素缺少的情况下运动对控制血糖仍很有效。糖尿病患者运动治疗的结果表现为糖耐量的改善、增加胰岛素敏感性、降低糖化血红蛋白及减少胰岛素需要量。此外，运动还有利于糖尿病患者改善血脂水平、降低血压、控制体重、增强体力和改善心境。

1. 运动方式

以有氧运动为主，适当结合力量训练。推荐采用那些容易控制强度、技能要求比较低的运动方式。健步走是糖尿病患者最常用的低冲击性的运动方式。对于并发神经、血管病变的患者，可采用骑自行车、游泳等低负重的运动方式。

2. 运动频率

因糖尿病患者一次锻炼对血糖的良好调节作用持续时间小于 72 h，所以至少隔天锻炼 1 次，每周 3 ～ 4 次。而每天锻炼可以更全面地调节血糖，增加胰岛素的敏感性，减少身体脂肪等。随着糖尿病患者对健身运动的适应性提高，应增加健身频率，最好每天在午餐和晚餐后 1 h 开始中低强度的有氧运动，持续时间 20 ～ 30 min，可明显缓解餐后高血糖状态。

3. 每次锻炼持续时间

初始阶段每次运动时间为 10 ～ 15 min，以后逐渐延长，每次运动时间至 30 min，肥胖者应延长至 60 min。

4. 运动强度

以 40%∶70% VO_{2max}或 HRR 进行低强度的运动，对糖尿病患者，尤其是肥胖的糖尿病患者更容易接受，并有效地预防损伤。

5. 抗阻训练

应采用较小负荷（最大负荷的 40% ～ 60%）、较低强度（避免屏息）的方式。

（1）在大肌肉群抗阻训练时，每组重复次数从 10 ～ 15 次逐渐增至 15 ～ 20 次。

（2）每周至少两次，每两次之间要有 48 h 的间歇。

（3）为了防止运动中的血压剧烈升高，应注意掌握正确的技术动作，包括缩短持续时间和静力工作时间，以及避免运动中屏息。

（三）注意事项

1. 糖尿病患者运动时的常见问题

糖尿病患者运动时常见的问题有低血糖、高血糖和其他糖尿病并发症。

（1）低血糖

由于运动中葡萄糖消耗增加，故运动中和运动后均存在低血糖的危险。血糖浓度低于 2. 77 mmol/L（50 mg/dl）称为低血糖。部分糖尿病患者基础血糖波动大，过快降血糖（血糖降至正常或接近正常）时，可突然发生低血糖，称为低血糖反应。

低血糖的常见症状有出汗、烦躁、手发抖、神志不清、头昏眼花、过度饥饿等。在高血压状态下，血糖的快速下降也能引起低血糖的症状和体征。运动所致的低血糖可持续到运动后 48 小时。

中低强度健身运动中，增加消耗糖 2 ～ 3 mg（kg · min）。70 kg 体重者每小时大约消耗葡萄糖 8. 4 ～ 12. 6 g。较大强度健身运动中，增加消耗糖 5 ～ 6 mg（kg · min），70 kg 体重者每小时消耗葡萄糖 16. 8 ～ 25. 2 g。

低血糖可能对人体产生以下严重的影响：

①低血糖时，体内的肾上腺素、糖皮质激素、胰高血糖素及生长激素等升糖激素增加，导致反应性高血糖，造成血糖波动，病情加重。

②长期反复严重的低血糖发作，可导致中枢神经系统不可逆的损害。

③低血糖可促发心律失常、心肌梗塞、脑卒中等。

④严重的低血糖或低血糖昏迷者若不及时抢救，延误 6 h 以上会造成大脑严重损伤，甚至死亡。

（2）高血糖

运动中高血糖是危险的，尤其是对 1 型糖尿病患者来说，因为他们的血糖调节障碍更突出。高血糖可造成多尿、烦渴、体重降低（有时伴有多食）和视野模糊。高血糖的常见症状有口干、恶心、呕吐、身体虚弱、渴感增加、酮症呼吸（呼气中有烂苹果味道）等。

（3）其他

视网膜病变的糖尿病患者，运动所致的血压升高可增加视网膜剥离和玻璃体出血的危险，伴有明显肾脏病变的糖尿病患者经常出现运动能力减弱的表现；末梢神经病变者可引起运动中的平衡失调和步伐紊乱以及足部溃烂和骨折；自主神经病变者可引起周期性无力，降低收缩压反应，摄氧能力下降和脱水。因此，对此类患者应根据 RPE 调节运动强度，因多尿所致脱水会削弱身体调节能力。糖尿病患者在湿热环境中运动容易发生中暑等热病。

2. 糖尿病患者运动时的注意事项

（1）关注酮症酸中毒

糖尿病患者出现酮症酸中毒，如空腹血糖 >13. 3 mmol/L（250 mg/h 应避免运动，如血糖 >16. 7 mmol/L（300 mg/dl）而没有酮症出现，应谨慎使用运动处方。

（2）注意控制低血糖

糖尿病患者血糖不稳定时，在运动处方实施之前一定要控制血糖，以防运动诱发低血糖或高血糖。

①在运动处方实施前、中、后应注意检测血糖。低血糖反应可延迟至运动后的 48 h，开始实施或调整运动处方时更应注意。

②当注射胰岛素或口服促胰岛素分泌药物时，应及时检测血糖。为了减少运动诱发低血糖的危险性，应将胰岛素注射在活动幅度较小的腹部皮下组织。

③为了预防运动诱发低血糖，运动前应根据血糖水平、运动强度及运动时间调整碳水化合物的摄入量或胰岛素注射量。如运动前的血糖 <5. 6 mmol/L（100 mg/dl），应多摄入 20 ～ 30 g 的碳水化合物。

④为了最大限度地减少夜间低血糖的危险，晚上运动时应适当增加碳水化合物的摄入量。

⑤结伴运动或在医务监督下进行健身运动，可以减少低血糖带来的危险性。

（3）防止运动诱发高血糖

糖尿病患者在较大强度运动时可使血糖明显升高，应注意控制运动强度。对注射胰岛素或口服降糖药的患者，大强度的抗阻训练常会诱发急性高血糖，而抗阻训练后数小时内发生运动后低血糖的危险性增加，应注意抗阻训练时采用低负荷多重复的方式。

（4）防止运动中的视网膜剥离和玻璃体出血

①伴有中等无增生视网膜病变的糖尿病患者，应避免引起血压大幅度升高的运动；

②伴有严重无增生视网膜的糖尿病患者，应避免进行收缩压超过 170 mmHg 的运动；

③伴有增生视网膜病变的糖尿病患者，应避免大强度运动以及运动中屏息或冲击性运动，如跑步、跳跃、登山等。

（5）伴有自主神经病变的糖尿病患者的注意事项

①由于患者不能识别低血糖的症状和体征，应注意监测低血糖反应；

②由于患者不能感知心绞痛，应监控无症状性心肌缺血的症状和体征；

③注意监测运动中的血压，以控制剧烈运动引起的高血压和低血压；

④当不方便监测运动中的血压和心率时，可应用 RPE 来监控运动强度；

⑤在冷环境和热环境中，对体温调节较差的糖尿病患者要特别注意安全措施。

（6）伴有外周神经病变的糖尿病患者的注意事项

①采取正确的足部防护措施，预防足部溃疡；

②伴有严重外周神经病变的糖尿病患者应限制负重运动。

（7）伴有严重肾脏病变的糖尿病患者的注意事项

应采用低、中运动强度，不采用高强度运动，避免运动造成肾血流量减少。

二、骨质疏松症患者的健身指导

骨质疏松症是指骨组织显微结构受损，骨矿成分和骨基质等比例不断减少，骨质变薄，骨小梁数量减少，骨脆性增加和骨折危险度升高的一种全身骨代谢障碍性疾病。原发性骨质疏松症是以骨量减少、骨的微观结构退化为特征的，致使骨的脆性增加以及易于发生骨折的一种全身性骨骼疾病。

（一）病理病因

骨质疏松的原因是多方面的，其中最重要的原因有：与年龄有关的骨质丢失增加、对内源性甲状旁腺素敏感性增强、小肠对钙质的吸收障碍、妇女的绝经、运动缺乏等。此外，吸烟、过量饮酒也可能导致骨质疏松。

具体来说，造成骨质疏松的原因主要有：

（1）内分泌功能紊乱。如性激素、甲状腺素、降钙素、前列腺素、活性维生素 D 等代谢失调。

（2）长期卧床（脑血管病、瘫痪、手术患者），外伤后需肢体长时间制动的患者，因不能从事肌肉活动，极易发生骨质疏松。

（3）人体内钙代谢平衡失调，营养性蛋白质缺乏，骨有机质生成不良。

（4）继发骨质疏松。如大量饮酒及吸烟者，长期应用皮质激素药物者；肾脏疾病、糖尿病、甲状腺和甲状旁腺功能亢进、慢性肠炎、卵巢功能早衰等易引发骨质疏松。

（二）症状

（1）疼痛。以腰背多见，占疼痛患者中的 70% ～ 80%。疼痛沿脊柱向两侧扩散，仰卧或坐位时疼痛减轻，直立时后伸或久立、久坐时疼痛加剧，日间疼痛轻，夜间和清晨醒来时加重，弯腰、肌肉运动、咳嗽、大便用力时加重。一般骨量丢失 12% 以上时即可出现骨痛。

（2）身长缩短、驼背。多在疼痛后出现。脊椎椎体前部几乎多为松质骨组成，而且此部位是身体的支柱，负重量大，尤其第 11、12 胸椎及第 3 腰椎，负荷量更大，容易压缩变形，使脊椎前倾，背曲加剧，形成驼背。随着年龄增长，骨质疏松加重，驼背曲度加大。

（3）骨折。这是退行性骨质疏松症最常见和最严重的并发症。呼吸功能下降，胸、腰椎压缩性骨折，脊椎后弯，胸廓畸形，可使肺活量和最大换气量显著减少，患者往往可出现胸闷、气短、呼吸困难等症状。

（三）运动的益处

骨骼是一种活的组织，是运动的重要组成部分，而运动对其本身又具有重要的影响。运动通过肌肉活动产生对骨的应力，刺激成骨细胞活性，刺激骨形成。通过神经内分泌的调节，运动影响机体的钙平衡，为骨的形成提供充分的矿物营养素，保证骨矿含量的增加，因此，运动对骨代谢的益处是肯定的。而缺乏运动会造成骨量减少加速，尤其是老年人。不爱运动的妇女发生骨质疏松的危险性比较高。因此，无论年龄大小，都要保持体育运动的习惯。老年人由于骨质老化，体能减退，活动受限，更要强调运动的意义。寻找和保持合适的运动，避免缺乏运动的负面影响，必能获得有益的效果。

（四）运动处方

1. 运动方式

不同的运动项目对骨的刺激作用不同，因此骨密度亦呈现不同的变化特点。

研究者综合研究文献发现，其主要有如下规律：大负重、爆发性的运动对骨的应力刺激作用大于耐力运动，在维持和提高骨密度上有优势。但是，如果单纯以大负重、爆发性的方式进行训练，对受试者，特别是老年人的循环系统较为不利。

因此，美国运动医学协会所推荐的骨质疏松症预防运动方案是力量训练、健身跑和行走。运动对健骨效应具有部位特异性，这些部位也就是参与活动的工作肌所附着的骨骼。因此，在选择运动方式时，应兼顾全身骨骼、肌肉、内脏情况，使机体各部位都受到均衡有效的良性运动刺激，而单一的上肢、下肢、躯干活动不太适宜，应进行综合运动练习。一般在对内脏技能有帮助的有氧训练的基础上，有选择、有重点地进行适宜的骨质疏松易发部位负重练习。

2. 运动强度

运动强度刺激有一个阈值，在该阈值下运动，其运动强度增大，骨密度则提高。但超过该阈值，运动刺激强度增大，骨密度却不再随之增长，甚至会产生疲劳性骨折，而每个人的循环、呼吸等系统受力有限。有研究者的实验结果显示：

中等强度运动可以在一定程度上抑制去卵巢后的高转换型骨代谢，能明显减轻骨质疏松的程度；而大强度的运动没有该抑制作用，对改善骨质疏松的程度无作用。还有研究者指出，长期的大强度运动可导致骨量减少。所以，一般人所采用的中等运动强度设置为70% ～ 85% HR_{max}，相当于60% ～ 70% VO_{2max}。

3. 运动时间和频度

运动对于骨骼健康的特殊影响已得到了临床试验和观察研究的证实。有证据表明，骨质疏松症患者参加体育运动越早，获得的骨峰值可能越高。当然，任何时候开始运动对维持一定的骨量都有积极的作用。要维持较高的骨量或延缓骨量的丢失，必须持之以恒地进行体育锻炼，通过运动对骨进行保健是人一生都必须重视的问题。

有研究表明，每次运动时间过长并不利于骨健康。有研究者指出，长距离运动者的腰椎骨密度低于非运动人群。出现这种现象的原因可能是长时间的耐力劳动，使下丘脑－垂体－性腺轴功能受到干扰，导致性激素水平低下和缺乏，引起成骨细胞和破骨细胞活性平衡失调，骨吸收大于骨形成。所以，在实施健骨运动治疗法时，每次运动时间一般控制在30 ～ 60 min为宜，锻炼频率主要根据个体的主观感觉而定，即以次日不感到疲劳为度，一般采用每周3 ～ 4次为宜，锻炼次数太少则效果不佳，而次数太多则会产生疲劳。

4. 运动的注意事项

（1）必须遵守因人而异、循序渐进和全面性原则。应根据个体具体的身体状况，并充分考虑到疏松骨质的各部位负荷承受情况，循序渐进地实施运动疗法。运动中应避免过多的爆发性、力量性练习和屏气动作，运动强度应从小逐渐加大，以防发生运动损伤。

（2）引发骨质疏松症的病因是多方面的，其治疗也应采用多方面综合治疗方案，尤其对于继发性骨质疏松症和较严重的原发性骨质疏松症必须在坚持药物、营养等病因治疗，对症治疗和辅助治疗的前提下进行体育康复。运动期间，要加强饮食营养，尤其注意运动性食物中钙的补充。

（3）依据运动对骨的刺激作用，健骨运动应尽早进行，以期获得较高的骨峰值，并且必须长期坚持进行，才能达到维持较高的骨量或延缓骨量丢失的目的。对于长期卧床者，应以被动运动为主，维持关节活动和循环系统功能。

（4）中等强度运动对骨质疏松的预防及治疗效果最好。锻炼可从小强度活动开始，逐渐提高强度，并将运动时间延长至30 ～ 60 min。

（5）大量的不恰当的运动是有害的。对脆弱的骨骼进行过分的训练将引起机体疲劳和压缩性骨折。已经确诊患有椎骨骨质疏松的患者应避免进行过度前屈。

（6）应根据骨质疏松症患者的病情、疼痛的部位及程度的不同，坚持局部与整体相结合，突出重点，进行微超量恢复性训练治疗。

第三节　儿童少年、女性与老年人的健身指导

一、儿童少年的健身指导

（一）生理特点

1. 运动系统的特点

儿童少年的骨骼弹性好而坚固性差，易发生弯曲或变形；肌纤维较细，肌力弱，耐力差，易疲劳；肌肉的发育不平衡，表层大肌群、屈肌群发育较早，小肌群、伸肌群发育较迟，所以动作不够精确和协调；15 岁以后，肌纤维明显增粗，肌肉横断面和肌力显著增加；关节灵活性较好，但稳固性不及成人。

2. 神经系统

儿童少年大脑皮质神经过程的兴奋与抑制不均衡，兴奋占优势，易扩散，因而活泼好动，注意力不易集中，动作不够协调和精确；建立条件反射快，消失也快，重新恢复也快。儿童第一信号系统占优势，对具体形象的信号容易建立条件反射；少年时期，第二信号系统活动进一步发展，抽象思维能力不断提高。儿童少年大脑神经细胞的工作能力较弱，易产生疲劳，但疲劳消除也快。在青春发育期，由于性腺活动加强，内分泌活动发生变化，神经系统的稳定性可能下降，少女表现得更为明显。

3. 心血管和呼吸系统

儿童少年的心肌收缩力较弱，心率快，收缩压较低，心脏瓣膜发育不完善，心脏重量及容积都比成人小，每搏输出量和每分输出量较成人少。儿童少年的呼吸道狭小，黏液分泌不足，纤毛运动较差，易引起呼吸道感染、阻塞和损伤；在安静状态下呼吸频率较快，肺活量、最大肺通气量和最大吸氧量均小于成人。儿童少年在运动时主要靠加快呼吸和心搏频率来扩大肺通气量和心输出量，在运动中负氧债的能力也不及成人。

（二）运动的益处

儿童少年身体正处于迅速生长发育时期，体内新陈代谢活跃旺盛，身体组织、器官的结构和功能，智力和心理的发育都具有很大的发展潜力和可塑性。因此，抓住一生中这一重要时期，积极鼓励和指导他们经常参加体育锻炼，对于儿童少年身体的生长发育，身心的健康、体质的增强，思想、道德、意志品质的培养与形成，都具有积极的影响。

（三）运动处方

1. 根据儿童少年运动系统的解剖生理特点

在体育运动中，应注意以下几个方面：

(1) 儿童少年骨骼承受压力和肌肉拉力的能力都不及成人，骨易发生弯曲、变形。为防止他们的脊柱、胸廓、骨盆和下肢变形的发生，除在日常学习和生活中要注意使他们养成正确的姿势外，在体育锻炼中也应注意培养他们养成站、立、跑、跳的正确姿势。

(2) 有些运动项目，如乒乓球、羽毛球、投掷运动或跳高、跳远等，肢体的负担是非对称性的，握拍手、投掷臂、踏跳腿负担偏重。又如自行车、射击、速度滑冰等运动项目，要求身体较长时间处于比较固定的一种姿势，长此以往，就易造成肢体发育不均衡和脊柱的变形。因此，在体育运动中应注意身体各部分的全面锻炼，尤其是对侧肢体的锻炼。对于基本技术训练也不要过于集中。

(3) 儿童少年脊柱生理弯曲较成人小，缓冲作用较差，故不宜在坚硬的地面上反复进行跑跳练习。长时期在坚硬地面上进行跑、跳，会对下肢骨的骨化点产生过大和频繁刺激，易引起过早骨化和骺软骨的损伤，从而影响骨的正常生长发育。同时要避免过多地从高处向地面跳下的练习，防止造成骨盆发育的变形。

(4) 儿童少年不宜过早地从事力量性练习，12 ～ 15 岁时，肌肉的生长和肌肉力量增长较快，可采用一些较轻的负重练习来发展肌肉力量。负重练习时，重量过重、练习次数过多、练习时间过长，不仅会影响正常的下肢发育，引起腿的变形、足弓下降，而且还能促进下肢骨化提早完成，有碍身高的增长。

(5) 儿童少年关节活动幅度大、柔韧性好，宜进行柔韧性练习。但在体操、武术运动项目中，如不注意发展腰背肌肉和腹肌力量，单纯过多地进行脊柱过伸的静力性练习，用以发展腰部的柔韧性，就易引起椎体的骺软骨损伤。同样，在篮球、排球运动项目中，不注意发展股四头肌力量，过多地练习膝关节半蹲位发力，尤其是在过硬的场地上过多地用力踏跳，使髌骨与股骨下端经常发生摩擦、撞击，很容易造成股骨下端骺软骨的损伤及髌骨软骨损伤。

2. 根据儿童少年神经系统的解剖生理特点

在体育运动中，应注意以下几个方面：

(1) 儿童少年体育活动的内容和形式要生动活泼、多样化，可穿插一些游戏和小型比赛等。在活动过程中，要有适当的间歇。

(2) 由于儿童少年第二信号系统功能发育尚不完善，教学过程中应多采用直观教学和示范教学手段，多运用简单、形象的语言进行讲解，多做一些模仿性练习，注意培养其思维、分析能力，促进第二信号系统的发展。

(3) 由于儿童少年大脑皮层神经细胞分化尚不完善，神经系统分析综合能力较成人差，小肌肉群发育较迟，因此，不宜要求他们做过于复杂、精细的技术动作。

(4) 青春发育期的少女由于内分泌腺活动的改变，神经系统的稳定性受到影响，在形成动作时，身体各项运动能力会有所下降。同时反映在心理特征上表现为对参加体育运动的积极性和兴趣不高，对她们在各项体育运动中要适当降低要求，并注意循循善诱、鼓励、启发她们积极参加体育锻炼的自觉性和兴趣。

3. 根据儿童少年心血管系统、呼吸系统的解剖生理特点

在体育运动中，应注意以下几个方面：

（1）儿童少年心血管系统、呼吸系统机能在正常情况下，虽与他们的发育水平相适应，但在剧烈运动中，他们的最大肺通气量、最大吸氧量及负氧债能力都小于成人。因此，对于他们的运动负荷要进行合理安排，强度可以稍大一些，但不应要求过高、过急，密度要小一些，间歇次数要多一些。练习时间不宜过长。一些长时间紧张的运动、负荷过大的力量性练习以及消耗过大的耐力性练习也不宜过多采用。13 ～ 14 岁以后，心血管系统机能逐渐接近于成人，可以承受较大运动负荷的训练，但也应注意遵循循序渐进和个别对待的原则。同年龄少年或个子高大的人，心脏的负担量相对较大；性成熟迟缓的人，心脏发育也较迟缓，在安排运动负荷时应注意区别对待。

（2）儿童少年应避免做过多的屏气运动。屏气时，胸腹腔压力升高，使回心血量减少，从而也降低了心输出量，使心脏本身的血液供应受到影响。屏气后，胸腹腔压力骤减，致使大量血液涌回心脏，使心脏一时过度充盈，不利于心脏工作。倒立、拱桥等动作也不宜多做。做这些动作时，人的头部朝地面，心脏也呈一定的倒置状态，由于血液的重力作用，头部的血回流心脏困难，心房的血流入心室也增加了阻力，加重了心脏的负担。

（3）要培养儿童少年在运动中能根据动作的结构、节奏及用力情况，逐步掌握适宜的呼吸方法，并教育他们注意呼吸卫生。

二、女性的健身指导

（一）生理周期时的健身指导

1. 月经和月经周期

在垂体、卵巢内分泌周期性变化的影响下，子宫内膜出现周期性的增殖、血管增生、腺体高度分泌的情况，此时，卵细胞若未受精，由于卵巢黄体逐渐萎缩、退化，增生的子宫内膜逐渐坏死、脱落并引起出血，血液及破碎的子宫内膜碎片经阴道排出体外，即为月经。

正常情况下，经期时间为 2 ～ 7 天，多数为 3 ～ 5 天。经期时，部分人可有下腹部及乳房胀感、腰酸等现象，少数人也可伴有头痛、失眠、疲倦或嗜睡、情绪波动以及便秘或腹泻等全身反应。这些反应大都与大脑皮层的兴奋性变化有关，仍属于生理范围。

2. 运动的益处

月经是女子的正常生理现象，人体一般不出现明显的生理机能变化。因此，正常月经的女性在月经期间，可以参加适当的体育活动。通过这些活动，不仅可以改善盆腔的血液循环，减轻盆腔的充血现象，而且运动时腹肌与盆底肌的节律

收缩与放松活动，对于子宫起着柔和的按摩作用，有助于经血的排出。此外，丰富多彩的体育活动还可以调节大脑皮层的兴奋和抑制过程，从而减轻全身的不适反应。

3. 月经期锻炼注意事项

（1）在月经期间，身体的反应能力、适应能力和肌肉力量会有所降低，神经调节的准确性及灵活性也有所下降，因此，月经期间运动负荷的安排要适当减少，活动时间不宜过长。在月经期间，一般不宜参加比赛。因为比赛的运动强度较大，参与者的精神过于紧张，身体及神经系统都不能适应，易导致卵巢功能失调，引起经血过多或月经紊乱。对于月经初潮的少女，由于她们的性腺内分泌周期尚不稳定，运动负荷的掌握更要慎重，不宜过大，要循序渐进，使她们逐步养成经期锻炼的习惯。

（2）月经期间除应注意经期一般卫生外，还不宜游泳。因为经期子宫内膜脱落后，子宫内形成较大的创面，子宫颈口略微开大，宫腔与阴道口位置对直。此时，人体全身与局部对病菌侵袭的抵抗力下降，游泳时病菌可能侵入内生殖器官进而引起炎症。此外，月经期间也应避免寒冷刺激，特别是下腹部不宜受凉。

（3）月经期间，应避免做剧烈的、大强度的或震动大的跑跳动作（如疾跑、跨跳、腾跃、跳高、跳远等）以及使腹内压明显增高的屏气和静力性动作（如推铅球、拱桥、收腹、倒立、俯卧撑等），以免子宫受到过大的震动或由于腹内压过于增高而使子宫受压，造成经血过多或引起子宫位置的改变。

（4）对于经期紊乱（经血过多、过少或经期不准）以及痛经和患有内生殖器炎症的女性，月经期应暂停体育活动。

（二）更年期的健身指导

1. 生理变化

更年期是女性从性机能成熟到衰退的一个转变时期，其主要特征为卵巢功能减退，生殖能力降低到消失，性激素分泌减少，月经周期改变，最后出现绝经。经过更年期，妇女进入老年期。一般更年期自 45 岁左右开始，历时可达数年，但大多数发生在 45 ～ 52 岁之间。

在更年期，女性在内分泌系统、心血管系统、骨骼系统、神经系统及代谢等方面都出现复杂的变化。由于卵巢功能减退，卵泡数目逐渐减少到消失，卵巢分泌激素（雌激素和孕酮）明显减少，对下丘脑－垂体轴产生巨大影响，从而引发全身内分泌系统功能失调，代谢紊乱，植物神经平衡失调。激素的变化还可致使体重增加，体态变胖，脂肪和糖代谢失常，骨量流失加速，甚至可发生骨质疏松。心血管方面可表现心悸、心率加快、短暂血压上升，由于血管舒缩功能失调导致阵发性面部潮红。同时，最大摄氧量、肌肉力量、爆发力、柔韧性等均明显下降。

绝大多数女性都能顺利适应更年期这一生理阶段，个别女性平时神经功能不太稳定，偏于紧张或情绪易波动，在更年期表现出一系列植物神经功能失调为主的症候群，如烦躁、易怒、抑郁、头痛、失眠、阵发性发热、潮热、出冷汗、脸颊潮红、血压不稳定等，称为更年期综合征。

2. 运动的益处

适当的体育运动对更年期妇女的身心健康极为有益。有更年期症状的妇女在进行有氧运动一段时间后更年期症状能够得到缓解，这可能是适宜负荷的运动强度能改善卵巢内分泌功能，能维持体内一定的雌激素、孕激素水平，并延迟闭经的发生。此外，有氧运动能增强体质，改善心脑血管的供氧，调节免疫功能和神经系统功能，使植物神经系统功能恢复正常，有助于身心健康。保健体操、健美操、散步、走跑交替、慢跑、游泳、自行车、太极拳等锻炼，可以使体内脂肪消耗增加，有利于脂代谢，再加上合理饮食，就能起到既减肥又健身的效果。体育锻炼使肌肉活动增加，重量负荷增加，机械张力和压力对骨产生一种良好的刺激，能促进骨的钙化和增生，防止骨质退行性变化，从而预防骨质疏松和增强腰腿部肌肉力量。

3. 运动处方

（1）阻力训练方案的主要目标应是功能性训练。

（2）在进行抗阻训练时，特别要注意技术动作的安全性。

（3）锻炼时维持正常的呼吸模式，防止屏气引起的短暂性血压升高。

（4）以控制和慢速的方式完成每一个动作，防止对关节造成损伤。

（5）控制运动幅度在安全范围内。

（6）在训练时，应先增加组数或每组的次数，再增加阻力。

（7）不要过度训练。

（8）在训练时，尽量采用多关节动作。

（三）妊娠期的健身运动

1. 生理变化

妊娠是女性生命中一段重要而特殊的阶段。在此期间，女性全身各系统均可出现相应的改变，重视妊娠期体育保健，对确保孕妇健康和胎儿的正常发育都是非常重要的。

在妊娠初期，植物神经系统功能不稳定，孕妇常有嗜睡、头晕、恶心呕吐、食欲不振等表现。同时，胎儿在子宫内位置不固定，操劳过度或剧烈运动，都会使盆腔和子宫过度充血，导致流产。因此怀孕初期可根据个人身体情况，把运动降低到所能承受的最低限度，而适量的运动可提高机体适应能力，放松精神，减轻呕吐等不适感觉，增加食欲。可在他人陪同下在室外散步，做简单的徒手体操，起到活动筋骨的目的即可。

在妊娠中期，妊娠反应好转，胎儿的位置基本固定，因而发生流产的危险大大降低。同时由于胎儿发育，母体变化较大，体形、体重的改变以及腹压的增加，均增加了循环系统和呼吸系统负担。由于子宫重量增加使身体重心前移，为了保持平衡，孕妇的胸和肩均向后倾，腰向前挺，容易引起腰酸及关节酸痛。因此，孕妇应坚持健身运动，如每日半小时的步行，做孕期体操。孕期体操可增强孕妇腹部、背部及骨盆肌肉的张力，促进血液循环，调节植物神经系统的平衡。在进行孕期体操时，一定要注意衣服样式要宽松，穿合脚的平底鞋，注意保暖，以免着凉。

在妊娠后期，胎儿基本成熟，孕妇身体比较臃肿，行动欠灵活，而且容易疲劳，因此活动要非常小心。这一时期应根据个人的情况做一些简单的低强度运动，如散步、垫上体操等，并且在出现疲劳感时就应及时休息。

2. 运动注意事项

（1）务必做好准备活动。由于激素的变化会使得孕妇的肌肉、关节较为松弛，若准备活动不充分，很容易在运动过程中造成肌肉、关节的拉伤。

（2）运动强度要适当。运动时心率要控制在 140 次/min 以内，若超过此范围，孕妇的血流量较高，血管可能承受不了负荷。

（3）每次运动时间不应超过 15 min，即使身体可以承受也必须在稍微休息后再开始运动。孕妇必须避免过度劳累与心跳过快。

（4）怀孕 4 个月后，禁止做仰卧运动。4 个月后腹部隆起明显，胎儿的重量会影响孕妇的血液循环，孕妇此时做仰卧运动可能发生危险。

（5）运动前、中、后三个阶段都要尽量补充水分。补充水分除了能避免脱水之外，也可以控制体温上升的速度，一旦孕妇体温快速上升，胎儿心跳也会跟着加速。孕妇体温每上升半度，胎儿的心跳会增加 10 ～20 次，会相对增加胎儿状况的不稳定性。

（6）避免在天气炎热和闷热时做运动。在过分炎热的天气下做运动，可能使孕妇中暑。

（7）避免跳跃和震荡性的运动。震荡或跳跃性的运动都容易使孕妇重心不稳，若滑倒或碰撞到物体，都容易使胎儿产生撞击造成宫缩或破水，甚至发生早产。

3. 危急处理

出现以下情况必须及时送去医疗单位寻求帮助：

（1）腹痛或痉挛。

（2）任何阴道流血的前兆。

（3）阴道内流出液体（早期体内薄膜破裂）。

（4）踝、手、关节和面部突然肿胀。

（5）持续的严重的头疼或视觉模糊。

（6）单侧小腿出现红、肿、痛（可能是静脉炎）。

（7）血压或心率在锻炼后持续升高。

（8）过度疲劳、心悸、胸痛。

（9）可能显示早产出现的持续性宫缩（每小时超过 8 次）。

（四）产后恢复期运动

女性分娩后腹壁和骨盆底肌肉、组织比较松弛，内外生殖器官尚未复原，乳腺还需分泌乳汁，故需要适时、适量地进行保健运动，以促进血液循环，消除盆腔瘀血，防止血栓性静脉炎的发生，同时增强腹肌和盆腔肌肉力量，以利子宫复旧和恶露的排出。

1. 自然分娩

自然分娩的妇女，在产后恢复 6 ～ 8 h 可以坐起，第二天可以下床活动。此时，产后早期锻炼旨在促进全身组织器官的复原，主要可采用产后床上体操，初始做操动作应轻、慢，时间不宜过长，并结合床边慢走。一般在分娩后的第二天，可进行卧位胸式呼吸、腹式呼吸、抬头、伸臂、屈腿和踝部运动。第三天可做些转体和“挺腰”运动。第四天可以做半仰卧起坐、背肌和盆底肌运动。第五天后可进行直腿抬高、仰卧起坐、坐姿的腹背运动、下蹲和站立、转体、扩胸运动等。一般每日 2 次，每次 10 ～ 15 min，产后晚期应逐渐增加产后体操的运动负荷和运动时间。但要注意休息，无论体力及精神方面均不可过度劳累。坐完月子之后，可逐步进行恢复形体运动，在运动中可先加强柔韧性、基本力量和有氧代谢能力，以恢复体能，增进健康。

2. 剖宫产后的锻炼

剖宫产及会阴切开术的产后妇女，一般宜在分娩 24 h 后起床。在术后 24 ～ 48 h，轻微的运动幅度可以在床上完成。盆底肌练习可以在恢复过程中较早进行。由于医疗手术的改良，剖宫产妇女可在产后 2 周左右进行间歇性的走动。要避免激烈的锻炼。锻炼的目标是通过康复性锻炼达到身体尽早恢复的目的。剖宫产妇女可以采用和自然分娩妇女一样的锻炼方案，但要避免造成疼痛的体育活动。

3. 哺乳期的锻炼

研究表明，规律的中低强度运动不会影响母乳的质量或数量。虽然因为锻炼造成乳酸聚集在母乳中，有一小部分婴儿拒绝吮吸，这主要是由于酸的味道。但这个问题只有当锻炼强度大到使乳酸聚集在肌肉中的无氧形式时才会出现。在锻炼前哺乳可以避免此类问题，或在锻炼后 30 ～ 60 min，待聚集在母乳内的乳酸排出后进行哺乳。

应注意避免哺乳妈妈出现脱水情况，因为这会减少母乳产出的量。大约每天需要额外增加 30% 水的摄入量（约 1000 mL）来满足哺乳期的特殊需要，如果进行锻炼还需要增加摄入量。

4. 产后锻炼中的注意事项

（1）剖宫产的最佳康复时间与正常分娩康复时间没有太大差异，注意开始几天（一般3 ～ 5 天）刀口愈合的问题。如果出现任何疼痛或出血量增加，马上停止锻炼。

（2）产后恢复的最佳时间是产后即刻就开始进行，42 天到产后 6 个月均会出现明显效果，当然，随后的康复锻炼也起到一定的作用。

（3）运动在产后恢复中的注意事项应因人而异，但应遵循从轻到重、从全身运动到局部运动的原则，慢慢开始和逐步增加运动强度。同时对局部症状或有需要特殊恢复的部位进行针对性康复，如腹部、骨盆底和腰部等。

（4）运动只要不采用高负荷，不会影响乳汁分泌。运动后的 30 min 以内不要哺乳。在哺乳期不要做激烈的胸部运动和跳跃运动。

三、老年人的健身指导

（一）生理特点

随着时间的推移和年龄的增长，人体内部心血管系统、呼吸系统和运动系统都发生了改变。

1. 心血管系统的特点

老年人心血管系统的主要改变首先在于心脏实质细胞数目减少、脂褐素沉着、心肌纤维化和发生淀粉样变使心肌萎缩，以及供应心脏血管营养的冠状动脉出现粥样硬化，致使心肌收缩力量减弱。其次，老年人血管弹性减退、动脉管壁硬化、管腔变窄，使血管外周阻力增加，动脉血压升高，致使心脏工作负担加重。两方面因素共同作用使心血管系统的生理功能受到削弱，表现为心搏血量和心输出量减少，60 岁以上的老人心输出量较25 岁的青年减少 30% ～ 40%，脉搏频率逐渐下降、血流循环缓慢，使身体各脏器的血流量也减少，老年人肾脏的血流量也较年轻人减少 30% ～ 40%，使组织、器官的供氧受到影响。此外，老年人心血管系统机能水平的降低较为明显，70 岁老年人的心脏储备能力仅为 40 岁时的 50%。老年人运动时，心率不能充分代偿加快，心率增加次数较青年人少，为增加心输出量，往往要升高血压，且运动后恢复时间长。

2. 运动系统的特点

由于内分泌和代谢功能的改变，很多老年人发生骨萎缩和骨质疏松，表现为骨质减少、骨皮质变薄，加上一些无机盐在骨内的沉积，使骨骼的弹性、韧性进一步降低，骨骼变脆，容易发生骨折，最常见的是股骨、颈骨骨折。老年人骨质的减少是由于钙质自骨中释放出来的结果，四肢骨和脊柱更明显。老年人肌肉出现萎缩、肌肉力量减少、肌力降低。一般 30 岁左右男子的肌肉重量约占体重的 40%，而到老年时则占体重的 25%。老年人由于关节软骨萎缩、发生纤维变性等退行性改化，关节面逐渐粗糙变形，又由于关节软骨附近常出现不同程度的骨质增生或肌肉附着部分出现骨化以及关节滑囊僵硬、韧带弹性减弱等原因，造成老年性骨关节的退行性改化或出现畸形，如驼背、脊柱侧弯等，因而限制了活动，或由于刺激神经末梢而引起疼痛。

3. 呼吸系统的特点

老年人的呼吸机能减退也很明显。老年人肺泡融合、间隔萎缩、失去弹性，使肺组织弹性降低，氧弥散功能出现障碍。老年人呼吸肌力量减弱、肋软骨钙化、韧带弹性减弱，使胸廓的活动幅度减小。由于以上原因，使肺的通气和换气功能降低，肺活量一般从35岁就开始下降，到80岁约下降25%，而残气量却增加了近一倍，使动脉中的血氧含量降低。此外，有的老年人胸廓还会出现畸形，如桶状胸等，更加重了呼吸功能的衰竭。

4. 神经系统的特点

老年人由于大量的神经细胞发生萎缩和死亡，不仅使神经细胞数目减少，而且细胞中的核糖核酸的量也在迅速减少。神经纤维也出现退行性改变。70岁老人的大脑重量与30岁时相比减少10%，大脑皮层的表面积也减少了10%左右。老年时期，脑的生理学变化以脑血管硬化、脑血流阻力增加、血循环减慢、脑血流量及氧耗量降低为主。由于以上这些变化，引起老年人大脑皮层神经过程的兴奋和抑制转换速度减慢，神经过程的灵活性降低，对各器官、系统活动的调节功能减弱。建立新的条件反射较困难，记忆力减退，对刺激的反应较迟钝；保持体位、支撑力、平衡力有障碍。神经细胞工作耐力差，容易疲劳，疲劳后恢复得也较慢。另一方面，老年人的思想易于集中，各神经中枢之间的联系也较巩固。

（二）运动的益处

新陈代谢是生命的基本特征，从生理学的角度看，衰老现象的发生是由于新陈代谢的迟滞、衰退引起的，当人进入老年以后，由于新陈代谢明显降低，各器官的功能就逐步发生了一系列老年性改变。但科学研究结果已经证明，老年人机体的结构和功能仍然存在着提高和改善的可能性，科学合理的体育锻炼，使机能承受一定的运动负荷，可以促进全身的血液循环，使身体各组织细胞得到微血管提供的充足的氧气和营养物质，改善组织细胞的代谢。由于新陈代谢过程中的改善和各器官、系统功能对运动负荷的适应性增强，就使得老年人仍能减轻机体老年性退行性改变的程度以及减缓其发展的进程，使老年人机体的生理功能得到增强和改善，从而达到推迟衰老和增进健康的目的。

（三）运动处方

根据老年人的生理解剖特点，在进行体育锻炼时应注意以下几个方面：

（1）老年人参加体育锻炼时，必须根据自己的身体情况，量力而行。运动负荷要从小到大逐渐增加，增加的速度不宜太快，每增加一级负荷，都要有一个适应阶段。在锻炼中要掌握循序渐进和持之以恒的原则。

（2）由于老年人体质情况个体差异较大，因此，在参加体育锻炼前要进行全面的身体健康检查，以便合理地选择运动项目及确定适宜的运动负荷。

（3）老年人不宜参加速度性项目和力量性锻炼，宜选择以提高身体心肺功能为主的有氧全身运动项目，如散步、慢跑、游泳、太极拳等。这些运动项目既可以提高老年人的心肺功能，又可以使神经系统、运动系统的功能得到改善。

(4) 活动中要注意适当安排短暂休息，运动前后要认真做好准备活动和整理活动。老年人锻炼时，气氛应轻松、愉快和活跃。比赛往往易使精神过于紧张，从而容易引起意外事故的发生。为此，老年人不宜过多参加比赛。

(5) 活动时，呼吸要自然，动作要缓慢而有节奏。避免做屏气和过度用力的动作（举重、俯卧撑、引体向上等），尤其是对有动脉硬化的老人，更应避免做引起血压骤然升高的动作。对于可能引起身体血液重新分配和影响脑部血液循环的身体骤然前倾、后仰、低头及弯腰的动作，也要尽量少做或不做。

(6) 遇到感冒或其他疾病，身体过度疲劳时，不要勉强，应暂停锻炼，并及时进行治疗或休息。老年人在体育锻炼期间要定期进行体格检查。

(7) 老年人参加体育锻炼，应时常了解自己的脉搏频率、血压及身体健康状况，以便进行自我监督。通常，老年人运动后应感到心情舒畅、精神愉快，轻度疲劳，食欲及睡眠较好，晨脉稳定、血压正常。如果运动后出现头痛、头晕、胸闷、心悸不适、食欲减退、睡眠不佳及明显疲乏等现象，则说明运动负荷过大，应及时调整锻炼内容、运动负荷或暂停锻炼。美国运动医学（1999年）推荐，老年、运动强度阈值是60% HR_{max}（50%摄氧量），其适应心率为110 ～ 130 次/min，每周3 次，每次20 ～ 30 min。老年人运动时，也可用运动后即刻脉搏变化和恢复时间来控制运动负荷。一般运动后即刻脉搏以不超过110 次/min 为宜，老年人的适宜运动负荷也可用“170 – 年龄”这个公式来掌握。运动后5 ～ 10 min 内脉搏恢复到安静时水平较为合适。这样的脉搏反映了一般老年人在运动中，身体氧的需要量和消耗量之间的平衡，这种强度对一般老年人是适宜的。对于健康及素有锻炼基础的老年人可采用“180 – 年龄”这个公式来掌握其运动负荷。

【思考题】

1. 高血压、冠心病、中风和哮喘的运动处方有哪些？
2. 糖尿病的运动处方和运动时的注意事项有哪些？
3. 简述骨质疏松的病理病因、症状、运动益处、运动处方和运动时的注意事项。
4. 简述女性生理周期时和更年期、妊娠期、产后恢复期的健身运动特点及运动处方。
5. 简述儿童少年的运动处方。
6. 简述老年人健身运动的特点及运动处方。

第十章　课程销售技巧与客户服务

【本章提要】

本章介绍了健身私人教练课程销售以及客户服务方面的知识。健身教练应学习私人教练课程的销售方法与技巧，学会分析客户的目标与动机，掌握销售的沟通技巧及销售步骤，了解人的性格特征及交流方式。同时，健身教练还应了解本职业客户服务的特点、客户服务质量的特性和重要性，掌握客户服务的原则与方法。

第一节　课程销售

一、课程销售概述

（一）课程销售的概念

简单地说，销售就是将商品卖出去的过程。如果从深层含义上来说，销售是一种帮助有需要的人群（客户）得到他们所需要商品的过程。好的销售应该是以客户的问题为中心，帮助客户解决问题并用商品满足客户需求的过程，而从事销售工作的人，则从这个交换的过程中得到适度的报酬。站在客户的立场来说，好的销售应该是客户买得明白、买得放心、买得满意、买得舒服、买得有价值。

销售是由众多要素组成的系统活动，是商品、信息传递、心理变化等过程的统一。是一种设法以最方便和吸引人的方式向可能的客户介绍商品的艺术。销售的核心问题是说服客户。在销售过程中，能让双方彼此感到满意，形成一种双赢的局面，就是一种艺术。

健身教练的私人教练课程销售是指健身教练为帮助某一客户实现其健身目标而将专业服务以一对一课程形式出售的过程。以课程形式体现出来的专业服务就是健身教练向客户出售的商品。实际上，健身的客户是想通过健身锻炼达到某种目的、目标的，因此，私人教练课程销售不仅仅是课程的销售，还是一个健身计划的销售、一种锻炼结果的销售和一种服务的销售。对于健身教练来说，私人教练课程销售是一种时间、专业知识、实战经验以及行业人脉的积累。

（二）健身私人教练课程销售的特点

健身教练的私人教练课程销售具有主动性、灵活性、服务性、接触性、互通性和时效性的特点。

1. 主动性

健身教练要销售私人教练课程，必须不断地去开发客户，主动地去和客户接触。

2. 灵活性

销售本身就是一种艺术，健身教练必须不断尝试用最短的时间、最快的方式让客户了解自己并让他们购买私人教练课程。

3. 服务性

销售本身也是一种服务，过去的销售只是把产品卖给客户就结束了，但是现在的客户不仅是买你的产品，也是在买你的服务。所以说，私人教练课程销售也应该是销售最完善的服务。这要求健身教练要周到而完美地服务现有的客户和那些可能会购买私人教练课程的潜在客户。

4. 接触性

在销售领域有这么一句话，销售就是要制造跟你的顾客面对面、肩并肩地进行接触的机会，以把你的商品或周到而完善的服务介绍给你的顾客。因此，健身教练应不断创造与客户进行接触的机会，让更多的人了解自己的专业能力、服务品质、为人等，从而使更多的人能成为自己的客户。

5. 互通性

销售讲的是服务，服务并不仅局限于我们的商品和从事的商品服务让客户满意就行了，可能还有一些特殊的事情，比如附加价值的服务。健身教练应记住客户的关键日期（生日、纪念日、生理周期），适时关心问候，主动关心客户的家人、朋友，提供适当的健身方面的建议、帮助，赠送适当的礼物（健身书籍、锻炼用到的物品等）。

6. 时效性

销售是为个人、团队、企业乃至整个社会创造效益，是具有生产力的，而这种生产力对个人、企业及销售组织等3方面来讲就是时效。健身教练主要有3种职业模式，即健身俱乐部的专职或兼职私人健身教练、自由私人健身教练、私人健身教练公司。因此，私人教练课程销售对于健身教练所工作的健身俱乐部、私人教练公司的经济效益以及健身教练个人的工资收入都具有决定性的作用，影响着健身俱乐部与私人教练公司的生存与发展。

二、沟通的技巧

沟通是通过语言和身体语言与沟通对象的交流，实现一定目的的过程。优秀的私人教练除了具备良好的专业理论知识与技能外，还应具备出色的沟通技巧。掌握以下沟通知识与技巧将为您真正开启成功之门。结合私人教练实际工作需要，私人教练应掌握提问、倾听、表示理解及提供信息四种主要的沟通技巧。

（一）提问技巧

提问是获取信息的主要途径，教练使用提问技巧的目的是了解客户的需求及需求背后的动机，以及产生动机的情感因素，以便为更好地展开产品介绍奠定基础。提问形式的分类与应用：提问通常被分成三大类，分别为开放式问题、封闭式问题和试探性问题，表 10－1 所示为三大类提问形式的特点及应用方法。

表 10－1　三大类提问形式的特点及应用方法

	开放式问题	封闭式问题	试探式问题
特点	问题答案不能用"是"或"不是"来回答	问题的答案通常可以用"是"或"不是"来回答	提问之前，复述客户先前的回答内容
例句	您的健身目的是什么？ 您的运动兴趣是什么？ 您为什么想要减肥？	您的目标是减肥吗？ 您喜欢跑步运动吗？ 您是要减掉 10 斤吗？	如果我没有理解错，您刚才所说的是您想要减掉 10 斤，是吗？
应用时机	应用在了解客户需求、动机的过程，以此帮助教练获取大量可用信息	用于孤立和确认关键问题，同时也用于产品展示阶段获取客户对产品特性满足需求情况的认同	用于向客户展示教练正在认真倾听其叙述，并且明确其说话的意图，以此建立良好的互信关系

（二）倾听技巧

对于健身教练而言，倾听技巧具有两方面的作用。一方面，倾听帮助教练获得客户的感受和意图。另一方面，教练在倾听过程中表现出的专注态度有助于获得客户的信任与理解，为进一步建立稳固的互信关系打下坚实基础。倾听的技巧有：保持目光接触；身体向前倾；用笔记下重点内容；不时点头微笑。倾听的禁忌包括：打断对方说话；转动工作椅；频繁看手表或张望及其他分神的动作；过早地表示自己知道。

1. 客户表达重点信息的信号

倾听的重要作用之一就是获取客户所要表达的信息，在倾听过程中发现以下情况，私人教练应特别注意，因为通常客户可能会在此情况下向您传递重要信息。客户常见的传递重要信息的信号有：直接指出需要您加以注意；不断重复某项信息；在讲述一系列信息后的总结性发言；客户话语停顿及寻求教练的目光交流；比平时说话更大声或更柔和或比平时说话更慢；在一句话之前加语气词，如："啊""唉"等。

2. 关注客户的非语言信息

教练在倾听的过程中除需关注客户的语言信息外，还应特别留意客户的非语言信息，这些包括客户的语音、语调及客户的表情与姿势。事实上，这些非语言信息所传递的信息远大于客户通过语言传递的信息，表 10－2 所示是一些常见的非语言信息的举例。

表 10－2 常见的非语言信息

部位	动作	潜在意义
头部	头部向上	希望、谦逊、内疚或沉思
	头部向下	倾听、期望或同情、关心
	头部向后	惊奇、恐惧、退让或迟疑
	点头	答应、同意、赞许
手势	手心向上	坦诚直率、善意礼貌、积极肯定
	手心向下	否定、抑制、反对、轻视
	抬手	请对方注意，自己要讲话了
	推手	对抗、矛盾、抗拒或观点对立
	伸手	想要什么东西
	摆手	不同意、不欢迎或快走

（三）表示理解

表示理解是倾听者对谈话者表达其能够理解谈话者意图的过程，恰当地使用表示理解的沟通技巧，有助于教练与客户之间建立良好的互信关系。表示理解技巧的关键在于教练不仅应能够对客户语言表达的内容做出正确的响应，同时还应对客户表达出来的情感给予相应的反馈。表示理解技巧在于仔细分析客户的情绪表现，根据客户不同的情绪表现给予相应的回应。例如客户因健身效果明显而表现出高兴的情绪时，教练应给其更多的鼓励和赞许；而客户因健身效果不理想而表现出沮丧时，教练应给予更多安慰和支持。教练应在客户完整地表述完观点或意图后给予回应，通常用“我能理解”作为回应的主要方式。对于客户表达的重要观点和意图，教练应进行重复或转述，以使客户明确你完全理解其所要表达的意图。

（四）提供相关信息

提供信息是针对客户的关切向其提供针对性信息的过程，提供信息的前提是充分了解客户的关切所在，因此提供信息是在教练完成了一系列的提问、倾听、表示理解之后所做的最后沟通步骤。提供相关信息的目的是使客户理解并接受教练的意图。提供相关信息的技巧：提供信息的关键是所提供的信息必须有针对性，能够紧密围绕客户的关切。以下技巧需要教练在为客户提供相关信息时灵活运用：沟通的主要目的是让对方了解，对客户不要用太专业的用语，用专业用语时要附带解释，语气清晰及带有活力，常用“您”“谢谢”“您好”“请”等词语；想好了再说，避免无头绪的话语，针对对方想要了解的重点问题进行信息提供。

四、课程销售的基本步骤与方法

销售是介绍商品用途，满足客户需求的过程。私教销售的商品是私人教练的专业技能与知识，而健身客户的需求则是其健身目标。私教销售过程由以下六个步骤构成：第一，进行良好的销售准备；第二，与客户建立良好的互信关系；第三，认真了解客户需求与动机；第四，产品介绍；第五，处理客户担忧；第六，使用技巧结束销售。私人教练应熟练掌握课程销售六个步骤涉及的知识与技巧，从而提升销售成功率。私人教练应熟练掌握健身中心服务环节中与私教销售相关环节的应对技巧。正确地设定目标、合理管理好时间以及注重客户服务是私人教练长期维持成功的秘诀。

（一）课程销售准备

准备及梳理服务内容，明确产品特性及功效，为成功完成课程销售奠定基础。销售准备环节的主要工作内容包括个人理论知识准备、专业技能准备、职业态度准备、服务内容准备等。通过对以上内容的认真准备，健身教练将能够明确自己所能提供的一对一课程服务产品的特性与功效，为进行课程销售建立必要的自信，同时也为将来服务的实施提供稳固的质量保障。

（1）个人理论知识准备

私人教练所具备的理论知识是其专业服务的重要组成部分之一。为确保专业服务的质量，私人教练应掌握以下各门学科的基础知识，如运动解剖学、运动生理学、运动生物力学、运动营养学、运动训练学、运动医学等，同时还应不断深入掌握营销、客户服务、英语、计算机应用等相关知识。

（2）专业技能准备

专业技能是私人教练服务的另一重要构成部分，为确保课程服务的质量，私人教练应掌握健康体适能评估技能、抗阻力训练技能、有氧训练技能、伸展训练技能、竞技相关体适能要素简单训练技能（平衡、敏捷、速度等）、运动处方设计技能，以及与客户沟通、提问、倾听、表示理解、信息提供、计算机应用等相关技能。

（3）职业态度准备

良好的职业态度是私人教练服务质量的保障，也是私人教练成功维系个人事业的重要基础，在开始自己的商业实践之前，私人教练需首先确保自己已经具备并能够长期坚持以下工作态度：正面看待生活及自己的工作；乐于帮助每一位会员与同事；经常保持微笑及充满活力；遵守团队公约，维护团队形象及利益；关注并珍视自己的专业形象及口碑。

（4）服务内容准备

在开始课程销售前，私人教练应对自己所能提供给客户的各种服务内容及形式进行梳理，并确定相应的标准，以便于向客户介绍。

（二）建立良好的互信关系

成功开展销售的关键是了解客户的需求，而了解客户需求的前提是教练在与客户之间建立良好的互信关系，也只有如此，客户才会将需求告知教练。

1. 建立良好互信关系的原则

建立良好互信关系的前提是教练在与客户交往的过程中始终秉承热心、诚心、关心的“三心”原则，始终将客户的兴趣摆在首位，以帮助客户实现其健身目标为根本目的。

2. 如何建立良好互信关系

良好互信关系的建立依赖于双方之间良好的沟通，而良好沟通的前提则建立在双方之间的彼此印象之上，因此建立良好互信关系的首要方法之一就是在每一位客户心中建立良好的形象。私人教练可以从以下三方面为自己建立起良好的整体形象。

（1）时刻展现自信的形象

自信的教练通常表现出对解决问题及帮助客户获得效果方面富有经验和充足的专业性，时刻关注客户的目标与需求，富有职业道德，待人友善，知识丰富而且健谈。

（2）时刻展现出热心助人的形象

热心的教练通常表现为乐于花时间与客户交流，经常在客户需要帮助的时候适时出现。

（3）时刻呈现出专业的形象

专业的教练会时刻确保自己的穿着符合自己的专业形象，时刻注意自己的站姿或坐姿，以确保客户可以随时接近自己，而不是斜靠在器械或墙上，抑或是躲在吧台后方；专业的教练会吐字清晰且声音悦耳；专业的教练会问候每一个见到的会员，并向其报以真诚友善的微笑，从而让会员感到他的真心与热情。主要体现在：创造与客户建立关系的机会；积极问候每一位客户，无论班上班下；为那些挥汗如雨的客户提供俱乐部的免费饮用水（如果俱乐部有这项服务）；留意健身区域的环境状况，一旦发现异常（器械运转不正常、地面有污渍），马上找相关人员进行解决，始终保持健身区域处于最佳的使用状态；即使在客户很少的情况下也不要躲在吧台后面、办公室或是其他角落里，到场地上积极问候和帮助客户；与陌生客户交流时，记得进行简单的自我介绍，同时礼貌地询问客户的称呼；时刻关注场地上会员的需求，并为他们提供帮助，让他们了解您的存在会提升他们的健身体验。您与客户的初次交流令人感受“专业，愉快”十分重要，同时又让他们感觉不到任何威胁的存在。

（三）了解客户需求与动机

客户关注的是产品如何来满足他们的需求，而不是产品本身，因此在进行产品介绍之前，私人教练必须准确地把握客户的需求是什么。客户存在需求并不意味着客户会做出购买决定及采取实际行动，购买的决定和行动取决于客户的动机，因此私人教练除应了解客户的需求之外还应进一步了解客户需求背后的动机及产生动机的情感因素，以便为进一步展开产品介绍奠定基础。

1. 需求与动机的区别

需求通常是客户直接向教练所表述的健身意图（目标），而动机则是导致客户产生特定的健身意愿的根本原因。除了解客户的动机以外，有经验的教练还会进一步挖掘促使客户产生动机的情感因素，因为购买决定通常取决于客户的情感。以下是关于常见的目标与动机及情感因素的举例。常见的目标有减肥、增肌、减掉小腹、增强体能；常见的动机有获得成就、经济收益、地位和健康；情感因素主要体现在年轻时生活的艰辛体验、亲人或朋友离世的悲伤体验、获得成功后的愉快体验等。

2. 了解客户需求及动机的方法

根据分析法（root cause analysis）是了解客户动机的主要方法，这种方法主要通过连续问两次以上“为什么”来实现获取客户动机的目的。

3. 了解客户需求及动机的具体操作

通过系统化的提问模式，教练可以逐步接近并获取客户的需求与动机，表 10 –3 所示是建议的提问模式及其应用举例。

表 10 –3　提问模式及其应用举例

提问内容	提问举例
1. 了解会员表层需求； 2. 发掘会员需求背后的原因及情感因素； 3. 了解会员需求的迫切程度； 4. 了解会员对需求的外在要求； 5. 了解会员对于实现目标的担忧和阻碍	1. 您的健身目标是什么？ 2. 为什么您会有这种想法？是什么触动了您？ 3. 您有这种想法有多久了？ 4. 您觉得最终实现这个目标时应该是什么状态？ 5. 您觉得以前是什么事情阻碍您实现这些目标？

4. 辨别客户动机，确定激励策略

客户动机通常可以分为积极动机和消极动机两大类，掌握两类动机的特征及不同动机的激励策略有助于教练更好地促成销售。积极动机指促使事态向更好方面发展的动机。例如：客户减肥的动机是为了让自己看起来更加迷人，以便吸引到更多异性的关注。对于存在积极动机的客户，通常应该多阐明益处来对其进行激励。消极动机是指回避或避免事态向更坏的方面发展的动机。例如：客户减肥的动机是为了避免自己的健康状况进一步恶化。对于存在消极动机的客户，通常应该用“如果不采取措施改变，情况将变得更糟”之类的方式来进行激励。

5. 了解客户需求与动机的时机

教练可以在体适能检测后或为客户进行完器材使用指导后，以及在客户刚完成入会手续即刻来了解客户的需求与动机，以便为进一步展开产品介绍奠定基础。

（四）展开产品介绍

在充分了解客户的需求、动机之后，紧跟着需要完成的步骤就是针对客户的需求及动机进行产品特性的介绍，以获取客户对产品满足自身需求情况的认同并最终促使其做出购买决定。对于私人教练而言，产品介绍环节所需要做的主要工作就是围绕着客户的健身目标向客户介绍训练计划的构成、特点及对实现客户目标的促进作用。

1. 产品介绍的原则

产品介绍的核心原则是能够将产品的特性以及这些特性对满足客户需求的作用清楚地介绍给客户。私人教练在进行产品介绍时，重点应将运动计划的构成要素以及这些要素在实现客户健身目标中所起的重要作用介绍清楚。表 10－4 是针对减肥人群利用 IPT 训练模式（基础体能表现阶段）为例进行的产品介绍举例。

表 10－4　IPT 训练模式基础体能表现阶段介绍举例

训练目标	训练阶段	训练手段	外在表现	与客户目标关联的益处
为进行较大运动量的减肥运动奠定体能基础	基础体能表现阶段	心肺耐力训练阶段内容	长时间步行不易感到疲劳； 正常步速上楼不会气喘吁吁	燃烧大量脂肪，直接促进减肥
		抗阻训练初级内容、核心训练初级内容	肌肉力量明显比训练前增加； 长时间进行体力活动后，第二天不容易感到肌肉酸痛	提高基础代谢水平，间接促进减肥
		柔韧性训练初级内容	关节活动范围明显增大； 上、下肢活动较以前明显轻松； 不良姿态逐步得到改善	关节活动幅度增加，减少日常受伤机会，促进运动的连续性，避免因受伤延误减肥进程
		热量消耗＞热量摄入	体重下降 2 ～4 kg	体重下降 2 ～4 kg
		平衡训练初级内容	身体平衡控制能力较训练前明显增强，如有习惯性崴脚问题，则发生概率明显降低	促进热量燃烧，在相同的时间下，不稳定环境中更多肌肉参与，消耗更多的热量
备注：此表格并非直接展示给客户，仅供教练在计划解说时进行参考				

（五）处理客户担忧

教练进行完计划解说后，客户通常不会马上做出购买决定，往往客户会向教练表达自己对产品的担忧。教练需要掌握适当的客户担忧处理技巧，以协助客户最终采取实际行动来开展自己的健身计划。

1. 常见的客户担忧

以下是健身教练在课程销售过程中常会遇到的客户担忧，健身教练应该提前对此类客户担忧的解决方案做好准备，以便迅速有效地解决客户担忧。

2. 客户出现担忧的主要原因：

（1）客户需要了解更多关于产品的信息；

（2）客户仍有教练没有回答的关键问题；

（3）客户从购买产品中获取的价值大于成本，产品的价格超过客户的承受范围；

（4）客户的动机不够强烈；

（5）客户在表示同意之前的有意“拒绝”，以获取更多利益。

3. 处理客户担忧的方法

（1）仔细倾听客户担忧；

（2）对客户提出的担忧表示理解；

（3）提出问题进一步了解客户担忧；

（4）提供相关信息，化解客户疑惑；

（5）结束并等待客户回答；

（六）促进成交

客户担忧一旦得到良好的处理，教练应该抓住时机，利用适当的技巧结束课程销售。以下是结束销售时常用的部分技巧，私人教练根据实际情况合理地选择以下方法中的一种或几种来完成销售。

1. 选择式完成交易法

给客户两种选择，让其任选其一。例如，教练可以询问客户：“您是刷卡，还是付现金？”

2. 假设性完成交易法

假定客户已经完成，以此来结束销售。例如，教练可以询问客户：“您明天几点能来训练？”

3. 推荐式完成交易法

根据客户的实际情况，向客户推荐最佳的训练方案。例如，教练对客户说：“根据您的情况，三个月 IPT 训练计划更适合您达成目标。”

4. 吸引条件式完成交易法

给客户一定的优惠条件，促使其完成交易。例如，教练告知客户：“您现在报名就可获得额外的姿态评估课程。”

第二节 客户服务

一、客户服务的概念和特点

（一）客户服务的概念

所谓服务，就是为满足客户的需要，供方和客户之间接触的活动以及供方内部活动所产生的结果。服务与硬件、软件、流程性材料一样，都是“活动或过程的结果”，所以，服务是一种产品。服务也有使用价值、交换价值和价值，也是一种商品。一旦将服务置于市场中，以赢利为目的，获得了报酬，则显示服务具有交换价值。与其他通用产品不同的是，它的特点是活动过程的结果与客户的消费同步，或者说服务在成为产品的同时就成为商品。价值是包含在商品中的人类的一般劳动。任何服务都凝聚了服务者的劳动，有的甚至是十分高级的劳动，如科技研究、管理顾问、人才培训等，服务劳动同样是创造价值的劳动。在这个充满竞争的经济社会，客户服务越来越重要，每个行业都有自己对客户服务工作不同的诠释和要求。健身教练的客户服务就是健身教练为了满足客户需求而所能做的一切工作。实际上，客户远不只是一个消费者，因此客户需要的不仅仅是获得帮助，还希望以他需要的方式来对待他，希望他的身份地位得到尊重，希望能够理解他，能让他产生一种获得服务的满足感。因此，优质的客户服务不只是要帮助客户做什么，还要根据客户本人的喜好使他获得满足，而最终使客户感觉到他受到重视，并把这种好感铭刻在他的心里，成为忠实的客户。客户服务还需要针对性的量身定制，根据客户的个性需求来定制。因为每个客户的个性需求不一样，因此，真正的客户服务还要依据客户不同的个性特点提供令其满意的服务。

（二）健身教练客户服务的特点

健身教练的客户服务特点包括以下几个方面：

（1）健身教练的客户服务是由人来提供和完成的服务，接受服务的也是人。所以，健身教练的客户服务也是一种人际关系。

（2）健身教练的客户服务从硬件的健身器械设施到软件的健身课程等，都是产品的层面，客户买的不再只是“某种商品”，还包括“满意”。健身锻炼场地和器械的配置、健身教练的专业技术水平乃至健身教练得体的服饰、健美的体形、亲切的微笑等，这些方面的服务品质都是让客户满意，吸引客户的因素。

（3）由于每位客户的健康状况、体适能水平、体型、健身目的和健身目标均不一样，所以对于不同的客户采取的健身方式、方法和计划也是不一样的。

（4）健身教练的客户服务追求的是健身教练与客户双方的共同满足，并通过各种途径及方式，获得双赢。

二、客户服务质量

（一）客户服务质量的概念

客户服务是向客户出售的特殊商品，既然是商品，就会同其他产品一样具有检验其品质优劣的标准，这个标准就称之为质量，即服务质量。确切地说，客户服务质量，是指健身教练为客户提供的服务适合和满足客户需要的程度，是健身教练的服务能够满足客户需求特殊性的总和。为客户所提供的一切服务，能否适合和满足客户的共性需求和个性需求，能够受到客户的认可和赞誉，是衡量客户服务质量好与差、优与劣的依据。客户服务质量的好与差，来自两方面的因素：一方面是物的因素，即“硬件”，包括设备设施；另一方面是人的因素，即“软件”，包括健身教练的职业道德、工作态度、专业服务技能、文化修养等，这也是提高客户服务质量的关键因素。客户服务质量的真正内涵，不仅是客户需求满足的综合反映，而且是健身教练客户服务的“软件”和“硬件”完美结合的具体体现。

（二）客户服务质量的特性

客户服务质量是一种客观存在的事物，和世界上其他事物一样，具有自己的特性。服务质量的特性主要表现在以下几个方面。

1. 安全性

安全是人们的基本需要。健身教练在为客户服务的过程中，必须充分保证客户的身体和精神不受到伤害，无安全即无质量。因此，安全性是客户服务质量的重要方面。

2. 功能性

各种不同类型的服务都有各自特定的基本功能。健身教练的客户服务的功能，就是帮助客户实现健身目标。没有功能就谈不上服务，没有服务当然更谈不上服务质量。由此可见，功能性是健身教练客户服务质量最起码、最基本的特性。

3. 经济性

经济性是指当人们支付了一定费用后，即要求获得相应数量和质量的服务，体现商品等价交换原则。客户购买私人教练课程之后，就会开始衡量其费用开支与所得到的服务是否相等、质价是否相符。

4. 时间性

时间性对于客户服务工作至关重要。当今社会，时间就是金钱，健身教练的客户服务能否在时间上满足会员的要求，是客户服务质量优劣的表现。时间性强调为客户服务要做到及时、准时、省时。

5. 舒适性

客户都希望在清洁高雅、温度适当、美观有序、器械设施齐全有效的环境中锻炼，同时器械设施还要适应客户的锻炼兴趣、要求和习惯。只有当客户产生愉悦、舒适之感时，才会认为服务质量好。

6. 文明性

文明性就是要求健身教练具有整洁端庄的仪表，落落大方的言行举止，热情友善的态度。客户都希望能在自由、亲切、尊重、友好、理解的气氛中锻炼，享受精神文明的温馨。文明性是客户服务质量特性中一个极为重要的方面，它充分体现了健身教练工作的特色。

（三）客户服务质量的重要性

1. 客户服务质量决定健身教练的信誉

对于健身教练来说，信誉来源于高质量的客户服务。满足客户需求的程度越高，社会信誉就越好。客户服务质量的高低和服务工作的好坏，不仅关系到客源和经济效益，而且直接影响行业的声誉。必须高度重视客户服务质量，以优质服务赢得信誉，保证客源，这是最根本的行业之道。

2. 客户服务质量决定健身教练的生存和发展

健身教练为了在市场竞争中生存，途径固然很多，但关键还在于能否为客户提供最佳的客户服务质量。客户服务质量的高低与竞争能力的大小成正比，客户服务质量越好，吸引力就越大，就容易在竞争中取胜。健身教练只有不断完善、充实客户服务，才能在激烈的市场竞争中立于不败之地，求得生存和发展。

3. 客户服务质量决定健身教练的工作效益

健身教练工作的效益包括社会效益和经济效益两个方面。社会效益是健身教练的社会影响和知名度，它是健身教练无形的宝贵财富。经济效益就是健身教练的工资收入。社会效益和经济效益是一个问题的两个方面，它们之间互相联系又互相依存。良好的经济效益无不来自其较高的社会影响和知名度，而较高的社会影响和知名度必定会带来良好的经济效益。在这里，社会效益是基础，经济效益是结果。但是，决定这两个效益的主要因素是客户服务质量。客户服务质量高，两个效益必定好；客户服务质量低，两个效益必定差。

综上所述，健身教练职业工作的关键是客户服务质量，客户服务质量的优劣直接关系到健身教练的声誉及健身教练工作的社会效益和经济效益，是健身教练职业的生命线。

三、客户服务的原则与方法

（一）客户服务的原则

1. “客户是我们的上帝”

客户是有感情、有需求，有他们本身的喜好、憎恶、嗜好和偏见的实实在在的人。当你为客户服务时，千万不要认为你所做的一切是施恩于客户，而应当认为客户能够接受我们的服务是施恩于我们，是对我们的信任。如果我们的工作受到了客户的挑剔、指责或投诉，说明客户对我们还有信心，希望我们的工作能够做得更好。只要我们虚心地接受、改正，客户关系就还可以保持。客户的投诉实际上是给我们提供了改进工作的机会，如果客户对我们的服务并不满意，却不投诉，也不指责，反而是对我们失去了信心，下次一定不会续课了。应该牢记，无论在任何时候都不应和客户争辩。如果你与客户争辩，即使是你赢了，实际上你也是输了，因为你输掉了客户，输掉了一份收入。当然，人无完人，有时客户真的在某方面做得欠妥当，这时我们也应该尽量为客户保留面子，采用服务的技巧去提示客户，让客户自己去纠正自己。客户有自己的健身目标，我们满足了客户的需求不仅有利于客户，也有利于我们自己。良好周到的服务会赢得客户对健身教练的兴趣、尊敬、钦佩、赞美与好的印象，这会使客户再续课。只有这样，健身教练才会有好的社会形象，才会有自豪感，才会有好的收入，才会有满足感、成就感和自我价值感。

2. “客户永远是对的”

健身教练必须树立客户服务的意识，最根本的一条就是客户至上，即“客户永远是对的”。它既包含了服务意识，又包含了客户意识。在现实生活中，客户也并不永远是对的，只是我们在服务过程中假定客户总是对的。即使客户在某些方面是错的，也应礼让客户。客户来锻炼不仅仅是为了实现健身目标，他们在很多时候都是为了在人际交往中感到亲切和显得高贵。这种高贵靠什么来实现呢?就靠我们真诚的服务。在服务工作中，只要客户感到自己已经受到尊重，其余的不足之处都能够得到他们的谅解。相反，尽管健身教练兢兢业业地工作，但是只要有一件小事伤害了客户的自尊心，之前所有的努力都有可能会付诸东流。当然，“客户永远是对的”是有条件的，那就是在不违反国家法律法规的原则下的“礼让”。如果客户有违犯国家法律的严重“越轨”行为，那就另当别论了，则应由执法部门处理。健身教练的目标就是向客户提供最佳的服务，客户是利润和经济收入的来源。奉行“客户永远是对的”的信条，是健身教练生存与发展的重要基石。

（二）客户服务的方法

1. 了解并满足客户需求

每个客户都希望他们是被欢迎的、被重视的和受到尊重的，这就是客户的情感需求，即客户心理上的满足感。另外，客户总是带着一些很具体、很实际的问题来的，比如，身体肥胖的想减肥；身体过瘦的想增加体重和增肌；体适能水平下降了想要恢复和提高等，这是客户的实际需求。实际需求是客户在短期或一定期限内需要得到解决的问题。每个客户都有两个需求：情感需求和实际需求，我们应将客户服务的重点放在满足每位客户不同情况的两种需求上。为了满足客户的情感需求，健身教练的客户服务应具有更多的人情味。作为健身教练，如果你时刻能以尊重的态度去和客户打交道，能让客户在和你的交往中感到舒服、开心；让客户感觉到他们是被欢迎的、重要的和受到尊重的，在客户恼怒或不开心时让他们感觉好些。这就是我们对客户服务最基本的要求。这时，即使其他的事情都还没有做，你也已经为客户提供了一种服务，这是一种心理层面的服务。这需要健身教练具有良好的个人修养、能力、气质、性格和心理素质，是健身教练职业道德观念、文化素质以及敬业精神的高度体现。满足客户情感需求的服务必须在轻松的氛围中进行。因此，作为健身教练，首先要学会如何营造舒服的服务环境和气氛。善解人意的倾听、恰如其分的赞美都是非常有效的方法。同时，健身教练较强的专业能力及敬业精神也会让客户感受到尊重与关心，使客户从心理上感受到自尊与满足。

满足客户的实际需求就是要帮助客户解决他们自己难以解决的实际问题，也就是客户在其相应的消费水平中应该得到的由健身教练提供的必需服务。作为健身教练，必须为客户提供有效服务，必须尽心尽力地去帮助客户，解决他们各种各样的实际问题。通过服务使客户得到具体的、有形的收获。满足客户的实际需求是健身教练客户服务的必要因素。如果我们没有达到客户的实际要求，那么顾客最终会离开；如果我们没有满足客户的情感需求，他会离开得更快些。如果你是那种做事快、效率高的人，你可能需要特别注意的是，要在满足客户的情感需求方面下些功夫，目的是为了让你的客户真正接受你的服务，令他们满意。

2. 建立和谐、稳定的客户关系

（1）尊重和重视客户

尊重和重视客户是健身教练建立和谐、稳定的客户关系的基础条件。拥有忠实的客户群，是一个健身教练成功的必要因素。健身教练需要重视任何一个客户，让客户感受到满意的服务。这样，不但可以留住原有的客户，也可以发展潜在的客户。当出现客户投诉时，我们先要认真地聆听客户反映的情况，安抚客户的情绪。如不能马上解决的问题，必须仔细记录，跟进解决。必须重视客户反映的任何问题，并及时地为客户解决。这样才能避免在激烈的市场竞争中流失客户。

（2）保持良好的沟通

保持良好的沟通可以帮助健身教练与客户建立互相信任的关系，这也是建立和谐、稳定的客户关系的重要手段。在与客户的沟通中，对客户保持热情和友好的态度是非常重要的。客户是希望得到重视、得到帮助的，我们要设身处地为客户着想，体会客户的感受，重要的是在沟通当中要始终保持冷静和热情友好的服务态度。如果在几次沟通当中，健身教练给客户的印象是不好的，那么这个负面的印象就会影响到客户对健身教练的看法及信心。当客户态度不好时，我们也要保持冷静、耐心、热情的服务态度，务求令客户感到满意。客户往往对于健身知识不甚了解，期望值过高，主观上认为参加健身锻炼就应当达到某种神奇的效果，一旦实际的健身效果与期望值相差甚远时，就会不满。因此，健身教练要经常与客户沟通，讲解健身知识，使客户理解科学健身的道理。另外，健身教练在介绍健身课程时，也要实事求是，不可夸大锻炼效果，以避免客户产生很高的期望值，一旦达不到效果，就会感到受了欺骗。因此，在介绍健身课程时，要将过程以及可能出现的问题、训练方法和计划尽量解释清楚，以防客户误解。健身教练应随时与客户保持联系，及时发现、消除易使客户关系发生问题的隐患。

（3）端正服务态度，以服务为目的

端正服务态度，以服务为目的也是建立和谐、稳定的客户关系必须做到的。作为健身教练，我们工作的本质就是为客户服务。如果我们把客户服务工作看作是一件麻烦的事情，那么我们对待客户的态度肯定是不友善的，也就不可能给客户提供优质的服务。我们必须为客户解决问题，而不是敷衍客户，应付这份工作。在每次私人教练课程之前，健身教练都要认真地准备训练计划，询问、观察客户的身体状况和反应，发现问题及时向客户解释原因，并作出必要的调整和处理。在私人教练课程中，更要始终保持对客户的关注。实际上，这一点就是要求健身教练在客户服务过程中要严格遵守健身教练的职业规范。

【思考题】

1. 什么是课程销售？
2. 健身教练如何掌握客户的目标与动机？
3. 简述销售的沟通技巧。
4. 简述私人教练课程销售的步骤。
5. 简述客户服务的概念和特点。
6. 简述客户服务质量的重要性。
7. 简述客户服务的原则与方法。

附：

一、 成功的电话查询练习话术

1. 介绍

顾问：多谢致电××，有什么可以帮助您的吗？

客人：我想查询入会的费用。

顾问：那很好，我叫CHRIS，请问您的姓名？

客人：我叫LISA。

2. 分类

顾问：LISA，您是怎么知道我们俱乐部的？

客人：我的朋友是会员。

顾问：那很好，您的朋友叫什么名字？

客人：她叫CAT，她常常在你们俱乐部健身。

顾问：那么您是否计划和CAT一起健身呢？

客人：或许吧，CAT也曾带我来参观过。

3. 确认对象

顾问：LISA，您在什么时间开始想联络我们的？

客人：差不多两个月了。

顾问：我很高兴您能联络我们，会籍是您自己用吗？

客人：是，但我希望我的老公也可参加。

顾问：那就太好了，我们有一种家庭会籍，您现在有运动吗？

客人：有时跑步。

顾问：您以前是其他健身俱乐部的会员吗？

客人：是，我以前是A俱乐部的会员。

顾问：那么，您为什么退出呢？

客人：我不喜欢那里的器材，都是破的，而且地方也不干净。

顾问：我保证我们提供的是全市最好的器材，并且我们很重视俱乐部周围的环境。您期待在健身过程中得到什么效果？

客人：我想减大约2公斤，最重要的是肌肉结实一点。

4. **建立俱乐部的威望**

顾问：您熟悉××俱乐部的设施吗？

客人：不太熟悉。

顾问：我们所使用的器械都是世界一流的，并且我们提供专业的教练课程和效果保证。

5. **邀请**

客人：你们的会籍费用是怎么算的？

顾问：我们有不同的会籍计划，我相信其中一种一定适合您的需要，我想邀请您来俱乐部参观，然后我会详细给您介绍。

6. **完成约会**

顾问：我今天晚上七点和八点半有空，哪一个时间比较方便您参观？

客人：八点半比较方便。

顾问：那好，您贵姓？

客人：我姓王。

顾问：您的电话号码是？

客人：3545243。

顾问：您是否一个人来参观？还是和您老公一起？

客人：这是一个不错的主意。

7. **让他们写下资料**

顾问：LISA，您有笔吗？我想请您写下重要的资料。

客人：可以。

顾问：我们的约会是今天晚上八点半，当您到达时，请在前台提我的名字——CHRIS，那么我会在前台等您的。如果您要更改时间的话，也请先给我电话，记着，我们俱乐部的地址是×××××。

客人：好的，那么，今天晚上见。

二、 三个步骤处理价钱查询

1. 顾问：多谢您致电，我可以怎样帮助您？

来电者：请问你们的会籍费用是怎样算的？

顾问：多谢您的查询，我的名字叫CHRIS，请问阁下贵姓？

2. 来电者：我想问入会费是多少?

顾问：我们提供不同的会籍，所以我想您是可以负担的，最重要的是哪一种会较为适合您，我们是预约参观的，那么我想最好的方法是我先和您预约时间，然后详细介绍，我今天晚上七点或八点均有空，哪一个时间对您比较合适?

3. 来电者：我真的只想知道入会的价钱?

顾问：我们通常在电话中不会介绍会籍费用，因为每个人的需要不同，但我想如果您能在参加前先参观及了解，我想对您是比较公平的。如果您参观后，觉得会籍对您不合适的话，我会送您一个试用会籍的，好吗?

参考文献

[1] 陈炳卿，孙长颢. 营养与健康 [M]. 北京：化学工业出版社，2004.
[2] 相建华. 私人健身教练 [M]. 北京：高等教育出版社，2012.
[3] 国家体育总局职业技能鉴定指导中心组. 健身教练 [M]. 北京：高等教育出版社，2009.
[4] 刘胜，张先松，贾鹏. 健身原理与方法 [M]. 武汉：中国地质大学出版社，2010.
[5] 全国体育院校成人教育协作组，《人体解剖学》函授教材编写组. 人体解剖学 [M]. 北京：人民体育出版社，2001.
[6] 李世昌. 运动解剖学 [M]. 北京：高等教育出版社，2006.
[7] 国家体育总局职业技能鉴定指导中心组. 社会体育指导员职业培训教材. 初级 [M]. 北京：高等教育出版社，2005.
[8] 全国体育学院教材委员会. 运动解剖学 [M]. 北京：人民体育出版社，2000.
[9] 顾德明，缪进昌编著；丁誉声，丁山绘图. 运动解剖学图谱 [M]. 北京：人民体育出版社，2005.
[10] 全国体育学院教材委员会. 运动生理学 [M]. 北京：人民体育出版社，2002.
[11] 王步标，华明. 运动生理学 [M]. 北京：高等教育出版社，2006.
[12] 全国体育学院教材委员会. 运动医学 [M]. 北京：人民体育出版社，2000.
[13] 杨静宜，徐俊华. 运动处方 [M]. 北京：高等教育出版社，2005.
[14] 张先松. 健身健美运动 [M]. 北京：高等教育出版社，2005.
[15] 吴东明，王健. 体能训练 [M]. 北京：高等教育出版社，2005.
[16] 陈佩杰等. 体适能评定理论与方法 [M]. 哈尔滨：黑龙江科学技术出版社，2005.
[17] 沈剑威，阮伯仁. 体适能基础理论 [M]. 北京：人民体育出版社，2008.
[18] 王健，何玉秀. 健康体适能 [M]. 北京：人民体育出版社，2007.
[19] 高言诚. 营养学 [M]. 北京：北京体育大学出版社，2006.
[20] 王维群. 营养学 [M]. 北京：高等教育出版社，2001.
[21] 曲绵域，于长隆. 实用运动医学 [M]. 第四版. 北京：北京大学医学出版社，2003.
[22] 姚鸿恩. 体育保健学 [M]. 北京：人民体育出版社，2001.
[23] 樊丽丽. 健身指导员与健身房经营全攻略 [M]. 北京：中国经济出版社，2008.